학술연구총서 8

오태사의 한시를 통해 본 순조 연간의 정국과 문화

채지수 지음

학자원

이 책은 2024년 단국대학교 교내연구소 연구 지원비의 지원에 의한 단국대학교 부설 한국고전문학텍스트연구소의 학술연구 결과물로 간행된 도서임.

학술연구총서 간행사

한국고전문학텍스트연구소는 창조와 혁신이라는 인문학의 정신을 바탕으로 대중들의 관심에서 버려져 있는 우리 고전의 가치를 새롭게 밝혀, 현대를 살아가는 사람들에게 삶의 지표와 미래의 희망을 제시하기 위해 설립되었습니다.

현대 사회를 인문학의 종말기라고 할 만큼 우리 주변에서 고전에 대한 관심은 찾아보기 어렵고, 인문학에 대한 흥미는 점점 옅어져 가고 있습니다. 그러나 현대 사회에 팽배한 인문학에 대한 폄하나 고전에 대한 그릇된 인식은 그 연원이 오래되었습니다. 인류의 역사를 되돌아보면 고전이 그 자체로 가치와 의미를 인정받았던 시기를 찾기 어렵고, 인문학이 위기가 아니었던 시대가 없었습니다. 만약 그와 같은 인식이 진실한 것이라면 우리 사회에서 고전과 인문학은 이미 자취를 감추었어야 하지만, 사회가 첨예해지고 기술 문명이 발달할수록 고전과 인문학에 대한 대중들의 갈망은 커지기만 합니다. 이와 같은 모습은 고전과 인문학이 우리 사회에서 결코 소외될 수 없는 본질적이고 중차대한 것임을 보여주는 것입니다.

한국고전문학텍스트연구소는 고전에 대한 왜곡된 인식과 인문학에 대한 그릇된 편견을 교정하는 마중물이 되고자 설립된 연구소입니다. 우리 연구소에서는 인문학 고전을 다양한 사회의 변화에 부응할 수 있도록 새롭게 가공하여 현대인들에게 고전과 인문학의 가치를 일깨우고 흥미를 부여하고자 합니다. 이를 위해 우리 연구소에서는 자료의 정리와 번역 가공, 개인 학술 연구, 연구소 기획 연구라는 네 방향에서 우리 고전과 인문학에 접근하고자 합니다.

학술연구총서는 이와 같은 우리 연구소의 운영 방향에 의해 발간되는 책입니다. 한 사람의 연구자가 하나의 주제에 대해 긴 시간 동안 심도 깊은 관찰과 탐색을 진행한 결과로, 연구자의 오롯한 정성과 노력이 담긴 책입니다. 그런 점에서 학술연구총서는 다양한 가치에 대한 고려를 바탕으로 학계와 대중에게 그다지 알려지지 않은 인물을 선택하여 1년 동안 공동 연구와 기획 발표라는 엄밀하고 정치한 연구를 진행한 뒤 발간하는 우리 연구소의 기획연구총서와는 여러 지점에서 변별적 의미와 가치를 가지는 것입니다.

학술연구총서를 출간하기 위해 연구자는 기나긴 불면의 밤을 보내며 수없는 고민과 갈등을 겪었을 것이고, 셀 수 없이 많은 글들을 썼다 지우면서 보이지 않는 길을 찾기 위해 헤매는 시간을 보냈을 것입니다. 책을 출간한 뒤에도 여전히 풀리지 않고 남아 있는 의문이 머리에 맴돌고 가슴을 짓누르겠지만, 마음 한편에서는 그간 무겁게 이고 왔던 묵은 짐을 내려놓는 후련함도 느낄 것입니다.

그런 점에서 우리 연구소의 학술연구총서는 학계와 일반 대중뿐만 아니라 연구자들을 위한 책이기도 합니다. 일반 대중에게는 한 분야의 전문가가 오랜 시간 고민해 온 결과물을 통해 지식의 범주를 확장시킬 수 있도록 도울 것이고, 학계에는 오랜 시간 진행된 연구자의 진지하고 깊이 있는 고민을 통해 새로운 시각과 진전된 논의가 시작될 수 있는 계기를 제시할 것이며, 연구자에게는 혼자 짊어져 왔던 무겁고 큰 숙제를 세상에 풀어놓는 자유를 제공할 것입니다. 그렇기 때문에 우리 연구소의 학술연구총서는 다른 누구보다 연구자를 위한 것이라고도 할 수 있습니다. 연구자에게 나에서 우리로, 혼자에서 같이로, 다 함께 하는 논의와 논쟁의 장을 만들어 홀로 걸었던 외로움을 벗어버리고 자유로우면서도 깊이 있고 다양한 논의를 통해 더 깊은 시야를 제공할 수 있을 것이기 때문입니다.

이와 같은 의미를 지닌 우리 연구소의 학술연구총서 8권은 순조 연간 문단의 중심에서 활동했던 다섯 사람의 문인인 김조순과 남공철 · 서영보 · 심상규 · 이만수를 대상으로 이들의 삶과 문예 의식, 그리고 교유를 살펴보고자 한 것입니다. 정원용의 『수향편』에서 이들을 순조 연간의 '오태사'로 규정하였을 만큼 이들은 정조에서부터 순조 연간까지 관직 생활을 같이 하며 다양한 시를 주고 받았습니다. 이 책에서는 이 다섯 문인의 시적 교유를 통해 조선 후기 당대의 정치 · 사회적 맥락을 읽어내고 경화사족의 문화생활을 엿보고자 하였습니다. 이를 위해 연구자는 전체 4부로 책을 구성하여 오태사의 생애와 교유 양상을 통시적으로 소개하고, 규장각 각신으로 관직에 진출한 뒤 창작한 시를 검토하였으며, 19세기 당시 경화사족의 삶과 문예 취향을 보여주는 시를 분석하여 오태사의 교유와 이들의 한시가 지니는 의의를 밝히고자 하였습니다.

이 책에서는 아직까지 우리 학계에서 본격적으로 언급되지 않은 오태사라는 한 시기 문단의 중심에 선 문인들을 대상으로 이들의 시문학이 우리 문학사에 미친 영향을 살펴보고자 하였습니다. 특히 연구자는 오태사의 생애와 교유 양상을 통해 이들의 시에 드러나는 당대의 정치 · 사회 · 문화적인 현상들을 밝히고자 노력하였습니다. 이런 노력의 결과 연구자는 오태사의 실체를 확인하고 이들의 정체성을 규명하여 그간 개개인으로 파편화되었던 이들을 하나의 문학 집단으로 묶어 이들의 시문학을 하나의 시선으로 바라보는 성과를 이루었습니다.

이런 성과를 이루기까지 연구자는 수많은 시간을 외롭게 또 고통스럽게 보냈을 것입니다. 이제 이런 고민의 흔적들이 고스란히 묻어있는 이 책의 출간으로 연구자는 가슴 후련한 자유로움을 느끼겠지만 한편으로는 진한 아쉬움도 가질 것입니다. 어떤 것이 더 클지는 모르지만, 이 책의 출간으로 연구자는 그간의 고민을 정리하고 새롭게 출발하는 계기를 가지게 되었을 것입니다.

우리 연구소의 학술연구총서는 연구자가 학계와 일반 대중에게 소통과 공감을 구하는 것입니다. 그런 만큼 우리 연구소의 학술연구총서는 인문학 관련 전문 연구자뿐만 아니라 일반 대중들에게도 적지 않은 가치가 있을 것이라고 생각됩니다. 이후로도 이와 같은 학술연구총서의 발간이 충실하게 이루어지기를 기대하며, 학술연구총서의 집필을 위해 애써주신 연구자와 간행에 물심양면으로 도움을 주신 학자원 출판사의 김병환 사장님께 깊은 감사의 마음을 전합니다.

2024년 12월

단국대학교 부설 한국고전문학텍스트연구소장

책을 펴내면서

한시漢詩를 짓는 것은 선인들의 일상 속에서 자연스러운 일이었고, 그렇기에 한시에는 삶의 특정 순간에 느끼는 선인들의 다양한 감정과 사유가 온축되어 있다. 필자는 조선후기 문인들의 한시와 선행연구를 두루 접하며, 언제부터인가 한시를 통해 작자의 내면 의식이나 가치관을 포착할 수 있고, 이러한 작품들을 통합적으로 살폈을 때 특정 시기의 역사적 사건이나 시대적 국면을 고찰할 수 있음을 깨닫게 되었다. 그만큼 한시는 작품 그 자체로도 이미 빼어난 문학적 가치와 미의식을 지닐뿐더러, 작품이 창작된 시·공간적 특수성을 파악할 수 있는 유산이다. 그렇게 필자는 한시가 지닌 가능성을 믿고 이 책의 주제인 오태사의 교유와 한시를 연구하겠다고 겁 없이 뛰어들었다.

처음에는 순조純祖의 장인 풍고楓皐 김조순金祖淳에 관심을 두고 있었다. 청음淸陰 김상헌金尙憲 이후 노론계의 핵심 가문으로 자리 잡은 안동 김씨 가문의 후손이자, 노론 사대신의 한 사람인 김창집金昌集의 현손玄孫이라는 그의 가문 배경이 매우 화려하게 다가왔던 것이 사실이다. 조선후기 한문학사에서 늘 주요하게 거론되는 농암農巖 김창협金昌協과 삼연三淵 김창흡金昌翕을 배출한 가문이기에, 문학적 계승 측면으로도 호기심이 생겼다. 그렇게 『풍고집楓皐集』을 뒤적이다 보니, 유독 반복적으로 등장하는 문인들이 있었다. 그 교유관계를 따라서 이리저리 그 시대를 떠돌다가, 우연히 정원용鄭元容의 『수향편袖香編』을 보고 그들이 바로 순조 연간의 '오태사五太史'였다는 사실을 알게 되었다.

김조순과 남공철南公轍·서영보徐榮輔·심상규沈象奎·이만수李晩秀가 정조正祖·순조 연간 관직 생활을 하며 주고받은 시편들은 적지 않다. 공무 중 주고받은 것부터 사석에서 지은 것까지 창작 공간과 제재題材도 다양하다. 다만 하나의 시집詩集이나 시첩詩帖으로 정리된 형태가 아닌, 개인의 문집에 산발적으로 수록되어 있다는 점 때문에 이들의 교유와 한시 작품을 종합적으로 살펴보기 위해서는 약간의 수고가 필요하였다. 그리하여 기존에 김조순이라는 한 인물에게 초점을 맞추었던 것을 다섯 명으로 확대하였고, 개개인의 삶 속에서, 그리고 역사의 흐름 속에서 다섯 문인의 시적 교유가 어떤 의미를 지니는지를 파악해 보고자 하였다. 이후 관련 자료들을 통시적으로 재정리하고 각 한시 작품의 키워드를 추출해 보니, 크게 두 가지 양상으로 나누어 볼 수 있었다. 한 가지는 이들의 관직 이력과 관련하여 당시의 정치·사회적 맥락을 읽을 수 있는 작품들이고, 다른 하나는 조선후기 경화사족京華士族의 문화생활을 엿볼 수 있는 한가롭고 유쾌하며, 때로는 화려하여 절로 눈길이 가는 것들이었다.

이 책은 필자의 박사학위논문인 「정조·순조대 오태사의 교유양상과 시세계」를 수정·보완하고, 후속 연구로 진행된 「『동성교여집東省校餘集』을 통해 본 19세기 초 관각시館閣詩의 양상 -화훼花卉·원예園藝 취미와 묵희墨戱를 중심으로-」를 추가하여 수정·보완한 것이다. 제1부에서는 오태사의 생애에 따른 교유 양상을 통시적으로 소개하되, 세 시기로 나누어 교유관계의 변화양상을 보여주고자 하였다. 제2부와 제3부는 본격적으로 오태사의 한시 작품을 고찰한 결과이다. 2부에서는 오태사가 규장각 각신으로 처음 관로에 진출한 뒤 조정의 주요 관직을 역임하며 창작한 한시들을 대상으로 시작詩作 양상을 살펴보았다. 정조와의 관계, 규장각 각신 출신의 소속감이 이들의 교유와 정치 활동, 그리고 한시 창작에 어떠한 영향을 미치는지 파악할 수 있다. 또 조선 전기부터 이어진 관각시의 양상도 함께 살펴볼 수 있다. 3부에서는 19세기 경화사족의 삶과 문예취향을 보여줄 수 있는 사례들을 모아 제시하였다. 이들은 여러 세대에 걸쳐 서울과 근기에 거점을 두고 활동한 경화사족이기에, 도성의 풍부한 물산과 다채로운 문화에 익숙하였다. 특히 이들의 수선화 재배와 완상은 순조 연간 도성을 중심으로 유행했던 경화사족의 문화 현상이다. 제4부는 이 책을 정리하는 단계로, 오태사의 교유와 한시가 지니는 의의를 서술하였다.

오태사가 남긴 시문詩文은 필자가 순조 연간의 문단文壇에 주목하는 계기가 되었다. 순조 연간 다섯 문인의 정치 행보와 그 과정에서 형성된 교유, 그리고 한시 수창酬唱은 단순하지 않다. 정조가 사망하고 순조라는 새 임금의 시대로 전환하는 과정의 정치 상황이 순조롭지 않았기 때문이다. 신유옥사辛酉獄事와 노론 시·벽파의 갈등으로 정국이 꽤 혼란스러웠고, 홍경래의 난과 같은 굵직한 사건들이 발생하였다. 일련의 역사적 사건 한가운데에 이 다섯 문인이 있었다. 한 시대의 전환기에는 늘 새로운 문화주도층이 나타나고 문화적 변화가 뒤따르기 마련이다. 필자는 오태사에서 한 걸음 더 나아가 이제 이 시대를 살아간 다른 문인들의 삶과 문예 의식, 그리고 그들의 문학이 궁금해졌다. 또 이 책에서는 오태사 문인들의 교유를 집중적으로 다루었지만, 앞으로 개개인의 문학적 특성에 대해서는 더 밝혀야 할 것들이 많다. 필자의 과제라고 생각하고 후속 연구를 통해 보완해 나아갈 수 있도록 하겠다.

이 책을 간행하면서 필자가 지금까지 고전 연구자의 길을 갈 수 있도록 도와준 분들에게 지면으로나마 감사의 인사를 전하고자 한다. 우선 필자가 다양한 고전을 읽고 연구하는 힘을 기를 수 있도록 지도를 해주시고, 진심으로 조언을 해주신 한국학중앙연구원 한국학대학원 국문학과 김건곤, 신익철, 임치균 선생님께 감사드린다. 특히 지도교수이신 조융희 선생님은 평소 필자가 다양한 경험을 쌓고 한문 고전의 세계를 자유로이 탐색할 수 있게 묵묵히 지켜보시다가도, 도움을 요청할 때면 물심양면으로 지원을 해주셨다. 또 한시의 묘미를 느낄 수 있도록 해주신 송준호 선생님, 지금도 한시에 관한 조언을 아낌없이 해주시는 한시선독회 선생님들께 지면으로나마 감사의 인사를 전하고자 한다. 필자의 연구 활동이 이어질 수 있도록 길을 넓혀주신 단국대학교 국어국문학과의 윤재환 선생님, 부족한 필자를 따뜻하게 포용하고 도와주시는 단국대학교 한국고전문학텍스트연구소 선생님들, 이 책이 나오기까지 신경을 써주시고 도와주신 학자원 출판사의 김병환 사장님께도 감사한 마음을 전한다. 끝으로 외로운 길에서 지칠 때마다 늘 힘이 되는 학문 동지 이새롬 선생님, 필자의 학업을 존중하고 응원해주는 든든한 남편, 씩씩하게 무럭무럭 자라주고 있는 윤수, 큰딸의 공부가 이렇게 길어질 줄 모르고 대학원에 보냈다가 지금껏 고생하시는 부모님께 깊은 감사의 마음과 함께 이 책을 바친다.

2024년 12월

저자

차례

제3부

경화사족京華士族의 삶과 문예 취향 공유 ◈ 157

제4부

오태사의 교유와 한시가 지니는 의의 ◈ 287

서설序說

김조순金祖淳 · 남공철南公轍 · 서영보徐榮輔 · 심상규沈象奎 · 이만수李晩秀는 19세기 전반前半 순조대純祖代를 대표하던 관각문인館閣文人이다. 경산經山 정원용鄭元容은 정조正祖 후반에서 순조대에 걸쳐 사문詞文을 관장하고 당시 문단文壇을 주도한 다섯 문인을 오태사五太史라 지칭하였다.[1] 오태사는 집안 대대로 중앙 관료를 배출한 경화사족京華士族 자제들이었으며, 정조 후반기에 규장각奎章閣과 홍문관弘文館에서 정조의 문치文治를 보좌하였다. 정조가 승하한 후에도 『정조실록正祖實錄』과 어제御製의 편찬을 담당하고 주도하였던 이들의 관료로서의 궤적은 눈여겨볼 만하다. 다섯 문인은 경화사족이자 규장각 각신閣臣 출신이라는 공통점을 토대로 활발하고 지속적으로 교유하였는 바, 그들의 교유 양상과 문학세계가 한시漢詩에 고스란히 담겨있다. 또 이 다섯 문인이 순조 대에 중앙의 주요 관직을 역임했던 만큼, 이들의 교유와 풍류는 주변 문인들에게도 회자 되었다.

그간 19세기는 한문학이 쇠퇴기에 접어드는 시기라는 인식하에 상

1) 鄭元容, 『經山集』 권12, 「斗室集序」. “我正宗道兼君師, 彙迪英材, 世閥家子弟之俊秀者, 自竗歲揀貯圖書鍾磬之府, 朝夕資顧問, 講皇王天人之理, 贊禮樂憲章之具, 如顔琴點瑟, 濡染於杏壇時雨之化, 有若李屐翁 · 金楓皐 · 徐竹石 · 南思潁 · 沈斗室, 宬契哲眷, 出入言議, 時人望之若麟鳳之游苑囿, 璆璧之列東序也. 及純祖御扆, 諸公次第樹幟詞壇, 宣彰洪猷, 模楷士林, 世謂天生五太史.’

대적으로 18세기에 비해 관심이 저조하였고, 그중 19세기 초는 자하紫霞 신위申緯, 추사秋史 김정희金正喜, 다산茶山 정약용丁若鏞, 연천淵泉 홍석주洪奭周 등 특정 문인을 위주로 한 연구가 중심이 되었다. 다산 정약용은 실학實學과 경세론經世論・서학西學・화론畵論 등으로 인문학 분야에서 일찌감치 주목하였고, 그의 문학에 관한 연구는 1970년대에 시작된 이후 현재까지 유배시・전원시・묘지명에 이르기까지 다양하게 이루어졌다.[2)] 그리고 2000년대부터는 다산의 학풍을 계승한 유산酉山 정학연丁學淵과 방산舫山 윤정기尹廷琦, 낙하생洛下生 이학규李學逵 등 다산학단茶山學團의 문학에 대한 고찰로까지 이어졌다.[3)]

자하 신위에 관한 연구는 1980년대 한시 연구가 시작된 이래로 현재까지 꾸준히 관심을 받았다. 특히 신위가 서화書畵에 높은 안목과 재능을 지녀 당대에 인정받았기에, 그의 예술세계를 밝히는 연구가 많이 이루어졌으며, 차[茶] 문화와 같이 조선 후기 문인들이 향유한 고급 문화생활을 살펴보는 대상으로도 주목을 받고 있다.[4)]

2) 송재소, 「茶山 詩 硏究」, 서울대학교 국어국문학과 석사학위논문, 1977; 「다산문학 연구 -시를 중심으로-」, 서울대학교 국어국문학과 박사학위논문, 1984; 김남형, 「朝鮮後期 近畿實學派의 藝術論 硏究 : 李萬敷, 李瀷, 丁若鏞을 中心으로」, 고려대학교 국어국문학과 박사학위논문, 1989; 박무영, 「정약용 시문학의 연구: 사유방식과의 관계를 중심으로」, 이화여자대학교 국어국문학과 박사학위논문, 1993; 김봉남, 「茶山 詩에 함축된 內面意識 변모 양상」, 고려대학교 국어국문학과 박사학위논문, 2007; 황민선, 「다산 정약용의 원림시 연구」, 전남대학교 국어국문학과 박사학위논문, 2017; 김은미, 「정약용 시문학의 노년 인식 양상」, 부산대학교 국어국문학과 박사학위논문, 2019 외 다수의 국내학술논문이 있다.

3) 이신영, 「방산 윤정기의 회고시에 대한 고찰」, 성균관대학교 한문학과 석사학위논문, 2005; 이국진, 「李學逵 漢詩의 표현기법과 미적 특질 연구」, 고려대학교 국어국문학과 박사학위논문, 2011; 정은주, 「洛下生 李學逵 文學의 變貌 樣相 硏究」, 성균관대학교 한문학과 박사학위논문, 2011; 김지영, 「酉山 丁學淵 詩文學 硏究」, 한국학중앙연구원 한국학대학원 국문학 전공 박사학위논문, 2016 외 다수.

4) 정원표, 「紫霞 申緯의 漢詩硏究」, 서울대학교 국어국문학과 박사학위논문, 1987; 이

추사 김정희도 문학과 예술론, 서예書藝, 금석학金石學, 조朝·청淸 문인文人의 교류에 이르기까지 19세기 문화예술의 다방면으로 폭넓은 연구가 이루어졌다.[5] 이후 김정희의 학풍을 계승한 문인들 가운데 중인 계층이었던 조희룡趙熙龍과 이상적李尙迪의 활발한 활동이 주목을 받으면서, 19세기 사회문화의 주류로 성장한 여항문인閭巷文人의 문학도 조명을 받았다.[6]

연세, 「紫霞 申緯의 詩文學 硏究」, 인하대학교 국문학전공 석사학위논문, 1990; 김경숙, 「紫霞 申緯(1769~1847)와 그 시대 여성들 또는 여성상」, 『한국고전여성문학회』 6, 한국고전여성문학연구, 2003; 백인산, 「자하(紫霞) 신위(申緯)의 묵죽화(墨竹畵) 연구」, 『역사문화논총』 제3호, 역사문화연구소, 2007; 김갑기, 「紫霞 申緯의 詩學－由蘇入杜論과 관련하여－」, 『한국사상과 문화』 48권, 한국사상문화학회, 2009; 구지현, 「자하 신위 「동인논시절구(東人論詩絶句)」의 문학사적 의의」, 『열상고전연구』 46, 열상고전연구회, 2015; 신일권, 「申緯의 紫霞山莊 屛居期 시의 특징－尹尙度·金魯敬 일파의 무고와 宦路에의 좌절을 중심으로－」, 『동양한문학연구』 45, 동양한문학회, 2016; 이현일, 「紫霞 申緯의 漢詩史的 位相과 文藝觀」, 『한국한문학연구』 75, 한국한문학회, 2019; 김민소, 「紫霞 申緯 茶詩의 文藝美學的 硏究」, 성균관대학교 유학대학원 석사학위논문, 2021; 임영길, 「紫霞 申緯와 청 문단의 교유 양상－1812년 연행 이후를 중심으로－」, 『대동문화연구』 116, 성균관대학교 대동문화연구원, 2021 외 다수.

5) 한철희, 「阮堂金正喜硏究: 學問과 藝術을 中心으로」, 고려대학교 국문학과 석사학위논문, 1969; 김혜숙, 「추사 김정희의 시문학 연구」, 서울대학교 국어국문학과 박사학위논문, 1989; 이철희, 「秋史 金正喜 詩論 硏究－中國詩論의 收容과 調整을 중심으로－」, 성균관대학교 국어국문학과 박사학위논문, 2002; 정혜린, 「김정희 예술론의 연구－명·청대 제예술론의 절충을 통한 체계화를 중심으로－」, 서울대학교 미학과 박사학위논문, 2005; 김현권, 「김정희파의 한중회화교류와 19세기 조선의 화단」, 고려대학교 미술사학 박사학위논문, 2010; 권혁순, 「阮堂 金正喜 漢詩의 自然觀 硏究」, 홍익대학교 국어국문학과 박사학위논문, 2010; 박정숙, 「秋史 金正喜 書簡의 書藝美學的 硏究－한글·한문서간을 대상으로－」, 성균관대학교 유학과 박사학위논문, 2011; 천금매, 「18~19世紀 朝·淸文人 交流尺牘 硏究」, 연세대학교 국어국문학과 박사학위논문, 2011; 변영문, 「東坡와 秋史의 書藝 美意識 比較硏究」, 고려대학교 국어국문학과 박사학위논문, 2014; 박철상, 「朝鮮時代 金石學 硏究」, 계명대학교 한국어문학과 박사학위논문, 2014 외 다수의 국내학술논문이 있다.

6) 趙熙龍에 관한 연구는 이성혜, 「趙熙龍 文學 硏究」, 경성대학교 국어국문학과 박사학위논문, 1999; 한영규, 趙熙龍의 藝術精神과 文藝性向」, 성균관대학교 국어국문학

이상 정약용과 신위·김정희를 중심으로 한 연구사를 살펴보았을 때, 19세기 문화예술과 사상적 측면으로 큰 맥을 형성한 이들의 작품 세계를 밝히는 연구는 그간 질적·양적으로 상당한 성과를 이루었음을 알 수 있다. 그러나 이러한 19세기 전반기前半期의 역사적 흐름 속에서 김조순·남공철·서영보·심상규·이만수는 당대 국정 운영과 도성 사대부의 문화에 상당한 영향력을 발휘하였던 인물들임에도 불구하고, 이들의 문학적 전모에 관한 것은 아직 다 밝혀지지 않은 상황이다. 정치사적으로 순조·헌종·철종 대에 외척인 김조순의 안동 김씨 가문을 중심으로 권세가들이 국정을 주도하였다는 비판적 시각을 벗어날 수 없기에, 이들의 문학은 여전히 한문학 연구에서 소외당하는 측면이 있다. 또 정조 재위기 문학이 조선 후기의 문화 부흥을 이루었다고 평가되는 반면, 정조 사후에는 조선의 정치·문화가 쇠퇴기에 접어들었다는 인식 때문에, 순조대 한문학에 대한 관심이 상대적으로 저조한 탓도 있다.

과 박사학위논문, 2000; 이경자, 壺山 趙熙龍 文人畵의 雅·俗 美學 硏究」, 성균관대학교 유학과 동양미학전공 박사학위논문, 2010; 장은영, 「조선 말기 조희룡(趙熙龍)의 화론(畵論) 연구－여항 문인화가로서의 화가와 회화에 대한 인식 변화를 중심으로－」, 서울대학교 미학과 박사학위논문, 2022 외 다수의 국내학술논문이 있다. 李尙迪에 관한 연구는 김충제, 「藕船 李尙迪의 詩世界 硏究」, 한양대학교 국어국문학과 석사학위논문, 1988; 박현규, 「조선 李尙迪의 청 符葆森 『國朝正雅集』 논평시 분석」, 『열상고전연구』 21, 열상고전연구회, 2005; 이춘희, 「19세기 燕行文人의 文學交流 양상 및 의미－藕船 李尙迪을 中心으로－」, 『동악어문학』 45, 동악어문학회, 2005; 정후수, 「李尙迪과 〈歲寒圖〉 관람 淸朝 인사 19인의 교유」, 『동양고전연구』 30, 동양고전학회, 2008; 이춘희, 「李尙迪에게 보낸 淸 文士의 尺牘과 文風의 疏通」, 『대동한문학』 37, 대동한문학회, 2012; 이춘희, 「淸 吳縣 潘氏가문의 文士와 朝鮮文人의 交流－李尙迪을 중심으로－」, 『한국한문학연구』 65권, 한국한문학회, 2017; 조민우, 「1853년 李尙迪 연행시 고찰－姜時永과 李尙迪의 문헌 비교를 중심으로－」, 『동양고전연구』 77집, 동양고전학회, 2019; 이필숙, 「藕船 李尙迪 詩書의 儒家美學的 고찰」, 『동양예술』 권57, 한국동양예술학회, 2022.

이러한 연구사의 공백을 인지하고 이들을 대상으로 한 문학 연구의 소략함을 보완하고자 한 연구도 있다. 안순태(2017)는 19세기 한문학의 변모 양상에 대한 그간의 연구 성과를 정리하며, 18세기 말 내지 19세기 초에 활동한 문인들을 크게 세 부류로 나누었는데, 그중 한 부류로 남공철과 심상규·김조순 등을 '순조조 관각문인 그룹'이라 칭하였고, 이들에 대한 심도 있는 연구의 필요성을 촉구하였다.[7] 2021년에는 오태사 및 안동 김씨 가문과 긴밀한 관계를 유지하며 순조·익종·헌조·철종대에 걸쳐 주요 관직을 역임한 경산 정원용의 문학세계를 밝힌 연구도 이루어졌다.[8]

풍고楓皐 김조순(1765~1832)에 관한 연구는 그가 순조의 장인으로 안동 김문 세도정치의 발판을 마련하였다는 관점에서 정치사적 연구가 먼저 이루어졌다. 김조순의 가문과 정치 행로 및 학문적 성향에 대해 연구한 유봉학의 연구를 시작으로,[9] 김조순의 정치사적 위치와 영향력을 파악하려는 사학계의 연구가 있었다.[10] 대부분 순조대부터 철종대까지 지속된 세도정치 정국의 동향을 파악하려는 연구가 주를 이루며, 이 또한 김조순을 포함한 안동 김문이라는 가문의 범주로 연구가 이루어졌다. 그의 문학을 다룬 연구는 소략한 편이다. 박준원(1995)이 정치가의 면모만 강조되었던 김조순의 문학작품 및 시세계

---

7) 안순태, 「19세기 전반기 한문학의 변모 양상」, 『규장각』 51, 서울대학교 규장각한국학연구원, 2017.

8) 권은지, 「經山 鄭元容 文學 硏究」, 고려대학교 국어국문학과 박사학위논문, 2021.

9) 유봉학, 「풍고 김조순 연구」, 『한국문화』 19, 규장각한국학연구원, 1997.

10) 오수창, 「세도정치를 다시 본다」, 『역사비평』 12, 역사비평사, 1991; 최재봉, 「勢道執權基 金祖淳의 政局運營」, 고려대학교 한국사학과 석사학위논문, 2007; 윤민경, 「세도정치기 安東 金門의 정치적 기반 - 국왕, 유력 가문과의 관계를 중심으로 -」, 서울대학교 국사학과 석사학위논문, 2015; 김태희, 「김조순 집권의 정치사적 조명」, 『대동한문학』 43, 대동한문학회, 2015.

에 대한 본격적인 접근을 시도한 이래,[11] 이택동(2002)은 김조순의 시에서 허무감과 무상감의 정조情調가 발견되는 것에 주목하여 색다른 해석을 보여주기도 하였다.[12] 또 정조가 주도한 문체반정으로 김조순이 견책을 받았던 일이 일찍이 주목받아, 이와 관련하여 김조순의 전傳 문학 및 김려金鑢와의 교유 관계가 관심 있게 다루어졌다.[13] 그러나 김조순의 문집인 『풍고집楓皐集』에 천여 수에 달하는 시가 수록된 점을 감안하면, 그의 한시를 대상으로 한 연구는 좀 더 다양한 각도로 조명할 필요가 있다.

금릉金陵 남공철(1760~1840)은 다섯 문인 가운데 문학·예술 분야에서 가장 많은 연구가 이루어졌다. 남공철의 문학사상 형성과 변화 추이를 집중적으로 살핀 이경아(1996)[14]의 연구를 시작으로, 남공철의 산문 특징을 고찰한 연구가 이어졌다.[15] 현재까지 학계에서 연행록燕行錄을 대상으로 한 연구가 꾸준히 축적되고 있는 가운데, 근래에는 남공철의 연행체험을 기록한 작품을 대상으로, 그의 대청對淸 인식과 연행燕行의 특징을 밝힌 연구도 이루어졌다.[16] 남공철의 한시 전

11) 박준원, 「풍고 김조순 시 연구」, 『문화전통논집』 3, 慶星大學校 附設 韓國學硏究所, 1995.

12) 이택동, 「김조순의 사유와 대현실안의 한 국면」, 『어문연구』 30권4호, 2002.

13) 이창혁, 「풍고 김조순의 전 문학 연구」, 성균관대학교 동아시아학과 석사학위논문, 2015; 김영진, 「김려의 편서활동과 교유에 관한 몇 가지 신자료」, 『대동한문학』 47, 대동한문학회, 2016; 김경희, 「오대검협전에 나타난 김조순의 문제의식 고찰」, 『동방학』 34, 동양고전연구소, 2016; 김용태, 「풍고 김조순과 '북촌시단」, 『민족문학사연구』 61, 2016; 강혜선, 「閒人觀尺牘」과 「楓皐觀小牘」을 통해 본 金鑢와 金祖淳의 교유 양상」, 『한국한문학회』 69, 2018.

14) 이경아, 「남공철의 문학사상」, 성균관대학교 한문학과 석사학위논문, 1996.

15) 김광섭, 「金陵 南公轍 散文 硏究」, 고려대학교 국어국문학과 박사학위논문, 2009; 안순태, 「南公轍 散文 硏究」, 서울대학교 국어국문학과 박사학위논문, 2011.

16) 안순태, 「남공철(南公轍)의 연행(燕行) 체험과 대청의식(對淸意識)」, 『국문학연구』

반을 살핀 연구는 정유진(2012)의 석사논문이 있다.[17)]

죽석竹石 서영보(1759~1816)는 심상규와 함께 순조 초에 국가 재정과 군사에 관한 기록인 『만기요람萬機要覽』을 편찬한 업적과 뛰어난 문장으로 높은 인지도를 지니고 있음에도 불구하고, 그의 문집에 수록된 작품의 소략함으로 인해 그간 그의 문학이 연구 대상으로 조명되지 못하였다. 그러다 김광섭(2012)[18)]이 조선 후기 유기遊記와 누정기樓亭記에 담긴 산수관과 글쓰기 양상을 고찰하는 방편으로, 서영보를 비롯하여 조경趙璥·이만수의 작품을 함께 다루면서 그의 산문이 먼저 관심을 받았다. 이후 서영보의 금강산 유기 『풍악기楓嶽記』에 대한 연구,[19)] 서영보의 문학관 고찰 및 교유 관계를 파악한 연구가 있다.[20)] 이는 모두 그의 산문을 대상으로 한 연구이므로, 그의 시 세계에 대해 살필 필요가 있다.

두실斗室 심상규(1766~1838)의 문학 연구로는 김의동(2013)이 심상규의 문집 『두실존고斗室存稿』에 수록된 시를 대상으로 하여 처음으로 그의 시 세계를 살피고자 하였다.[21)] 이 밖에 심상규의 소식蘇軾 애호에 주목한 연구[22)]와 척독尺牘을 대상으로 한 연구[23)]가 있다.

36, 국문학회, 2017; 「남공철(南公轍) 연행록(燕行錄) 소재(所載) 환술(幻術) 기록에 대한 연구」, 『한국한문학연구』 74, 한국한문학회, 2019.

17) 정유진, 「金陵 南公轍의 詩世界 研究」, 성신여자대학교 한문학과 석사학위논문, 2012.

18) 김광섭, 「조선후기의 遊記와 樓亭記에 나타난 산수관과 글쓰기 양상 – 趙璥, 徐榮輔, 李晩秀를 중심으로–」, 『고전과 해석』 13, 고전문학한문학연구학회, 2012.

19) 이현일, 「竹石 徐榮輔의 『楓嶽記』에 대하여」, 『한문학보』 33, 우리한문학회, 2015.

20) 최일영, 「죽석관 서영보의 문학관 연구」, 『동방학』 41, 한서대학교 동양고전연구소, 2019.

21) 김의동, 「두실 심상규의 생애와 시 연구」, 계명대학교 한문학과 석사학위논문, 2013.

극원屐園 이만수(1752~1820)의 문학에 관하여서는 그의 생애와 산문의 양상을 다룬 이도훈(2008)의 연구가 가장 먼저 나왔다.[24] 그리고 2010년대 이후 정조가 아끼던 규장각 각신 이만수의 한시 작품이 관심을 받기 시작하면서 그의 유배기 한시, 관각시館閣詩, 시사詩社 활동을 대상으로 한 연구가 이루어졌다.[25] 그러나 이는 이만수 시 세계 가운데 일부에 지나지 않는다.

오태사 개개인의 문학을 대상으로 한 연구들은 대부분이 2000년대에 들어 이루어진 것들이며, 1970~80년대부터 꾸준히 관심을 받은 정약용·신위·김정희의 연구 성과와 비교하면 상대적으로 뒤늦게 주목받기 시작하였다. 연구의 양적·질적으로도 아직 그들의 문학적 특성을 밝히기에 부족하다. 무엇보다 이들이 오태사라 불리며 순조대의 관각을 주도하고 교유한 정황과 학문적·사상적 영향 관계의 실체가 밝혀지지 않았다.[26] 이는 순조대의 정치적 분위기와 당대의

22) 장진엽, 「斗室 沈象奎 시문학의 한 국면-東坡 숭상과 작품 수용 양상을 중심으로-」, 『동방한문학』 87, 동방한문학회, 2021.

23) 최일영, 「『斗室尺牘』 硏究」, 고려대학교 국어국문학과 석사학위 논문, 2015.; 강혜선, 「심상규(沈象奎)의 척독집 『두실척독(斗室尺牘)』 연구」, 『돈암어문학』 30, 돈암어문학회, 2016.

24) 이도훈, 「屐園 李晩秀의 生涯와 散文 硏究」, 계명대학교 한문학과 석사학위논문, 2008.

25) 이영숙, 「屐園 李晩秀의 「和陶詩」 硏究」, 『동양한문학연구』 35, 동양한문학회, 2012.; 백승호, 「屐翁 李晩秀 館閣詩 硏究」, 『한국한시연구』 22, 한국한시학회, 2014.; 오보라, 「紅泉社의 결성과 시세계-聯句詩를 중심으로」, 『동양고전연구』 66, 동양고전학회, 2017.

26) 유봉학(1997)은 오태사와 김조순의 관계에 대해 당색을 뛰어넘어 형성된 정조의 친위관료학자들 간의 정치적 유대라고 표현하였다. 그리고 '天生五太史'로 불리웠던 이들의 학문적 사상적 공감대는 김조순을 중심으로 한 세도정치와 활동의 주요 기반이 되었다고 하였다. 여기서 주목해야 할 부분은 이들이 단순히 정치적 연대를 넘어 학문적·사상적으로도 영향을 주고받았다는 점이다. (유봉학, 위의 논문,

문예사조와도 밀접한 관련을 지니기에 꼭 밝혀져야 하는 부분이다. 각 개인의 시편 분석만으로는 이를 밝히기에 한계가 있으며, 다섯 문인의 작품을 함께 놓고 보았을 때 구체화될 수 있다.

실제로 이들의 개별 문집에 수록된 시편 가운데는 교유 관계 속에서 이루어진 시작詩作이 큰 비중을 차지하고 있으며, 특히 김조순과 심상규・이만수 세 사람은 오랜 기간 시를 통해 교유한 정황들이 많이 포착된다. 이들이 함께 주고받은 시편이 문집에 상당수 수록되어 있다는 점은 이들의 개인적 특성을 파악하기에 앞서 다섯 사람이 시를 통해 공유한 의식에 대한 이해가 우선되어야 함을 의미한다. 이는 다섯 문인의 상호작용 속에서 이루어진 한시 작품들이 각각의 편린片鱗으로 존재한 채 통합적으로 정리된 적이 없기 때문이다. 백승호(2014)는 이만수의 관각시 면모를 밝히는 연구의 결론에서 그의 한시 세계 전반을 조명하기 위해서는 먼저 김조순・심상규・서영보와의 교유와 그 소산으로 지어진 한시가 연구되어야 한다고 보았다.[27]

오태사의 교유와 관련해서는, 김조순・서영보・심상규・이만수의 『홍엽첩紅葉帖』 일화를 다룬 이종묵(2011)의 연구가 있다.[28] 이 연구는 오태사 중 네 사람의 친분을 보여주는 일화를 소개하고, 이들의 교유를 조명한 유일한 연구이다. 그러나 이 또한 네 사람의 신교神交와 풍류風流라는 단편적인 사례를 소개했을 뿐 이들의 교유가 무엇을 토대로 지속되었고 어떤 의미를 지니는가는 밝히지 않았다.

다섯 문인의 교유가 지니는 의미와 한시의 문학적 특성을 밝히기

1997, 301쪽.)

27) 백승호, 위의 논문, 2014, 157쪽.

28) 이종묵, 「〈홍엽첩〉에 담은 우정」, 『문헌과 해석』 56, 태학사, 2011.

위해서는 무엇보다 이들의 작품에 내재된 공통된 주제의식을 파악하는 것이 우선되어야 한다. 다섯 문인이 정치적으로도 개인적으로도 긴밀한 관계를 유지할 수 있었던 배경에는 이들 간에 형성된 공감대가 있었기 때문이다. 이는 이들의 정체성 및 내면 의식과도 관련이 있다. 다섯 문인의 정체성에서 가장 큰 비중을 차지하는 것은 '경화사족'이라는 것과 정조 재위기 후반부의 '규장각 각신'이라는 두 가지를 꼽을 수 있다. 따라서 대대로 조정의 대신을 지낸 선조의 유업遺業을 계승하는 것은 이들에게 무엇보다 중요한 일이었다. 또 규장각을 설립해 문치를 시행하고자 하였던 정조의 정책과 밀접한 규장각 신료라는 관력官歷은 순조 대로 이어지는 관직 생활의 중요한 발판이 되었다. 그러므로 다섯 문인의 한시를 분석하는 작업은 당대 최고의 경화사족이자 관각문인이었던 이들의 정체성과 가치관을 밝히는데 기여할 수 있다.

19세기의 문화사에서 경화사족은 핵심적 존재이다. 17세기 이후부터 대대로 서울에 거주하며 입지를 확보한 경화사족은 도성의 지식정보와 문화적 혜택을 누리며 자신들만의 가풍家風을 형성하였다. 경화사족의 문화생활을 고찰하는 문화사적 연구에서 오태사 문인들은 어렵지 않게 찾아볼 수 있다. 대표적으로 강명관(1999)은 조선 후기 경화사족 문화의 단면을 소개하는 연구에서 장서藏書와 고동서화古董書畵 취미를 보여주는 사례로 김조순과 남공철·심상규 등 오태사를 자주 언급하였다.[29] 이는 다섯 문인이 18세기 후반~19세기 전반기를 대표하는 당대 최고의 경화사족임을 증명하는 것이다. 또 이들이 소장하였던 고동서화 및 다양한 컬렉션들을 정리하고 그들의 문예

29) 강명관, 『조선시대 문학 예술의 생성 공간』, 소명출판, 1999.

취향을 파악하는 연구들이 상당수 축적되었다. 특히 남공철이 자신의 소장품을 정리한 「서화발미書畵跋尾」는 경화사족의 서화 취향을 파악하는 주요한 자료가 되었다.[30] 김조순이 소장했던 컬렉션을 중심으로 19세기 안동 김씨 가문의 예술 취향과 서화 애호 양상을 살핀 연구도 있다.[31] 박철상(2008)은 심상규의 서재 가성각嘉聲閣에 대한 기록들을 토대로, 19세기 경화사족의 상징이자 북학北學의 상징물로서 가성각이 지니는 의미를 되짚었다.[32]

또한 이들이 고동서화 취향을 향유하고 한적을 누리기 위해 마련하였던 개인 공간도 19세기 초반 경화사족의 문화적 특징으로 주목을 받았다. 조선 후기 문인들의 원림園林과 별서別墅에 관한 연구는 주로 미술사학계와 건축·조경학계에서 이루어졌는데, 김조순의 별서 정원인 옥호정玉壺亭이 대표적이다.[33] 남공철의 기문記文과 한시를 대상으로 그의 별서와 원림 경영의 면모를 살핀 연구도 있다.[34] 또한 심상규가 광주부 유수로 재직 중 남한산성南漢山城 행궁行宮 내

30) 문덕희, 「남공철의 『금릉집』에 보이는 중국 서화에 대한 인식」, 『미술사학연구』 213, 한국미술사학회, 1997; 신영주, 「금릉 남공철의 서화에 대한 관심과 서화발미」, 『동방한문학』 47, 동방한문학회, 2011; 진리바, 「조선후기 문인의 서화인식과 비평의식연구 - 서유구·성해응·남공철을 중심으로 - 」, 성균관대학교 박사학위논문, 2016.

31) 황정연, 「金祖淳을 통해 본 19세기 安東金門의 골동서화애호와 감상 풍조」, 『대동한문학』 43, 2015, 61~94쪽.

32) 박철상, 「심상규의 가성각」, 『서재에 살다』, 문학동네, 2014, 174~182쪽.

33) 정봉구, 「조선 후기 한양의 원림에 관한 연구: 경화사족의 원림기와 원림도를 중심으로」, 한양대학교 건축환경공학과 석사학위논문, 2009; 김수진, 「문화 권력 경쟁: 玉壺亭과 石坡亭의 경영과 별서도의 후원」, 『한국문화』 81, 2018; 이찬종, 「조선시대 별서정원 옥호정의 가상유산 재현 연구」, 서울대학교 환경조경학과 석사학위논문, 2019.

34) 안순태, 「남공철의 문예취향과 한시」, 『한국한시연구』 12, 한국한시학회 2004; 이종한, 「남공철의 園林記文 연구」, 『한문학보』 28권, 우리한문학회, 2013.

에 조성한 옥천정玉泉亭 일대의 정원 유적을 조명하여, 관련 문헌 기록의 수집·분석을 통해 공간 구성과 정원 조경의 재구현을 시도한 조경학적 시각의 연구도 있다.[35)]

기존에 진행된 경화사족의 문화에 관한 연구는 오태사가 살던 당대 문예적 취향을 이해하는 데 참고가 될 수 있다. 그러나 이들 연구는 18~19세기 경화사족들의 문화현상을 살피는 문화사적 측면에 연구의 목적을 두었기에, 오태사의 사례를 단편적으로 언급하는 정도에 그쳤으며, 오태사의 한시 또한 문화을 설명하는 요소의 하나로 인지되었을 뿐이다.[36)] 대다수의 선행 연구가 이들이 누렸던 당대 경화사족의 문화와 취향이 어떠한 미의식을 지니고 어떻게 한시로 형상화되는지 문학성을 밝히는 데 목적을 두지 않았다. 그러므로 본고는 그간 진행된 경화사족의 문화에 관한 선행연구를 기반으로 오태사가 누렸던 당대 문화적 경향의 보편적 특징을 파악하고, 나아가 다섯 문인의 한시 작품 분석을 통해 이들의 시에 담긴 미의식과 문학적 형상화의 양상을 밝히는 것을 목적으로 한다. 이는 기존의 문화사적 연구를 기반으로 한 걸음 더 나아가 19세기 경화사족 문인의 문학성을 밝히는 데 기여할 수 있을 것이다.

요컨대 김조순·남공철·서영보·심상규·이만수는 18세기 후반~19세기 전반기를 대표하는 관각문인이자 경화사족으로서 당시 정

35) 노재현 외, 「斗室 沈象奎의 남한산성 玉泉亭 정원유적」, 『한국전통조경학회지』 35, 한국전통조경학회, 2017.

36) 윤재환은 조선 후기 한시 연구의 영역 확대 경향과 관련하여 문화적 측면에서 한시를 바라보는 시각이 유의미하지만, 한편으로는 문학이 조선 후기 문화를 설명하는 도구로 인지되어, 조선 후기 한시 자체가 지니는 미감과 문학성을 상실할 수 있다고 경계하였다.(윤재환, 「朝鮮後期 漢詩 硏究를 위한 몇 가지 提言」, 『한문학논집』 41집, 근역한문학회, 2015, 21~22쪽.)

치와 학술 및 문화의 중심에 서 있었기에 이 시대의 문학을 이해하기 위해서는 이들을 배제할 수 없다. 더구나 정조 재위기 동안 정치·문화의 핵심적 역할을 담당하였던 규장각 각신으로 활동한 다섯 문인의 이력은 정조 사후 순조대에 이르러서도 영향력을 발휘하였다.

이 책은 19세기 한문학 연구의 편폭篇幅 확장이 요구되는 시점에서 상대적으로 소외되었던 다섯 문인의 시에 주목하였다. 규장각 각신이자 경화사족으로 이들이 공유하였던 시적 정서의 다양한 층위를 살피고, 당대 도성을 중심으로 유행하였던 문화 향유 양상과 관련된 한시를 분석하여, 그 미의식을 밝히고자 하는 것이 목적이다. 이는 그간의 연구에서 단편적이고 막연하게 언급되었던 이들의 '당파를 넘어선 신회神會'와 '경화사족의 문예 취향'을 종합적이면서도 명료하게 고찰할 수 있을 것이라 기대한다.

이와 같은 목적으로 제1부에서는 먼저 오태사의 구성원인 다섯 문인의 교유양상을 통시적으로 살펴본다. 이들이 정조·순조 연간 정국에서 활동하며 주고받은 시문詩文을 통해 이들의 교유양상을 전반적으로 정리·개괄한다.

제2부에서는 다섯 문인의 정치 이력 가운데 큰 부분을 차지하는 관각 활동과 한시 작품 양상을 중점적으로 다루었다. 정조 연간 다섯 문인은 정조의 정책을 보좌하는 인재 양성을 목적으로 설립된 규장각의 각신으로 활동하였다. 정조가 추진하였던 문헌자료 정리와 간행 사업에 참여하고, 정조의 명으로 갱재시賡載詩를 지으며 임금의 정책이 원활하게 이루어질 수 있도록 돕는 역할을 하였다. 이들이 정조 재위기 규장각 각신으로 활동한 이력은 곧 순조가 즉위한 뒤 국구인 김조순을 중심으로 정치적 입지를 확보하는 기반이 되었기에 주목할 필요가 있다. 특히 2부에서는 『동성교여집東省校餘集』을 주 텍스트로

삼아 고찰하였다. 『동성교여집』은 정조 사후 1813부터 1814년까지 정조의 어제인 『홍재전서弘齋全書』와 『열성어제列聖御製』 편찬의 마무리 작업에 참여한 각신들이 여가를 이용하여 수창酬唱한 시詩를 수록한 시집詩集이다. 당시 오태사 문인들이 이 사업을 주관하였고, 『동성교여집』은 시를 통해 오태사와 후배 각신들의 관계가 돈독해지는 교유 과정을 확인할 수 있는 중요한 자료이다.

제3부는 다섯 문인이 누린 도성 문화와 취미생활 가운데 특징적인 국면을 다루었다. 이들은 대대로 서울과 근기에 터를 잡고 삶의 기반을 마련한 경화사족으로, 도성 안팎에 그들만의 별서·누정을 짓고 개인의 취미생활을 향유하였다. 이들은 서로의 공간에 제시題詩를 지어주며 기념하고 서로의 지향성을 공유하였는 바, 이들의 한시를 통해 당대 경화사족들의 일상과 문예취향을 살펴볼 수 있다. 2장에서는 조선 문인들의 원예 취향과 관련하여 19세기 다양화된 원예 재배와 완상 문화를 중점적으로 다루었다. 그 이유는 18세기부터 이어진 청나라 연행을 통해 다양한 문물이 조선에 유입되면서, 한양 도성에 새로운 화훼 품종을 재배하고 감상하며 한시를 창작하는 문화가 성행하였기 때문이다. 그 가운데 수선화 재배와 완상은 도성 문인들 사이에 유행이 되었는데, 순조 연간 최고의 경화사족이었던 오태사 문인들의 한시를 통해 이러한 문화 현상을 확인할 수 있다. 3장에서는 다섯 문인이 도성 인근의 명소에서 즐긴 행락行樂의 양상을 두루 살피고, 이들이 직접 새로운 경관을 발견하고 경영한 사례를 소개하였다. 4장에서는 19세기 경화사족 사이에서 나타난 모소慕蘇 열풍과 관련하여 오태사의 견해와 시적 수용을 다루었다.

제4부는 이 책의 결론에 해당하며, 오태사의 교유와 한시가 지니는 의의를 밝혔다. 이 책의 주요 연구대상 가운데 하나인 『동성교여집』

의 후대 영향에 대해 다루면서, 오태사의 주도하에 이루어진 순조 연간 관료들의 시회가 지니는 의미를 고찰하였다. 그리고 오태사의 취미생활과 풍류가 18·19세기 경화사족 문화의 형성과 전승에 영향을 미친 사례들을 통해, 조선후기 경화사족의 문화를 이해하는 측면에서 이들의 교유와 한시가 지니는 의의를 서술한다.

이 책은 오태사의 시 세계 전반을 두루 살피되, 다섯 문인의 문학적 교유에 초점을 맞추고 있다. 이는 그간 선행연구에서 단편적으로만 언급되었던 이들의 일생에 걸친 교유와 시 창작의 전모를 통시적으로 살펴볼 수 있게 하면서, 동시에 공시적으로 특정 작품의 구체적인 창작 배경과 시의詩意를 면밀히 파악할 수 있게 한다는 점에서 유용할 것이다.

또한 다섯 문인은 정조 재위기 후반에서 순조 대로 전환하는 변화의 시기에 활동한 관료 문인으로서, 정조의 문치정책을 경험하고 참여한 장본인들이자, 정조 사후 그의 종사지終事地를 일임하였던 대신大臣으로 역할을 하였다. 그리고 순조대 후반에 이르기까지 정치·사회·문화 면에서 지대한 영향력을 발휘하였던 문인들이었기에, 이들의 시 세계 특징을 고찰하는 작업은 그간 활발히 이루어진 정조 재위기 문학을 대상으로 한 연구의 후속 작업이 될 수 있을 것이며, 18세기 후반에서 19세기로 이어지는 과도기의 문학 경향을 파악하는 사례가 될 것으로 기대한다. 이와 같은 연구는 더 나아가 정조 재위기 문학이 이후 19세기 문학사에 어떤 영향을 끼쳤는지 그 상관관계를 밝힐 수 있을 것이며, 오태사를 중심으로 정조~순조 연간에 활동한 관각문인들의 시 세계 및 문예미를 고찰할 수 있을 만한 단초를 마련할 수 있을 것이다.

제1부

오태사五太史의 문학적 교유양상

김조순·남공철·서영보·심상규·이만수 다섯 문인이 순조대 오태사로 거론되며 조정의 핵심 요직을 역임하고 당대에 정치·문화적 영향력을 발휘할 수 있었던 배경에는 이들의 가문 및 관력官歷의 공통점이 존재한다. 제1부에서는 오태사 개개인의 집안 배경과 관직 이력을 살피면서 이들의 교유가 활발히 이루어지던 시기를 중점적으로 검토하고, 그 과정에서 창작된 작품을 소개하여 다섯 사람의 문학적 교유 양상을 살핀다.

오태사는 출신 배경에서부터 상당한 유사점을 지니고 있다. 다섯 사람 모두 가문 대대로 조정에서 고위 관료를 지낸 경화사족 자제였기 때문이다. 김조순의 안동安東 김씨金氏 집안은 김상용金尙容 대에 중앙 관직에 진출한 이래 대대로 도성 북부 장동壯洞에 거주하며 장동 김문으로도 불리게 되었다. 청음淸陰 김상헌金尙憲을 필두로 하여, 숙종肅宗에서 경종대景宗代 노론老論의 영수였던 김창집金昌集을 배출하였으며, 삼연三淵 김창흡金昌翕·농암農巖 김창협金昌協은 당대 문풍으로 이름이 드높았다. 그의 가문은 김창집이 신임사화辛壬士禍에 연루된 후 한동안 후손들이 관직에 진출하지 못하였으나, 정조 즉위 초에 김창집을 영조英祖의 묘정廟庭에 배향하면서 그 후손들이 중용

되었다.[1]

이만수의 연안延安 이씨李氏 가문은 선조인 월사月沙 이정구李廷龜·백주白洲 이명한李明漢부터 이복원李福源·이만수까지 대대로 문형을 지낸 문한가문文翰家門이다. 특히 이정구 대부터 대대로 외교 사절로 중국에 사행을 간 이력을 지녀 중국의 정세에 밝은 집안이기도 하다.[2]

서영보의 집안은 소론少論을 대표하는 달성達成 서씨徐氏 가문의 일원으로, 그의 고조인 서종태徐宗泰부터 증조인 서명균徐命均, 조부 서지수徐志修까지 연달아 3명의 정승을 배출한 당대 명문이었다. 또 서영보의 부친인 서유신徐有臣과 서영보 본인, 그리고 그의 아들 서기순徐箕淳에 이르기까지 삼대三代가 모두 대제학을 지내는 영광을 누리기도 하였다.

심상규의 청송青松 심씨沈氏 가문은 조선왕조 개국 공신이었던 심덕부沈德符의 후손으로, 심상규의 6대조 심유沈攸가 홍문관부제학弘文館副提學을 지낸 이후 문장文章으로도 가문의 명성을 알리게 되었다. 심상규의 증조 심성희沈聖希는 홍문관부제학을 지냈으며, 심상규의 부친 심염조沈念祖는 정조의 지우를 입어 규장각奎章閣 직제학直提學에 뽑히고, 함재涵齋라는 호를 하사받기도 하였다. 심염조-심상규 부자父子는 수많은 서적을 수집하여 당대 장서가藏書家로도 명성이 드높았다.

남공철의 고조 호곡壺谷 남용익南龍翼은 숙종대肅宗代 대제학과 재

1 안동 김씨 가문의 내력에 대해서는 이경구(2003)의 연구를 참조하였다. (이경구, 「17~18세기 壯洞 金門 연구」, 서울대학교 박사학위논문, 2003.)

2 이만수의 집안과 연행 이력에 대해서는 韓梅(2013)의 연구를 참조할 수 있다. (韓梅, 「〈入沈記〉에 나타난 淸人 형상 연구」, 『한중인문학연구』 39, 한중인문학회, 2013.)

상을 지냈으며, 남공철의 부친 남유용南有容은 정조의 스승이자 영조대 사가四家의 한 사람으로 그 학문적 능력이 당대에 일컬어졌다. 1817년(순조 17) 남공철이 전망前望으로 홍문관・예문관 대제학이 되자, 김조순은 남공철에게 편지를 보내 숙종 대에 전망으로 대제학에 임명된 남용익의 전례前例를 잇게 된 것을 축하하기도 하였다.[3]

이들의 가문은 선조부터 대대로 중앙 관료를 지냈기에, 집안 간 교유의 흔적도 어렵지 않게 찾을 수 있다. 서영보와 이만수의 집안은 백주 이명한의 자손 대에 혼인으로 인한 인척 관계를 맺음으로써, 후손 간의 교유도 이어졌다.[4] 또한 같은 소론계 집안으로도 우호적 관계를 유지했던 것으로 보인다.[5] 서영보의 선조 서종태와 남공철의 선조 호곡 남용익은 숙종대에 활동하던 명신들로, 서종태가 남용익의 제문을 써줄 정도로 두 사람과 집안 간에 우호적 관계가 있었던 것을 확인할 수 있다.[6] 심상규의 집안은 숙종대부터 노론계의 입장에서 활동하고 송시열宋時烈, 민진원閔鎭遠 등을 변호하는 역할에 앞장섰다. 심상규의 증조부 심성희의 신도비명을 남공철의 부친 남유용이 지어 두 집안 간의 우호적 관계도 확인할 수 있다.[7]

오태사는 집안 간의 우호적 관계를 계승하여, 서로의 집안에서 일어나는 경조사를 챙기고, 친인척의 시문집詩文集 서발序跋 혹은 서로의 집안 사람들에 대한 행장行狀 및 묘지명墓誌銘을 써주기도 하였다.

3 김조순, 『楓皐集』 권10, 「與南尙書元平」[公轍]. "肅廟朝前望受點, 自壺翁始, 因爲行公, 此乃尊家故事, 然則不必以此過引許久不出矣."

4 李明漢의 아들 李端相의 딸이 徐文尙과 혼인하여, 서영보의 고조 서종태를 낳았다. 이후 이러한 인연으로 두 집안 간에 교유가 지속되었다.

5 이만수의 처가는 소론계를 대표하는 학자를 배출한 달성 서씨 徐命善의 집안이다.

6 徐宗泰, 『晩靜堂集』 권3, 「祭壺谷南尙書文」.

7 南有容, 『雷淵集』 권19, 「吏曹參判沈公神道碑銘」 [幷序].

이만수의 친형 이시수李時秀가 기사耆社에 들던 날 이만수가 기쁜 마음을 시로 읊자, 서영보와 심상규가 함께 시를 지어 축하하기도 하였고,[8] 이시수가 연행 중의 견문과 감회를 읊은 〈속북정시續北征詩〉에는 서영보와 김조순이 발문跋文을 지었다.[9] 또 김조순은 먼저 세상을 떠난 이만수의 아들 이원우李元愚의 유고遺稿 서문을 짓기도 하였다.[10] 이만수와 서영보의 친분은 더욱 각별하여 둘 중 한 사람이 먼저 죽는다면 그 사람의 집안일까지 챙기겠다 얘기할 정도였다. 이만수는 서영보의 부친 서유신의 시장諡狀을 썼고,[11] 서영보가 죽은 뒤에는 그의 시장을 지었으며, 제문祭文을 통해 서영보의 죽음을 슬퍼하는 마음을 글로 남기기도 하였다.[12] 이처럼 오태사는 조선을 대표하는 벌열 가문이라는 공통적인 출신 배경을 토대로 선대부터 관직과 당파 및 혼인을 통해 친밀한 관계를 유지하고 있었다.

한편 정조 후반에서 순조대에 함께 활동한 다섯 사람을 지칭하는 오태사라는 명칭은 이유원李裕元의 『가오고략嘉梧藁略』에 실린 정원용의 행장行狀에 보이는데, 당시 김조순과 이만수, 서영보, 남공철, 심상규 다섯 사람을 '오태사'라고 칭했다고 기록하고 있다.[13] 태사太史라는 명칭은 옛 중국에서 기록을 맡아보던 관리를 지칭하는 것으로, 국가

8 심상규, 『斗室存稿』 권2, 〈介石[及健一號]李相公入耆社之日, 其仲氏屐翁尙書有詩志喜, 次韻却寄〉[甲戌]; 서영보, 『竹石館遺集』 책2, 〈及健相公入耆社 屐翁有詩識喜 謹酬其韻〉.

9 서영보, 『竹石館遺集』 책2, 〈及健李公續北征詩跋〉.

10 김조순, 『楓皐集』 권15, 「雲石小稿序」.

11 이만수, 『屐園遺稿』 권10, 「玉局集」, 「大提學徐公諡狀」.

12 이만수, 『屐園遺稿』 권10, 「玉局集」, 「吏曹判書竹石徐公諡狀」; 『屐園遺稿』 권9, 「祭竹石徐太史文」.

13 이유원, 『嘉梧藁略』 권19, 「月城李裕元景春著」; 「領議政文忠經山鄭公行狀」, "楓皐與李屐翁 · 徐竹石 · 南穎翁 · 沈斗室, 世稱五太史."

의 문학과 기록을 관리하던 문원文苑의 직분과 유사하다. 정조 때 왕실의 문헌과 사료史料의 관리 및 서적의 교열과 편찬을 담당하였던 규장각 각료들은 곧 옛 중국의 태사직太史職과 같았다. 다섯 사람이 태사라는 호칭으로 불리게 된 것은 규장각 각료 출신으로 정조 사후 실록 당상의 직무를 수행하고, 1813~1814년 정조의 문집 『홍재전서』 간행을 주관하였던 업적에서 기인하였다. 오태사의 교유와 당시의 행적에 대해서는 정원용이 쓴 이만수의 『극원유고』 서문에서도 언급된다.

> 당시에 풍고 김조순, 죽석 서영보, 두실 심상규와 같은 여러 태사太史들은 뛰어나고 빼어난 문인이어서, 유희 삼아 수창하며 쓴 단편적인 글들[片言隻字]이 세상의 진귀한 보배가 되었으니, 뛰어난 문채와 시운이 찬란하게 빛났다. 이는 참으로 고금의 문인들이 쉽게 이루지 못하는 성대한 모임이요, 지극한 즐거움이었다.[14]

비록 서문에는 남공철이 포함되어 있지 않지만, 정원용은 오태사 간에 이루어진 교유와 수창시에 의미를 부여하였다. 당시 정치와 문단에서 이들의 교유와 풍류가 회자되었고, 이들 간에 있었던 일화 및 시첩 또한 화제를 불러일으켰음을 예측할 수 있다. 정원용은 심상규의 문집 서문에서도 다섯 사람의 교유와 문풍에 대하여 거듭 언급하였다.[15] 정원용의 필기잡록 『수향편袖香編』에서도 19세기 초 순조대

14 이만수, 『屐園遺稿』 권15, 「附錄」, 「屐翁李太史文集序」[鄭元容]. "時則有若金楓皐・徐竹石・沈斗室諸太史, 聚英聯芳, 游戱倡酬, 片言隻字, 爲世珍寶, 雋采逸韻, 輝映煥燁. 此固古今文人未易遘之盛會也至樂也."

15 정원용은 심상규의 문집 서문에서 이만수와 김조순・서영보・남공철・심상규가 정조의 신뢰를 바탕으로 당대 명성이 높았으며, 순조대에 이르러서는 차례대로 문단을 지휘하여 '天生五太史'라 일컬어졌다고 하였다. 특히 정조의 어제를 교인할

를 대표하는 관각 문인으로 다섯 사람의 일화를 소개하고 있으며, 특히 김조순의 인품과 문학을 보여주는 기사가 많다. 이는 오태사가 김조순을 중심으로 당대 관각을 주도하는 위치에 있었음을 알 수 있는 기록이며, 정원용과 이들의 긴밀한 관계를 보여주는 것이기도 하다. 다음 장부터는 본격적으로 이들의 관직 이력과 함께 지속된 교유 양상과 관련 문학작품의 현황을 소개한다.

1. 정조正祖 재위기의 각신閣臣 활동

다섯 문인은 가문의 후광과 더불어 비슷한 시기에 과거에 합격하여 본격적으로 관로에 진출하였으며, 처음부터 정조의 각별한 신임을 바탕으로 성장했다는 공통점을 지닌다. 김조순의 본래 이름은 낙순洛淳이었다. 김조순이 과거에 급제한 후 정조를 알현한 자리에서 정조는 충효忠孝로 명망이 높았던 김상헌의 후손인 그에게 관심을 표하며, 집안의 명성을 계승하라는 의미를 담아 조순祖淳이라는 이름을 하사하였고, 풍고楓皐라는 호도 정조가 내린 것이다.[16] 심상규도 부친에 이어 정조에게 이름과 자를 하사받았다. 그의 본래 이름은 상여象輿이고 자는 가권可權인데, 정조가 특별히 그를 불러 그의 이름을 상규象奎라 바꿔주고 치교穉教라는 자를 하사하였다.[17] 또 이만수가 1789

때 이들이 함께 이룬 풍류와 운치가 매우 빼어났다고 평하였다. (정원용, 『經山集』 권12, 「斗室集序」.)

16 이만수, 『展園遺稿』 권1, 「原集」, 〈楓皐行〉. “殿前羣仙醉如楓, 上苑楓菊秋重九, 若有一人楓亭下, 獨倚楓林眼瀏瀏, 王曰嘉爾霜楓操, 號汝以楓楓能壽.”; 趙斗淳, 『心庵遺稿』 권23, 「永安府院君楓皐金公[祖淳]墓表」[己未]. “公諱祖淳, 字士元, 初諱洛淳, 正廟賜以今名曰, ‘文正肖孫也.’, 又賜號楓皐.”

년 문과에 급제한 뒤 당시 판중추부사이던 부친 이복원을 따라 궁궐에 들어가 정조를 직접 알현한 일[18], 신료들이 모인 자리에서 이만수에게 나막신을 하사한 일[19]은 모두 정조의 각별한 배려 속에서 이만수가 성장할 수 있었음을 보여주는 일화이다. 정조는 스승 남유용의 자제인 남공철과 서영보를 예우하여 가까이 두었으며, 남공철은 과거 급제자로서 정조의 연회에 동행하여 행렬을 선두에서 이끄는 영예를 누렸다. 이들은 관직에 진출한 순간부터 정조의 각별한 지우知遇를 받았고, 이후 초계문신抄啓文臣에 뽑히는 명예를 얻기도 하였기에, 이들의 교유와 결속에는 항상 '정조'라는 매개가 존재하였다.

초계문신 제도는 정조가 즉위 초 불안정한 자신의 입지를 다지고, 조선의 문예 부흥을 다시 이루기 위한 우문右文정책을 효과적으로 펼치기 위해 마련한 것이다. 왕권 강화와 문치文治라는 목적 달성을 위해 곁에서 보좌해줄 인재를 육성하기 위한 방편이었다. 규장각 신설과 초계문신 제도는 정조 재위기 정치의 핵심이었다. 오태사는 당대 최고의 벌열閥閱 가문家門 자제들이자 초계문신에 뽑힌 각신으로, 정조의 최측근에서 왕의 뜻을 받들어 정책을 시행하는 최고의 엘리트이자, 핵심 관료였다.

---

17 徐有榘, 『金華知非集』 권8, 「議政府領議政文肅沈公墓誌銘」. "公始名象輿字可權, 纔弱冠正廟特召見, 顧謂筵臣曰: '此子白皙類乃父.' 撤御案書命讀曰: '異哉, 聲大於身.' 遂改賜今名字."

18 1788년 1월 이만수는 성균관 유생을 대상으로 봄에 시행하는 과거[春到記]에서 수석한 뒤, 다음 해 문과에 급제하였다. 그러자 정조가 매우 기뻐하며 이복원과 이만수를 함께 궁으로 불러 이만수의 文才를 칭찬하고 큰 기대를 표현하였다. (이만수, 『屐園遺稿』 권15, 附錄, 〈家狀〉[李世翼]. "戊申春到記對策居魁, 直赴殿試, 己酉唱名, 上喜甚, 命議政公與府君偕入, 敎曰: '卿子登科, 予實欣喜, 自其蔭仕時, 期待已久, 如許之人, 豈可易得, 且相貌與文華, 爲榜中第一.'")

19 이만수, 『屐園遺稿』 권2, 「原集」, 「屐翁樓記」.

정조는 문치를 지향했던 임금답게 시를 통한 군신君臣 간의 친목 도모를 중시하였다. 정조는 조선 역대 왕 가운데 지방 능행陵幸을 가장 자주 나갔던 임금이다. 그는 능행을 나갈 때마다 어제시御製詩를 지어 감회를 표현하고, 동행한 근신近臣들에게 화답을 명하였다. 뿐만 아니라, 궁중 혹은 도성 인근에서 경재卿宰와 각신을 대동한 연회를 주기적으로 열어, 군신간의 화합을 상징하는 갱재시 수창을 주도하였으며, 이로써 옛 성조聖朝의 태평성세를 재현하고자 하였다. 정조의 재위기 동안 이러한 형식으로 창작된 시는 모두 48권의 갱재시축賡載詩軸으로 정리·간행되었다. 1790년대부터 이루어진 갱재시축의 명단에는 각신이자 근신으로 참여한 오태사의 이름이 보인다. 다음은 『홍재전서』에 기록된 갱재시축의 목록 가운데 오태사 일원이 참여한 것으로 확인되는 시축을 표로 정리한 것이다.

〈표 1〉 정조 재위기 오태사의 갱재시축 참여 현황

연도	갱재시축	참여자
1792년 봄	瓊林讌聯韻軸	서영보, 이만수
1792년 가을	光陵行幸日聯韻軸	김조순, 남공철, 서영보
1792년 겨울	食堂日聯韻軸	김조순, 남공철, 서영보
1792년 겨울	雪中龍虎會聯韻軸	남공철, 서영보
1793년 7월	李提督侑祭日賡載軸	남공철
1793년 8월	元陵展省日聯韻軸	김조순, 남공철
1793년 가을	奎選文臣製射日聯韻軸	김조순, 남공철
1794년	人瑞錄獻御日聯韻軸	서영보
1795년 봄	桓廟八回甲志慶聯韻軸	남공철, 이만수
1795년	華城奉壽堂進饌賡載軸	남공철, 이만수
1795년	將臺閱武賡載軸	남공철, 이만수
1795년	洛南軒養老賡載軸	남공철, 이만수
1795년 6월	慈宮周甲誕辰賡載軸	남공철, 이만수

1788 ~1795년 봄	內苑賞花賡載軸	1788년	김조순
		1792년	서영보, 남공철
		1793년	김조순, 남공철, 서영보
		1794년	남공철, 서영보
		1795년	남공철, 이만수
1791 ~1795년 봄	洗心臺賡載軸	1791년	이만수, 서영보, 심상규
		1792년	남공철, 서영보
		1794년	남공철, 서영보
		1795년	남공철, 이만수
1796년 정월	遲遲臺賡載軸	김조순, 남공철, 이만수	
1796년 봄	綾恩君宣麻日賡載軸	남공철	
1796년 봄	頒尺賡載軸	남공철	
1796년 봄	木屐銘賡載軸	김조순, 이만수	
1796년 봄	皇壇親享日賡載軸	김조순, 서영보, 이만수	
1796년 9월	幸院賡載軸	김조순, 이만수	
1798년 정월	祈穀親享日賡載軸	남공철	
1798년 봄	皇壇感懷賡載軸	김조순	
1798년 가을	敬陵行幸日聯韻軸	김조순, 남공철, 서영보, 심상규, 이만수	
1798년 겨울	手圈賡載軸	김조순, 서영보, 남공철, 이만수	
1799년 7월	敬奉閣賡載軸	서영보	
1799년 가을	獻陵行幸日賡載軸	서영보	
1800년	北苑齋日賡載軸	서영보, 이만수	

1795년은 화성 행궁에서 혜경궁의 회갑연이 열린 뜻깊은 해였는데, 당시 이만수는 승지承旨로, 남공철은 성균관 대사성大司成으로 주요 행사에 모두 동행하였을 정도로 오태사는 정조의 신임을 받았다. 남공철과 이만수는 같은 해 봄의 세심대 행차와 내원內苑에서 열린 상화조어연賞華釣魚宴에도 참여하였으며, 윤행임尹行恁과 함께 인왕산에 올라 정조의 성세聖世를 찬양하는 시를 읊기도 하였다.[20] 남공철과 이만수는 1796년(정조 20) 정조 어진御眞을 제작하는 자리에 입

시入侍하여 감독한 공으로 자화상을 그리는 영광을 함께 누리기도 하였다.[21]

『목극명갱재축木屐銘賡載軸』은 1796년 중춘仲春에 궁궐 동산에서 정조가 활쏘기를 하던 자리에서 이루어졌다. 정조가 표적을 맞힐 때마다 모시는 신하가 축하의 뜻을 적어 올리면, 정조가 하사품을 종이 끝에 적어 주는 방식이었다. 정조가 이만수에게 원하는 것을 묻자, 이만수가 선뜻 대답하지 못하였다. 그러자 함께 자리에 있던 김조순이 "제가 듣기로, 이 직학李直學이 평소 집에서는 나막신을 신는다고 하니 나막신을 하사하는 것이 좋을 듯합니다."라고 아뢰었다.[22] 그리하여 정조는 이만수에게 특별히 나막신을 하사하고, 세속에 물들지 않은 검소함을 칭찬하며 8구의 명시銘詩를 지어 기념하였다. 그리고 정조는 김조순을 포함하여 이날 참석한 관료들에게도 같은 운자로 글을 지어 올려 서로 권면하도록 하였다.[23]

『수권갱재축手圈賡載軸』은 1798년 정조가 경經・사史・자子・집集[24]의 서적을 열람하며 손수 권점圈點을 찍고 초선鈔選하여 완성한 책을 기념하여 이룬 시축이다. 정조는 칠언십운七言十韻의 배율시排律詩를 지어 교정校正과 선사繕寫에 참여한 29명의 신하들에게 화답하도록

20 尹行恁, 『碩齋稿』 권2, 〈弼雲臺, 與徐汝中・李成中[晚秀]・南元平共賦〉.

21 남공철, 『金陵集』 권14, 「四閣臣畫像贊」 [幷序]. 당시 정조 어진 작업에 입시하여 자화상을 그린 네 사람은 徐龍輔, 이만수, 李始源, 남공철이다.

22 이만수, 『屐園遺稿』 권3, 「賜屐集」, 〈賜屐集序〉. "次詢臣晚秀, 悸恐不敢對, 閣臣金祖淳奏曰: '聞直學家居躡屐, 宜賜屐.'"

23 정조, 『弘齋全書』 권53, 「賜內閣直提學李晚秀木屐銘」 [幷序○丙辰]. "事近脫俗, 乃以木屐一部賜之, 文題銘詩數句, 申勉不染汙俗之戒, 仍使今日造公諸僚, 步此韻, 俾各交相勸率."

24 당시 완성된 四部 서적의 종류와 편찬 과정에 대해서는 정조가 〈題手圈諸書〉 [幷小序]를 통해 밝혔다. (정조, 『弘齋全書』 권7.)

명하였다. 당시 김조순과 서영보·남공철이 화답한 시가 각 개인의 문집에 수록되어 있다.[25]

특히 1800년 3월 『북원재일갱재축北苑齋日賡載軸』은 정조가 승하하기 전 이루어진 마지막 갱재시축으로 정조와 6명의 근신만이 함께하여 더욱 의미가 깊다. 당시에 오태사의 일원인 서영보·이만수가 참여하여 군신간의 정감情感을 공유하였다.

갱재시축 대다수가 정조와 각신들의 공식적인 활동으로 이루어진 성격이 강하다면, 오태사의 개인 문집에는 다섯 사람이 이 시기 각신으로 활동하며 교유한 정황을 파악할 수 있는 시작들이 보여, 이들이 관직 생활 초반에 해당하는 정조 재위기부터 친분을 쌓아갔음을 알 수 있다.

정조는 말년에 차기 왕이 될 순조를 보좌할 중책을 맡을 인물로 김조순을 지정하여, 정조 사후 김조순이 나아갈 정치 행보에 힘을 실어주었다. 이로 인해 오태사는 국구國舅 김조순을 주축으로 하고, 각신 출신의 단결력을 기반으로 하는 정치적 연대를 형성하게 되었다. 순조대에 이르러 이들 간의 시를 통한 교유는 더욱 두드러진다.

다섯 문인들이 정조 재위기 동안 각신으로 활동하며 주고받은 시편에는 각신의 자부심과 자신들을 각별하게 대우해 준 국왕 정조의 은혜에 감사하는 마음을 담은 시들이 수록되어 있다. 정조가 직접 신설하고 양성한 규장각 신료라는 자부심은 그들의 정체성에 큰 비중을 차지하였다. 정조와 각신들 간에 주기적으로 이루어진 군신 창화唱和 또한 이들을 단합시키는 역할을 하였다. 이러한 과정에서 오

25 남공철, 『金陵集』 권3, 〈時御定三禮兩漢五子八家陸藁諸手圈成, 書下七言十韻排律, 教校正諸臣賡進, 應命〉; 김조순, 『楓皐集』 권1, 〈賡進御製題手圈諸書之什〉; 서영보, 『竹石館遺集』 책1, 〈四部手圈御製題卷賡韻〉.

태사 문인들 간에도 각신이라는 동질감을 바탕으로 한 특별한 동료 의식이 형성되었다. 오태사가 이 시기 지은 시편들은 당시 이들이 지녔던 각신으로서의 정체성과 내면 의식을 잘 담아내고 있다. 이에 대해서는 제2부에서 더욱 구체적으로 다룬다.

2. 순조純祖 즉위 초의 유대 강화

정조는 승하하기 전 김조순을 국구로 지정하고 외척으로서 순조를 보좌할 것 부탁하였지만, 순조가 즉위한 직후 정국은 정조가 뜻하던 대로 흘러가지 않았다. 바로, 정순왕후의 수렴청정에 힘입은 노론 벽파僻派의 시파時派 숙청 때문이었다.

김조순의 딸은 1800년(정조 24) 이미 초・재간택을 거쳤으나, 정조의 갑작스러운 서거로 삼간택이 연기된 상황이었다. 정조 승하 후 당시 11세였던 순조를 대신해 영조의 계비繼妃 순정왕후貞純王后가 대왕대비로서 수렴청정을 하는 과정에서, 삼간택 문제를 놓고 시・벽파 간에 갈등이 일어났기 때문이다. 벽파의 심환지沈煥之가 영의정에 임명되고, 정순왕후의 오빠 김관주金觀柱를 비롯한 경주 김씨 세력과 권유權裕의 견제로 인해, 김조순의 위치는 불안하였고, 심상규를 비롯한 노론 시파 세력은 숙청을 당하였다. 당시 정조의 측근 신하로 활동하던 남인과 소론 계열 및 노론 시파 문인들이 모두 숙청된 조정에서 아직 국구로서 완전한 입지를 다지지 못한 김조순이 홀로 버티는 형국이었다.

그러다 1802년(순조 2) 10월에야 김조순의 딸 순원왕후純元王后가 마침내 대례大禮를 올리고 왕비로 책봉되었으며, 이는 김조순을 비롯한 오태사 문인들이 정치적 상황의 전환을 맞는 계기가 되었다. 이러한 정치적 상황과 결부하여 주목할 만한 모임이 바로 1803년 이만수의 연행 전별회이다. 당시 이만수의 연행 전별 모임은 김조순의 딸이 대례를 올려 정식으로 왕후가 되고, 김조순도 부원군에 정식으로 봉해진 직후 김조순의 근무지에서 이루어진 연회였기에 더욱 의미가 있다.

당시 전별회의 정황에 대해 설명하자면, 먼저 내각內閣에서 공식 연회를 가진 뒤, 북영北營의 군자정君子亭으로 자리를 옮겨 모임을 이어갔다. 이 모임에서 여섯 사람이 연구시聯句詩를 지었다. 연구시에 규장각 직제학 김근순金近淳과 직각直閣 이존수李存秀, 좌의정 서용보徐龍輔, 직각 박종경朴宗慶의 자字가 함께 나오는 것으로 보아, 당시 군자정에서 이루어진 전별회에 이들도 동석했음을 알 수 있다. 이만수의 연행 전별회는 단순히 친분 있는 관료의 전송으로 정감을 드러내는 사적인 성격의 모임을 넘어 당시 정국政局에서 오태사 문인들의 남다른 친분과 결속을 상징한다는 점에서 주목을 요한다.

전별 모임에서 이들은 둑을 쌓아 정자 앞의 물을 막은 뒤, 둑이 터지며 거센 물줄기가 내달리는 장관을 구경하는 풍류를 즐겼으며, 이 결수決水의 과정을 감상하며 느낀 감회를 48구의 연구시로 완성하였다. 연구시에서는 이들이 이 전별회를 위해 말과 마부만 간소하게 이끌고 와 각신들의 녹봉을 썼다고 언급하고 있는데,[26] 연회의 내용으로 볼 때 개인의 재력만을 가지고 이룰 수 있는 풍류는 아니었을 것이다. 특히 많은 양의 흙과 나무를 옮겨 물길에 쌓은 뒤 둑의 형태

26 이만수, 『展園遺稿』 권12, 「輶車集」, 〈諸閣僚飮餞于君子亭, 鬮韻爲詩, 四十八句〉. “北亭簡騶從, 飮餞費閣俸.[김조순]”

를 만들었다는 것으로 보아,[27] 상당한 인력이 동원되었을 것으로 추정된다. 연회가 이루어진 북원의 군자정은 당시 훈련대장訓鍊大將이었던 김조순의 관할이었기에, 인력과 재료의 동원이 가능했을 것으로 보인다. 이만수가 연행을 떠나기 전까지 군자정에서 총 세 차례에 걸쳐 모임이 이루어진 것으로 보이며, 이 연회를 통해 지은 것으로 파악되는 연구시 및 차운시의 작품 현황은 다음과 같다.

〈표 2〉 이만수의 연행 전별회 연구시聯句詩 창작 현황

작자	제목	출처	비고
김조순, 이만수, 서영보, 심상규, 金近淳, 李存秀	〈諸閣僚飮餞于君子亭, 鬮韻爲詩, 四十八句〉	『극원유고』	聯句詩
김조순, 이만수, 서영보, 심상규, 김근순, 徐龍輔, 朴宗慶	〈再會君子亭, 決水聯句〉	『극원유고』	聯句詩
이만수	〈次君子亭聯韻〉	『극원유고』	君子亭 聯句 次韻
	〈次決水聯韻〉	『극원유고』	決水 聯句 次韻
	〈次赴燕餞席聯句韻〉	『극원유고』	君子亭 聯句 次韻
김조순	〈北亭之遊, 夢魂猶爽, 數日奔走, 飮暑喘喘, 朝來讀屐翁李尙書[晩秀]・竹石徐尙書[榮輔]・浮亭往復諸詩……〉	『풍고집』	決水 聯句 次韻
	〈北亭會餞之翌, 宗伯詞丈, 以會席聯賦韻, 俯示一篇, 忘拙續貂, 博諸公一粲〉	『풍고집』	君子亭 聯句 次韻

27 김조순, 『楓皐集』 권2, 〈北亭之遊, 夢魂猶爽, 數日奔走, 飮暑喘喘, 朝來讀屐翁李尙書[晩秀]・竹石徐尙書[榮輔]・浮亭往復諸詩, 信乎其注不盈而挹不竭也. 仍思決水之偉劇, 更念聯詩之勝事, 遂用全韻爲賦, 仍呈三詞伯斤正〉. “觀決須先壅, 束薪兼土扛, 山腰纔截脉, 壑腹頓添膖.”

서영보	〈屐翁以北亭險韻先賦, 楓園公與稚教令公和之, 連疊數篇, 愈出愈奇崛, 殆不可讀……〉	『죽석관유집』	君子亭 聯句 次韻
	〈楓園公復用北亭韻, 爲七言長歌, 席上呼成, 奇崛頓挫, 遂使嘔啞者繼其聲, 余不敢使公咢也〉	『죽석관유집』	君子亭 聯句 次韻
	〈楓園公以北亭第二會, 決水聯句韻爲長律, 屐翁・斗室次第和酬……〉	『죽석관유집』	決水 聯句 次韻

김조순과 이만수, 서영보는 연구시의 창작에 그치지 않고, 각자 같은 시운詩韻에 차운한 장편長篇의 시를 창작하여 공유하였다. 심상규도 군자정과 결수 연구 시에 차운하였다고 하는데, 현재 심상규의 작품은 확인되지 않는다. 이들은 군자정 연구시와 차운시를 통해 아름다운 모임의 자리를 기념하였고, 연행에 대한 자신의 경험 및 생각을 표출하였으며, 외교사절의 임무를 당부하는 내용 등을 담아 떠나는 이만수를 전송하였다.

결수를 노래한 연구와 차운시에는 막았던 둑이 터지면서 쏟아져 흐르는 물줄기의 형세를 바라보며 호탕하고 통쾌해진 기상이 담겨있다. 내달리는 물줄기를 바라보며 느낀 바를 철학적 사유를 통해 풀어내는 유학자의 면모가 보이기도 하다. 군자정 연구와 결수 연구는 이들만의 풍류와 시적 교유를 엿볼 수 있는 사례라고 할 수 있다.

더욱이 이만수의 이 연행은 순조와 가례嘉禮를 올린 김조순의 딸 순원왕후의 책봉을 윤허한다는 청나라 황제의 소칙詔勅에 사은謝恩하는 임무를 받아 파견되는 것이었다. 벽파 세력과 첨예하게 대립하던 당시의 정치적 상황에서 순원왕후의 왕비 책봉과 이에 대한 사은의 연행은 김조순과 주변 인물들에게 더욱 유의미한 일이었을 것이다.[28] 이들은 순조 즉위 직후 노론 벽파의 숙청으로 정치적 위기를 맞이하였지만, 그들만의 결속을 토대로 고난을 타개하고자 하였으며, 형세 역전의 기회가 오기를 기다렸다. 그런 점에서 당시 김조순의 딸 순원왕후의 왕비 책봉과 이를 청나라에 고하는 연행사 파견은 이들이 고대하던 결정적 순간 중 하나였다. 이후, 이들은 국구가 된 김조순을 중심으로 더욱 결속력을 다지게 되었다.

이러한 결속과 유대관계는 이들 중 한 사람이 먼 지방관에 임명되어 떨어져 지내는 동안에도 소원해지지 않았다. 1806년 6월 이만수는 함경도 관찰사로 떠나게 되었는데, 당시 이들의 교유 관계를 보여주는 대표적인 것이 『홍엽첩』이다. 1806년 가을 서영보는 당시 평강平康 현감縣監으로 재직 중이던 아우 서경보徐耕輔와 모친을 만나러 강원도로 향하게 되었다. 서영보는 평강에서 모친을 뵙고, 금성金城에 들러 당숙堂叔을 방문한 뒤, 금강산을 유람하였다.[29] 서영보가 금강산과 강원도 지역을 유람한 기록인 『풍악록』이 현재도 전하는데, 그의 기문에 이만수가 발문을 쓰기도 하였다.[30] 금강산에서 가을 단풍을 구경하던 서영보는 김조순과 이만수를 떠올리고는 단풍나무 가지를 꺾어 편지와 함께 보냈다.[31] 마침 함경도 관찰사로 있던 이만수는 이 일을

28 김조순, 『楓皐集』 권2, 〈謝屐翁問宅〉. 김조순은 이만수에게 지어 준 작품에서, "이 시대의 걸출한 申伯과 같은 신하라, 계해년에 임금을 돕는 공을 세웠다네. [維申間世傑, 在癸補天功.]"라고, 이만수가 계해년(1803)의 연행으로 조정에 공을 세웠다고 언급하였다. 이를 통해 이만수의 연행이 순조와 순원왕후 및 김조순에게도 큰 의미를 지녔음을 짐작할 수 있다.

29 서영보, 『竹石館遺集』 책1, 〈受暇將覲慈闈于卯君平康官所, 出城宿嘯皐弊廬, 時方帶經筵, 聞有明日書講之命, 作一絶句〉; 이만수, 『屐園遺稿』 권2, 「原集」, 「答竹石徐太史榮輔書」. "榮輔前月晦前, 來平康省覲老親, 再昨拜堂叔於金城, 一宿轉至楓嶽."

30 이만수, 『屐園遺稿』 권9, 「玉局集」, 「書竹石楓嶽記後」; 같은 책, 「書竹石夢泉菴記後」.

31 서영보, 『竹石館遺集』 책2, 「紅葉帖序」. "曩余遊金剛山, 入山之日, 見紅葉焉, 則思楓皐公與屐翁, 折枝附書以寄."

기념하여 새로 지은 누대에 '홍엽루紅葉樓'라는 이름을 붙이기도 하였다.[32] 그리고 서영보가 보낸 단풍잎을 장황裝潢하여 첩帖을 만든 뒤, 자신과 김조순·심상규의 글을 함께 기록하여 기념하였다.[33] 현재 『홍엽첩』과 관련하여 확인되는 시문 목록은 다음과 같다.[34]

〈표 3〉『홍엽첩』 관련 작품 목록

작자	작품명	문체	출처
이만수	〈題楓葉會神帖〉	시	『屐園遺稿』 권1
	〈紅葉樓上樑文〉	산문	『屐園遺稿』 권2
서영보	〈紅葉帖序〉	산문	『竹石館遺集』 책2
	〈次屐翁紅葉帖所題〉	시	『竹石館遺集』 책2
김조순	「書紅葉帖」	산문	『楓皐集』 권16
홍석주	「題紅葉帖後」	산문	『淵泉集』 권20

완성된 『홍엽첩』에는 규장각신 출신이자 고문가인 연천 홍석주가 발문을 남겼다.[35] 이만수·서영보가 세상을 떠난 이후에도, 김조순은 묘향산의 단풍을 보면서 『홍엽첩』의 추억을 떠올리고, 당시 받은 단

32 이만수, 『屐園遺稿』 권2, 「原集」, 「紅葉樓上樑文」. "爰借竹石舘奇遇, 肇錫水月樓嘉名."; 홍경모, 『冠巖全書』 책21, 「海嶽記」 5, 〈咸山記〉. "翌朝廵使鄭公邀余于紅葉樓, 樓在澄淸閣之後麓, 處地忒高, 眼界忒開豁, 城市烟火咸湊几案, 山川雲樹交映簾箔, 是屐翁李尙書按節時所建, 而樓成之日, 箕伯徐尙書紅葉之詩適到, 故仍以名之."

33 이만수, 『屐園遺稿』 권2, 「原集」, 「答竹石徐太史榮輔書」. "楓葉可備洛社雅賞, 褾帖以呈, 披來宛是一幅滕王蛺蝶啚, 玉壺子卽楓葉主人, 不可不轉覽, 得其題品."

34 『홍엽첩』과 관련하여 이만수, 서영보 등이 주고받은 편지글은 목록에 포함시키지 않았다.

35 홍석주는 1803년 이만수가 上使로 연행을 떠나던 때에, 書狀官으로 동행하였으며, 연행 일정 동안 이만수와 副使 洪義浩, 홍석주는 함께 聯句詩를 지으며 교유관계를 돈독히 하였다. 이러한 인연으로, 이만수가 홍석주에게 『홍엽첩』을 보여주며 발문을 부탁했던 것으로 보인다. (洪奭周, 『淵泉集』 권16, 「與李太學士[晩秀]書」.)

풍잎을 여전히 간직하고 있음을 기록하였다.[36] 그만큼 당시 이들의 교유에는 단순한 정치적 필요에 의한 관계 이상의 깊은 정신적 교감이 자리했던 것으로 보인다. 1808년 여름에는 이만수가 황해도 관찰사 임기를 마치고 도성으로 돌아오는 길에 금강산에 들러 심상규와 서영보에게 철쭉과 계수나무 가지를 보내기도 하였다. 서영보에게서 비롯된 『홍엽첩』과 같은 신교가 일회성에 그치지 않고 이들 간에 거듭 이루어졌음을 알 수 있다.[37]

1807년 10월에 남공철은 동지정사冬至正使로 연경燕京을 방문한 뒤, 1808년 3월에 귀국하였다. 이 때, 서영보는 남공철을 전송하는 시를 부채에 써주며 그의 집안과 문한文翰 재능을 칭찬하고 이별의 정을 표하였다. 남공철이 영평부永平府에 이르렀을 때 심상규는 시를 통해 안부를 주고받기도 하였다.[38]

1808년 9월에는 서영보가 평안도 관찰사에 임명되었다. 서영보는 평양의 명소인 부벽루浮碧樓를 비롯하여 평양성平壤城의 문루門樓를 재정비하고, 김조순·이만수·심상규에게 기문記文을 요청하였다.

---

36 김조순, 『楓皐集』 권3, 〈溪上折取楓枝有感〉. "絳枝攀取竗香秋, 緬憶金剛竹老遊, 此葉如今堪褁淚, 教誰藏硯與名樓. [丙寅秋, 竹石遊金剛, 以楓葉寄余及屐翁, 屐翁時觀察北關, 構一樓適成, 遂以紅葉名之, 余摸其葉于帖, 爲詩與跋, 名曰: 紅葉傳照. 因以其葉褁, 藏于玉壺山房硯匣, 至今不壞也.]"

37 이만수, 『屐園遺稿』 권1, 「原集」, 〈戊辰中夏, 解北節歸, 歷訪怾怛, 眺夕照歇惺樓, 忽雷雨驟至, 已而雨收日朗, 萬峯如沐, 光景絶奇, 殆山靈相之, 信口步坡翁韻〉; 심상규, 『斗室存稿』 권1, 〈題楓桂帖次韻〉; 서영보, 『竹石館遺集』 책2, 〈屐翁解北藩歸路, 遵海入楓嶽有書, 書中寄桂枝躑躅花〉.

38 서영보, 『竹石館遺集』 책2, 〈南僚元平以正使赴燕書扇以贈〉; 심상규, 『斗室存稿』 권1, 〈冬至上使南判樞元平渡江寄三絶句, 適有別咨官之行, 次韻却致, 計當冊關內達之〉[戊辰]; 남공철, 『金陵集』 권4, 〈二月初八日, 到永平府, 別咨官來到, 傳家中安信, 兼致沈參判稺教書扇三詩, 途中次韻, 二首〉.

다음은 서영보가 추진한 평양성 인근 누정 재정비와 관련된 작품들이다.

〈표 4〉 평양성 개수改修 관련 기문記文 목록

작자	작품명	문체	출처
이만수	「浮碧樓重修記」(1809년 가을)	산문	『屐園遺稿』 권2
서영보	「重修含毬門記」	산문	『竹石館遺集』 책3
申大羽	「浮碧樓重修記」	산문	『宛丘遺集』 권4
김조순	「挹灝樓重修記」(1810년 봄)	산문	『楓皐集』 권15

김조순의 「읍호루중수기」에 의하면, 서영보가 평양의 성문城門과 인근 누정樓亭을 재정비하고 오태사에게 기문을 요청하였다. 그리하여 서영보 자신은 함구문 중수기를 짓고, 이만수는 부벽루, 심상규는 북성문北城門을 지었으며, 김조순은 읍호루의 기문을 짓게 되었다고 한다. 이만수와 더불어 부벽루 중수기를 지은 신대우申大羽는 평산平山 신씨申氏 신진申縉, 신작申綽, 신순申絢 형제의 부친으로, 1808년 평안도 성천成川 도호부사가 된 아들 신현을 따라 마침 성천부成川府에 머물고 있었다.[39] 서영보와 이만수, 김조순과 신대우가 지은 기문은 개인 문집에 수록되어 있지만, 심상규에게 부탁했을 것으로 추정되는 북성문 관련 기문은 현재 확인되지 않는다. 다만, 심상규가 서영보에게 보낸 시에서 부벽루 중수기를 언급하며, 서영보가 이만수의 기문과 함께 14운韻의 고시古詩를 판각하여 책으로 인쇄[鏤印]해 보여주었다는 구절이 보인다.[40] 당시 부벽루를 비롯한 평양의 누정 기문들

39 申大羽, 『宛丘遺集』 권4, 「浮碧樓重修記」. "適余寓成都館次, 伻來授簡, 俾爲之記."

40 심상규, 『斗室存稿』 권1, 〈有懷竹石按使, 率成却寄 二首〉. "竝序"竹石重修浮碧樓, 徵記於屐園太史, 後幷其所題古詩十四韻, 鏤印見惠."

을 완성한 뒤, 이를 책의 형태로 간행해 공유하였음을 알 수 있다.[41]

서영보가 평안도 관찰사로 떨어져 있던 시절에도 도성에 있던 오태사와 긴밀한 관계를 유지하였음을 가장 잘 보여주는 사례가 바로 위의 평양 누정에 대한 중수기重修記이다.

1809년(순조 9) 2월에는 오태사 모두가 문형文衡 회권會圈에 나란히 이름을 올리게 되었다.[42] 처음에는 평안도 관찰사로 있던 서영보가 대제학에 임명되었으나, 좌의정 김재찬金載瓚이 관서關西의 민사民事가 걱정스럽다는 이유로 서영보를 유임시킬 것을 청하자, 결국 순조가 이를 받아들여 남공철을 대제학에 임명하였다.[43]

당시 각신 동료로서 나란히 명예로운 일에 이름을 올리게 되자, 당사자들 또한 이를 뜻깊은 일로 여겨 시를 주고받았다. 전임 대제학으로서 문형 회권을 주관한 이만수가 먼저 시를 지어 보내자, 김조순은 부족한 자신의 이름이 함께 명단에 오른 것이 부끄럽다는 겸사謙辭의 표현과 함께, 서영보·남공철 두 사람이 연이어 임명된 것을 축하하는 뜻을 밝혔다.[44] 이만수는 처음 서영보가 대제학에 임명되었을 때 그에게 시를 보내, "백발 되도록 문단의 맹주로 10년을 이었으나

41 현재 『浮碧樓重修記』는 木活字本 不分卷 1冊(청구기호: 대학원B10-A124)의 형태로 고려대학교 도서관에 소장되어 있다.

42 『순조실록』에 의하면 당시 문형 회권에서 5點을 받은 사람은 徐榮輔·南公轍·沈象奎이고, 4點을 받은 사람은 金祖淳·李晩秀였다. (『순조실록』 권12, 「순조 9년(1809) 2월 2일 1번째 기사」. "行文衡會圈. [右議政金思穆, 禮曹判書韓晩裕, 戶曹判書前大提學李晩秀, 左參贊金文淳, 漢城判尹韓用鐸.] 五點, 徐榮輔·南公轍·沈象奎, 四點, 金祖淳·李晩秀.")

43 『순조실록』 권12, 「순조 9년(1809) 2월 3일 1번째 기사」 참조. 서영보는 이후 1810년 4월 규장각 제학에 임명될 때까지, 평안도 관찰사를 역임하였다.

44 김조순, 『楓皐集』 권2, 〈展翁久主詞盟, 今春始薦徐竹石·金陵南元平[公轍]·沈斗室, 徐·南二公間日先膺除書, 翁喜甚, 以車上口占絶句相示, 蓋謂不佞亦嘗謬與是薦也〉. "愧於名祖作雲仍, 袞未先成冶詎能, 秖喜文垣新日月, 周天度內却更昇."

집안의 유업을 잘 해내지 못해 부끄러웠는데, 오늘 밤 삼천三千의 공功과 팔백八百의 행行을 다 채웠으니, 소매를 펄럭이며 대낮에 승천하리라."[45]라고 하였다. 삼천의 공과 팔백의 행이란, 선인仙人 종리鍾離 선생이 제자 여동빈呂洞賓에게 일러준 신선이 되기 위해 채워야 할 조건이다. 즉, 이만수는 훌륭한 자질을 갖춘 서영보라는 후임 대제학이 임명되었으니, 이제 자신은 마음 편히 신선神仙이 되어 승천할 수 있겠다며, 축하의 뜻을 전한 셈이다. 그러나 곧이어 남공철로 대제학이 변경되고 서영보가 평안도 관찰사 직을 지속하게 되자, 서영보는 이만수가 앞서 보낸 시의 첫 운韻으로 '잉仍'자字를 사용한 것이 시참詩讖이 되었다며, 재치 있는 답변과 함께 겸손한 태도를 보였다.[46]

이들은 도성에 함께 있다 해도 각자 공무로 바쁜 와중이어서 모두가 함께 자주 모이기는 참으로 쉽지 않았다.[47] 공무로 이동하는 중 우연히 마주치면 잠깐 동안 담소를 나누며 시를 주고받기도 하고, 서로 궁중에서 다른 직무를 보는 가운데 시를 지어 보내며 생각을 공유하기도 하였다.[48] 모임이 여의치 않을 때는 간략한 편지 형식의

---

45 서영보의 문집에 이만수의 原韻詩가 실려 있다. (서영보, 『竹石館遺集』 책2, 〈屐翁車中詩, 盖自比於紅顔羽翰, 而委我以鞭鸞追陪也, 假使眞如其言, 已失不欲勿施之義, 况未必然乎, 遂攀和如左, 欲其無物我而去不遠, 屐翁以爲如何, 乞就楓皐文丈正之. 己巳仲春之日〉. "皓首詞盟十載仍, 青氈遺業愧無能, 三千八百今宵滿, 雙袂翩如白日昇.")

46 서영보, 『竹石館遺集』 책2, 〈屐翁以前韻月仍字爲詩讖也. 有詩曰: '關西刺史節旄仍, 藝苑諸公挽不能, 還汝楊州腰十萬, 任他鶴背讓人昇.' 復和之〉.

47 김조순은 서영보・이만수와 함께 서영보의 별서에 모였던 일을 기념한 작품의 幷序에서, 각자의 사정으로 매번 한데 모이기가 쉽지 않음을 토로한 바 있다. (김조순, 『楓皐集』 권3, 〈絶句寄呈竹石〉[幷序]. "吾輩衰謝日甚, 又各有事故, 一會固未易, 會而畢集, 尤不可得.")

48 예컨대, 이만수의 시 〈赴史局, 道遇國舅, 語到暈字, 一笑而歸, 見示詩軸, 更於求和〉, 〈冑筵歸路, 次楓翁韻〉, 〈退自冑筵, 歷藥院侯楓丈不遇, 次竹里觀月韻留呈〉 등이 있다. (이만수, 『屐園遺稿』 권1, 「原集」.)

시를 통해 서로의 뜻을 공유하였다.

특히 김조순은 순조가 즉위하고 부원군에 봉해진 후, 줄곧 훈련대장 및 어영대장으로서 왕실 행사가 있을 때 국왕을 호위하고 국가의 병권을 관장하였다. 그러나 임무의 성격상 공무 중 문관직文官職에 있던 동료들과 함께하지 못하는 한계가 있었다. 그는 무과시험을 주관하며 드는 생각을 시로 지어 심상규에게 보내기도 하였고,[49] 대향일大享日에 순조의 거마車馬를 모시면서 이만수와 심상규 등 동료들에게 시를 부쳐 감회를 전하기도 하였다.[50] 북안北岸에 군대를 주둔하며 내각의 동료들에게 준 시에서는 옛날 함께하던 시절에 대한 그리움을 내비치기도 하였다.[51] 1809년(순조 9) 4월 태묘太廟에서 여름 제사를 행할 때에는 이만수와 심상규·김이양 등은 재실의 줄에 있었고 김조순은 총융總戎으로 문밖에 홀로 떨어져 있었다. 이들은 공무 중 함께하기 어려운 상황에서 독특한 연구시 창작법을 고안하였는데, 총 40개의 운자韻字를 뽑아 다섯 사람이 나눠 가지고 각자의 자리에서 시를 완성한 뒤에 다시 합치는 방식이었다.[52]

1810년 5월, 이만수가 평안도 관찰사로 부임하게 되자, 김조순·심상규·이만수는 인왕산 수성동水聲洞에서 전별회를 가졌다. 심상규는 이만수가 평안도로 떠난 이후에도, 이날 수성동에서 지은 시운에 거듭 차운하여 이만수와 안부를 주고받았다. 이만수와 심상규가 수성동 시운으로 지은 시는 다음과 같다.

49 김조순, 『楓皐集』 권3, 〈承命考武試, 試畢, 坐碧油中, 戲賦俚體, 呈斗室太史〉.

50 김조순, 『楓皐集』 권2, 〈大享日, 以先廟, 導駕次舍, 賦呈屐翁浮亭諸公〉.

51 김조순, 『楓皐集』 권2, 〈北岸駐兵, 走次內閣諸公始興道上見寄韻〉.

52 이만수, 『屐園遺稿』 권6, 「賜笏集」, 〈夏禴齋夕聯句〉.

〈표 5〉 심상규와 이만수의 수성동水聲洞 시운詩韻 창작 현황

작자	제목	출처	내용
심상규	〈屐翁爲關西伯, 行將別矣. 會于西山之水聲洞, 占韻賦之〉 庚午(1810)	『斗室存稿』 권 1	평안도 관찰사로 떠나게 된 이만수에 대한 애정과 이별의 아쉬움을 표현함.
이만수	〈次斗室韻〉	『屐園遺稿』 권 1	이별의 아쉬움과 내년 봄을 함께하지 못하는 안타까움 토로함.
심상규	〈屐翁按使西出, 歲將周矣. 雖書墨郵寄相續, 睽離勞懷, 悵望日深, 輒用前韻, 以志其思云尒〉 (1811)	『斗室存稿』 권 1	이만수가 평안도로 떠나고 일 년이 지난 후, 봄을 맞이하여 수성동의 모임을 추억하고 이만수에 대한 그리움을 읊음.
심상규	〈用前韻代簡答屐翁按使〉	『斗室存稿』 권 1	홍경래의 난으로 질책을 받게 된 이만수를 위로함.
심상규	〈屐翁宥還琴湖田舍, 復用前韻作兩詩以寄之〉 壬申(1812)	『斗室存稿』 권 1	홍경래의 난으로 경주에 유배당했던 이만수가 풀려나자, 기쁨과 반가운 마음을 표현함.
심상규	〈留灣舘, 奏請使相及健李公[時秀]適又還渡, 塞上逢迎, 喜不可言. 仍用屐翁贐別水聲舊韻, 還寄屐翁, 報此行李〉 (1813)	『斗室存稿』 권 1	연행 노정 중 義州에서 이만수의 형 이시수를 만나 이만수에게 안부를 전함.

위 시는 모두 7언 율시로 '기棋, 지遲, 시時, 시詩, 리鸝' 운韻으로 이루어져 있다. 1811년 이만수가 평안도 관찰사로 있을 당시, 홍경래의 난이 일어나자 제대로 대응하지 못했다는 질책을 받게 되었다. 이로 인해 경주에 유배되는 곤란한 상황에 처하자, 이때도 심상규는 같은 운자의 시를 지어 그를 위로하였다. 그 후, 1812년 5월 이만수가 해배解配되어 한강 이남의 별서인 금호琴湖로 돌아오자, 역시 같은 운자의 시를 지어 이만수의 복귀를 반가워하고 그의 안부를 물었다. 1813년에는 심상규가 연행사로서 청나라를 향하게 되었는데, 의주에 머무르던 중 연행을 마치고 복귀하던 이만수의 형 이시수를 만나게 되었

다. 그 자리에서 심상규는 다시 수성동의 시운을 사용하여 시를 지어 이만수에게 안부를 전하고 그리움을 표현하였다.

오태사는 정조가 승하하고 순조가 즉위한 후, 혼란한 정국 속에서 일부가 지방관에 임명되어 도성을 떠나 있기도 하였고, 특정 사건으로 인해 질책을 당하는 등 다사다난함을 겪었지만(심상규·이만수 유배), 그러한 와중에도 교유의 끈을 놓지 않고 유대감을 형성하였다. 그러다 1813~1814년 오태사가 그들만의 연대감을 바탕으로 결속을 견고히 하고, 더불어 자신들과 뜻을 함께할 동료 및 후배 각신들과 유대를 돈독히 하며 교유의 범위를 더욱 확장하는 계기를 마련하게 되는데, 바로 이들의 관직 진출의 밑바탕이 되었던 정조의 실록과 문집 편찬 사업이었다.

3. 『홍재전서弘齋全書』 편찬과 교유의 확대

1813년 순조는 정조의 어제 편찬 작업을 마무리하라는 명을 내렸다.[53] 이 사업을 주도하고 감독하는 대신으로 오태사가 참여하게 되었는데, 서영보는 제학提學(판돈녕判敦寧), 김조순은 검교檢校 제학, 심상규는 원임原任 제학이자 병조판서兵曹判書, 남공철은 제학(좌참찬左參贊)이었다. 이만수는 마침 홍경래의 난에 대한 책임으로 귀양을 갔다가 해배된 뒤, 은거 중이라 이 사업에 참여하지 못하였지만, 종종 규장각에 들러 자문 역할을 했던 것으로 보인다.[54]

53 『純祖實錄』 권17, 「순조 13년(1813) 6월 9일 1번째 기사」 참조.

54 『弘齋全書』 校印 작업 당시 상황과 정치적 의미에 관해서는 정옥자(2002)의 연구를 참조하였다. (정옥자, 『정조의 문예사상과 규장각』, 효형출판, 2003.)

1813~1814년에 걸쳐 시행된 『홍재전서』 교인校印은 오태사를 중심으로 각신 출신 관료들의 결속을 다지는 전환점이 되었으며, 두계荳溪 박종훈朴宗薰, 경산經山 정원용鄭元容 등 장차 이들의 뒤를 이어 주요 정책을 맡게 될 후배 관원들과의 연결고리가 되었다. 『홍재전서』 교인 작업이 이루어지는 동안 이들은 시을 통해 관계를 더욱 긴밀히 형성해 나아갔고, 당시 함께 지은 300여 편의 시가 모여 『동성교여집東省校餘集』이라는 시첩詩帖의 형태로 남아 있다. 『동성교여집』은 이름 그대로 작업소에서 각신들이 모여 여가 시간에 즐긴 풍류와 시를 담고 있으며, 당시 장료長僚 격으로 『홍재전서』 편찬을 주도하였던 오태사의 시도 상당수 확인된다. 다음은 『동성교여집』에 수록된 작가별 작품 수록 현황이다.

〈표 6〉 『동성교여집』 작품 수록 현황

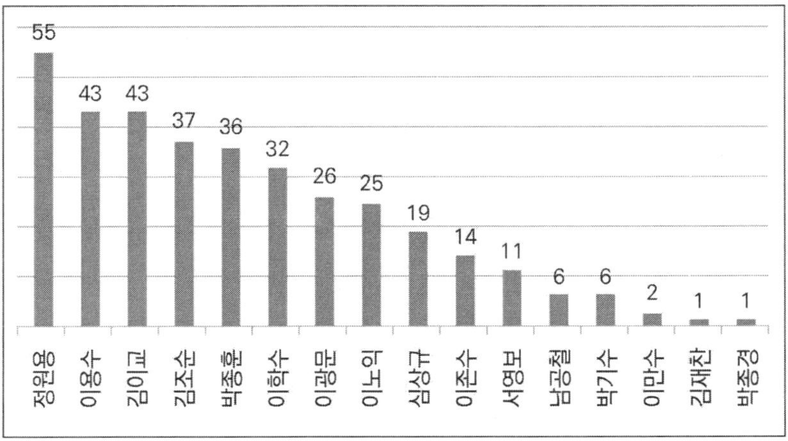

위 집계에 3명 이상의 문인이 함께 지은 연구시는 포함시키지 않았으므로, 실제로 연구시에 적극적으로 참여하였던 정원용과 김이교·

심상규·이노익은 위 통계보다 더 많은 작품을 창작하였다고 볼 수 있다.[55] 『동성교여집』에 가장 많은 작품을 수록한 사람은 정원용으로, 당시 가장 연소자年少者로서 『동성교여집』 간행을 도맡아 하였기 때문이라고 볼 수 있다. 특히 이 시기를 기점으로 정원용과 김조순의 친분이 돈독해지는데, 『동성교여집』 소재 작품들 속에서 정원용에게 우호적 감정을 표현하는 김조순의 작품이 확인된다는 점이 이를 뒷받침한다.

정원용과 이용수 외에 김조순과 김이교가 작품 수에서 상위권을 차지함으로써, 『홍재전서』 교인에 참여한 관료들 중 이 두 사람이 선배로서 적극적으로 후배 각신들과 시적 교유를 펼쳤음을 알 수 있다. 오태사 중에는 심상규의 시가 상당수 수록되어 있으며, 남공철과 서영보는 겸직을 하고 있어서 간혹 청사에 들러 그간의 시를 두루 열람한 뒤, 차운하는 형태로 참여하였다. 이만수는 『홍재전서』 교인에 참여하지 않았음에도 『동성교여집』의 처음과 끝에 전임前任으로서 2수의 시를 수록하였다.

이 밖에 후배 격 각신이자 이만수와 같은 집안 출신인 이존수李存秀와 이용수李龍秀·이학수李鶴秀의 참여가 두드러지며, 이광문李光文과 박종훈도 적극적으로 시 수창에 참여하였다. 실제 작품 수는 정원용의 시가 가장 많지만 거듭된 차운시次韻詩의 형태로 이루어진 작품들의 특성상, 차운이 이루어지도록 주도한 원운시原韻詩의 창작자가 누구인지를 통해 시회詩會의 주도자가 누구인지 확인할 수 있다.

55 『東省校餘集』에 수록된 聯句詩는 총 5수이다.

〈표 7〉『동성교여집』 소재 원운시原韻詩 작자 현황

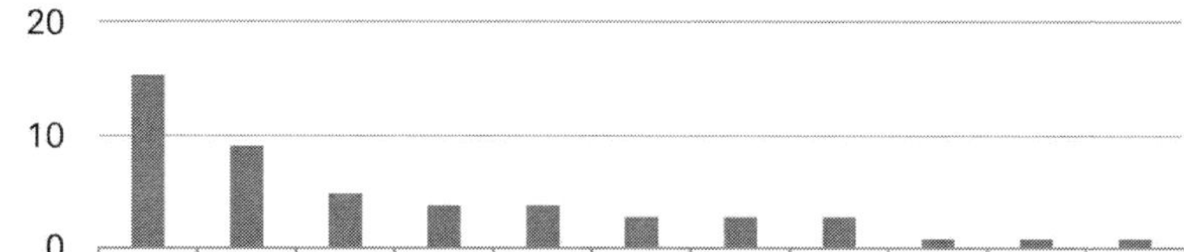

	김조순	정원용	심상규	김이교	서영보	이노익	이용수	이광문	박종훈	남공철	이존수
요약	15	9	5	4	4	3	3	3	1	1	1

실제 수록 작품의 분량은 정원용이 가장 많지만 원운시 창작 현황을 보았을 때, 김조순의 시가 차운을 가장 많이 주도하였음을 알 수 있다. 또 서영보가 창작한 원운시 4수 가운데 두 작품도 김조순을 주제로 하고 있는데, 한 작품은 김조순이 병으로 출근하지 못하자 그를 위로하며 지은 시이고, 다른 한 작품은 김조순의 탄일誕日을 주제로 하여 쓴 시인데, 이 시에 모든 관료들이 거듭 차운함으로써 당시 국구 김조순을 주축으로 하였던 규장각 내부와 조정의 분위기를 실감할 수 있다.[56]

『동성교여집』의 작품 현황을 통해 당대 김조순을 주축으로 하여 정원용으로 이어지는 각신 선・후배 문신의 계승 구도도 확인할 수 있다. 특히 김조순이 정원용에 대한 애정을 드러낸 작품이 몇 수 확인되는 바, 김조순이 인척姻戚이자 자신들의 뒤를 이을 인재로 일찍이 정원용을 눈여겨보았음을 알 수 있다.[57]

56 김이교가 『동성교여집』에서 김조순의 생일 축하 시편들을 두고, '김조순의 생일 시첩[楓皐先生晬辰帖]'이라고 언급한 것으로 보아, 『동성교여집』이 정식으로 간행되기 전 김조순의 생일을 기념하여 별도의 시첩을 만들고자 의도하였음을 알 수 있다.

『동성교여집』에는 김조순과 심상규 외에도, 정조 재위기부터 함께 활동했던 동료 관원이거나 당시 각신으로 재직 중이던 문인들의 이름이 보인다. 죽리竹里 김이교는 김조순의 족숙族叔이며 심상규와는 초계문신 동기였다. 정조 재위기에 판서를 지낸 이문원李文源의 아들 이존수와 영의정을 지낸 이병모李秉模의 아들 이노익도 참여하였다. 이들은 오태사와 더불어 선·후배 각신들 사이의 연대 형성에 일조하였다.

『동성교여집』 소재 시편을 살펴보면, 관청 안에서 식사와 다과茶菓를 가지는 와중에 화훼 완상 및 묵희墨戲와 같은 풍류를 즐긴 정황이 포착된다. 또 시 창작이 이루어진 공간도 처음에는 궐내 분사分司에서만 이루어지던 것이 점차 궁궐 밖으로 확장되었다. 이노익의 거처와 김조순의 옥호정사에 모여 시주詩酒를 즐기기도 하였으며, 여름에는 정조가 규장각에 소속시킨 한강 변 두모포의 정자 유하정流霞亭 인근에 모여 선유船遊를 통해 각신의 자긍심과 연대감을 드러내기도 하였다. 『동성교여집』에 수록된 작품을 토대로, 이 시기 오태사를 포함한 각신들이 지녔던 유대감과 풍류 및 심미 의식에 대해서는 제2부와 제3부에서 더욱 자세히 다룬다.

『홍재전서』 교인을 계기로 후배 각신들과의 관계를 돈독히 함으로써 교유 범위의 확장이라는 효과를 이루게 된 이후, 오태사와 각신들은 지속적인 모임을 통해 관계를 유지하였다. 『홍재전서』 교인을 위해 마련하였던 분사分司가 해산된 이후, 이들은 각자 서로 다른 관직에 있으면서도 개인 별서 정원 혹은 도성 인근의 명소에서 모임을

57 김조순, 『楓皐集』 권3, 〈經山鄭直閣[元容]才美年少, 見者慕悅而又喜爲詩, 詩且工, 後進中, 僕所罕覩也. 分司晝雨, 校書有暇, 漫賦此詩, 屬之. 雖似近諧, 實寓祈祝, 幸於粲齒之餘, 毋慳瓊報〉.

이루었다. 심상규는 김조순과 이노익, 김이교, 김이재金履載 등을 초대하여 자신의 텃밭에서 재배한 채소들로 저녁 식사를 대접하기도 하였고,[58] 한강 이남 금릉金陵 둔촌에 위치한 남공철의 강정江亭으로 김조순과 김이교, 이용수, 정원용, 이학수 등이 배를 타고 방문하여 함께 강변의 달밤을 즐기기도 하였다.[59] 이 모임의 구성원 대다수가 『홍재전서』 교인에 참여했던 인물이다. 특히 이들의 모임은 1817년에 활발히 이루어졌으며, 주로 김조순과 심상규의 정원에서 열렸다. 1817년 심상규의 원정園亭(소원蕭園)에서 이루어진 두 차례의 모임에 대해서는 김조순이 쓴 소기小記가 심상규의 문집에 실려있어, 당시 참여한 구성원의 명단을 확인할 수 있다.

〈표 8〉 『홍재전서』 편찬 이후 1817년 연회

시기	장소	주최자	참여자
1817년 음력 3월 (穀雨節)	蕭園	심상규	이만수, 김이교, 김조순, 심상규, 김이재, 徐俊輔, 趙鍾永, 박종훈, 이용수 (9명)
3일 후	玉壺山莊	김조순	위와 동일
음력 6월 15일 (流頭日)	天然亭	이노익	김조순, 심상규, 이노익 외(미상)
3일 후(中伏)	蕭園	심상규	金履陽, 金羲淳, 남공철, 李羲甲, 김이교, 김조순, 李愚在, 심상규, 김이재, 이노익, 조종영, 이존수, 박종훈, 이용수, 이광문, 정원용 (16명)

58 심상규, 『斗室存稿』 권2, 〈與楓翁約共晩飧, 春園稻摘畦蔬, 欣然一飽, 會者西漁權兄・灘樵李弟・竹里金賓客・江右金吏部・寧野徐直閣[俊輔]〉. 죽리 김이교가 세자시강원 賓客에 처음 임명된 해가 1815년이며, 강우 김이재가 이조참의에 첫 임명된 해 또한 1815년이므로, 이 시는 적어도 1815년 이후의 모임에서 지은 것으로 추정할 수 있다.

59 남공철, 『潁翁續藁』 권1, 〈國舅金領敦士源・金公世[履喬]・公厚[履載]・李子田[龍秀]・徐穉秀[俊輔]・鄭善之[元容]・李子皐[鶴秀]來訪江亭, 留宿共賦〉.

1817년 봄의 마지막 절기인 곡우절穀雨節을 맞이하여 심상규의 소원蕭園에서 모임이 있었다. 이에 관한 작품으로는 당시 최고령자인 이만수의 주도하에 김조순·심상규가 화운和韻한 총 28구句의 장편시 세 수가 남아있다.[60] 이로부터 3일 후에 동일 인사들의 참석 하에 김조순의 옥호산장玉壺山莊에서 연달아 모임이 열렸다.[61] 같은 해 음력 6월 15일 여름에는 유두일流頭日을 맞이하여 당시 경기도 관찰사로 있던 이노익이 서대문 인근 천연정天然亭을 재단장한 뒤, 여러 공들을 초대하여 연꽃을 감상하였다. 천연정 모임에 참여한 정확한 구성원에 대해서는 확인되지 않지만, 당시 천연정의 연꽃을 읊은 심상규와 김조순의 시가 남아있다.[62] 그로부터 2~3일 뒤에는 중복[中庚]을 맞이하여 심상규의 정원에서 다시 연회가 열렸다. 이날은 특히 참석자가 많았는데, 바쁜 공무 탓에 이전 연회에는 참석하지 못했던 남공철이 함께한 자리여서 더욱 의미가 있다. 이날 심상규가 노쇠함의 서글픔을 시로 읊자, 이에 화답하여 심상규를 위로하고 연회의 만족감과 동료 관원들을 향한 정감을 표현한 남공철의 시가 남아있다.[63]

위 표에 제시된 1817년 봄부터 여름 사이 이루어진 연회의 참석자를 살펴보면, 오태사를 비롯하여 김이교, 이노익, 박종훈, 이존수, 이

60 이만수, 『屐園遺稿』 권1, 「原集」, 〈與諸公會飮蕭園〉; 김조순, 『楓皐集』 권4, 〈夜集斗室, 屐翁成長句, 題便面見贈, 明朝和其韻, 亦書便面奉酬〉; 심상규, 『斗室存稿』 권2, 〈邀屐翁·楓皐·竹里·江右·寧野·北海·荳溪·小莊飮蕭雁園, 屐翁輒爲長篇, 歷序諸人之齒, 楓皐和之, 余亦次韻. 此集獨思潁不與, 以潁方兼冢宰文衡, 適有公事無暇〉[丁丑].

61 심상규, 『斗室存稿』 권2, 〈後數日復集楓皐玉壺山庄〉.

62 예컨대, 심상규의 시 〈流頭日集天然亭〉[二首], 〈復用蒸韻詠荷花, 柬諸公要和〉[二首]와 김조순의 시 〈次斗室咏荷〉를 참고할 수 있다. (심상규, 『斗室存稿』 권2; 김조순, 『楓皐集』 권4.)

63 심상규, 『斗室存稿』 권2, 〈後三日復集蕭園〉; 남공철, 『潁翁續藁』 권1, 〈沈判書稺教園亭與諸公讌飮〉.

용수, 이광문, 정원용 등 1813~1814년 『홍재전서』 교인에 참여하여 친분을 쌓았던 관료들이 대거 포함되었음을 알 수 있다. 서준보徐俊輔, 조종영趙鍾永은 『홍재전서』 교인에는 참여하지 않았지만, 규장각 각료로서 활동한 이력을 지녔다는 공통점이 있다. 김이교・김이재・김이양은 모두 김조순의 족숙이자 각신으로서 오태사 문인들과도 긴밀한 친교親交를 이루었다. 이후 유사한 성격의 모임이 1818년~1819년까지도 지속되었던 것으로 보인다.[64]

한편 오태사를 비롯하여 어제 편찬에 참여했던 각신들 간의 교유가 한창 활발하게 이루어지던 1816~1817년은 심상규가 광주부廣州府 유수留守를 지내던 시기였다. 심상규는 남한산성의 퇴락한 건물과 옥천정玉泉亭을 비롯한 누정을 새로 개수하고 정원을 조성하였는데, 이를 계기로 그의 동료 문인들이 남한산성을 방문하거나 기념 시문을 남김으로써 당대 새로운 명소가 되었다.

〈표 9〉 심상규의 남한산성 개수 관련 작품 목록

건축물	작품명	저자	출처
坐勝堂	「坐勝堂記」	심상규	『重訂南漢志』
	「坐勝堂記」	남공철	『金陵集』「續藁」 권3
	「坐勝堂記」	김이교	『重訂南漢志』
	「坐勝堂銘」[并叙]	이만수	『屐園遺稿』 권2
以威亭	「以威亭記」	심상규	『重訂南漢志』
	「以威亭上樑文」	조종영	『重訂南漢志』

64 정원용의 『수향편』에 의하면, 정조의 어제 인쇄를 마친 뒤에도 1818년과 1819년 사이에 규장각의 여러 고위 신료가 매달 한 번씩 私第나 山亭 등에서 모임을 가졌다. (정원용 저, 신익철・조융희 외 역주, 『수향편』, 한국학중앙연구원출판부, 2018, 218쪽 참조.)

有此山樓	「有此山樓記」	김조순	『重訂南漢志』
	「有此山樓記」	박종훈	『重訂南漢志』
	「有此山樓上樑文」	심상규	『重訂南漢志』
玉泉亭	〈題玉泉亭石壁〉	심상규	『斗室存稿』 권2
	〈日長山伯寄示玉泉亭長句, 秋山路中走和〉二疊	이만수	『屐園遺稿』 권1

심상규는 김조순에게 유차산루有此山樓의 기문을 요청하고, 남공철에게는 좌승당坐勝堂의 기문을 부탁하였다. 이만수에게는 좌승당의 명銘을 부탁하고, 옥천정이 완공된 후에는 이를 위한 제시題詩까지 부탁하였다. 위 표에 제시된 남한산성 건축물 관련 작품 저자들 가운데에는 오태사 외에 『홍재전서』 편찬을 계기로 친분이 두터워진 각신들의 이름도 함께 보인다. 김이교는 좌승당의 기문을 지었고, 박종훈은 유차산루의 기문을 지어 심상규의 남한산성 건축물 축조를 축하하였다. 1817년 옥호정과 소원에서 이루어진 관료들의 모임에 함께했던 조종영은 좌승당 옆에 새로 지은 이위정以威亭의 상량문을 지었다.

이밖에 이용수는 옥천정의 완공을 축하하며 제시를 지어 보내주었고,[65] 이노익은 옥천정이 완성되었다는 소식을 듣고 가장 먼저 남한산성에 방문하여 함께 시주詩酒를 즐겼다.[66] 훗날 정원용도 옥천정에 들러 심상규의 고시古詩에 차운하였다.[67] 이들은 모두 『홍재전서』 편찬에 참여했던 각신들이다.

이즈음 오태사는 옥천정뿐만 아니라 서로의 정원에 있는 누정을 소재로 하여 제시의 성격을 띠는 시를 창작해 서로에 대한 친분과

65 심상규, 『斗室存稿』 권2, 〈次韻李子田玉泉寄題〉.

66 심상규, 『斗室存稿』 권2, 〈小集玉泉亭〉[二首].

67 정원용, 『經山集』 권2, 〈南漢玉泉亭, 次斗室五古韻〉.

공통된 노년기 삶의 지향을 표현하였다. 애초에 심상규가 옥호玉壺에 모여 즐기는 감회를 읊은 시를 짓고, 이어서 같은 운자韻字를 사용하여 이만수의 정원인 극원屐園에 다시 모인 감회를 읊었다.[68] 그러자 이만수는 심상규의 운자에 차운하여 김조순의 옥호정사에 있는 혜천정惠泉亭과 심상규의 가성각嘉聲閣 옆에 새로 지은 우정偶亭에 대한 제시를 짓고, 자신의 협간정夾澗亭에도 스스로 제시하였다. 심상규는 옥호정사의 시냇가 벽에 따로 제시를 지어 주기도 하였다.[69] 김조순은 이만수의 협간정에서 함께 봄꽃을 구경하며 즐겼던 일을 장편의 시로 지어 감회를 자유로이 표출하기도 하였다.[70]

이들이 평생에 걸쳐 심혈을 기울여 도성 안에 마련한 별서別墅와 서재書齋 및 정원은 복잡한 공무와 시끄러운 세상일에서 벗어나 휴식과 취미생활을 향유할 수 있는 개인적 공간임과 동시에, 마음이 맞는 벗들을 초대하여 공통된 취향을 공유하고 담화談話하는 교유의 공간이기도 하였다. 오태사는 경화사족으로서 18세기 후반부터 도성을 중심으로 축적된 다양한 문예사조들을 접하기에 유리하였으며, 이를 19세기 초반으로 계승·발전시킨 인물이다. 오태사의 시에는 도성에 개인 원림園林을 형성하고 그 안에서 화훼·원예취미 및 골동서화 완상을 향유하는 과정에서, 서로의 관심사를 주요 시제詩題로 삼아 공유하고 특정 미의식을 형성하는 시가 포착된다. 19세기 초를 대표하는 경화사족이었던 오태사의 문예 취향과 시적 형상화에 대해서는 제3부에서 집중적으로 밝힌다.

---

68 심상규, 『斗室存稿』 권1, 〈會玉壺〉[二首]; 〈復會屐園〉.

69 심상규, 『斗室存稿』 권1, 〈題玉壺澗壁〉.

70 김조순, 『楓皐集』 권4, 〈夾澗亭分韻, 得空字〉.

1819년에는 연행을 떠나는 이노익을 전별하기 위한 모임이 군자정에서 이루어졌고,[71] 같은 해 심상규가 평안도 관찰사로 부임하게 되자, 이만수·김조순·정원용 등이 모여 전별회를 가졌다.[72] 이 시기 『홍재전서』 편찬을 계기로 돈독해진 정원용과 오태사의 친분이 다시금 두드러진다. 심상규가 평안도 관찰사로 부임했을 때, 마침 정원용도 영변寧邊 부사府使에 임명되었다. 그리하여 이 시기 심상규와 정원용이 함께 묘향산妙香山을 유람遊覽하고 시를 읊으며 성대한 교유를 이루었다.[73] 당시 심상규와 정원용이 묘향산을 노래한 시축詩軸에 김이교와 김조순이 함께 화운하기도 하였다.[74] 평안도에 남겨진 이들의 자취는 후대에도 언급될 정도였다.[75]

---

71 이만수, 『屐園遺稿』 권1, 「原集」, 〈閣中諸公, 餞灘樵李寮[魯益]于君子亭, 病獨未赴, 伏枕悵恨, 敬賡先朝御製贐先相公詩韻, 用替摻袂, 仍乞諸公俯和〉.

72 평안도 관찰사로 떠나는 심상규의 전별회 정황을 파악할 수 있는 시가 이만수와 심상규의 문집에 보이며, 『수향편』에는 당시 각료들이 이만수의 협간정에서 심상규의 전별회를 가진 기록이 보인다. 이만수의 협간정에서 열린 전별회 참석자는 이만수, 김조순, 심상규, 남공철, 김이교, 정원용, 박종훈으로 추정된다. 심상규의 전별회 관련 작품들의 제목을 토대로 보았을 때, 이만수의 협간정 외에 김조순의 옥호정사와 심상규의 소원에서도 여러 차례에 걸쳐 전별회를 가진 것으로 보인다. (신익철·조융희 외 역주, 『수향편』, 한국학중앙연구원출판부, 2018, 263쪽 참조; 심상규, 『斗室存稿』 권3, 〈楓皐餞余玉壺山舘, 拈杜韻共賦, 時方赴箕營〉; 이만수, 『屐園遺稿』 권1, 「原集」, 〈蕭園餞歸, 竹里用楓翁驪江路中韻, 以二律寄懷, 和贈斗室行軿〉.)

73 정원용, 『經山集』 권1, 〈在寧邊府, 陪按使斗室沈公[象奎], 宿留仙觀, 泛舟沸流, 次東坡遊京山五古韻〉.

74 『수향편』에 묘향산 시축에 관한 일화가 소개되고 있으며, 네 사람의 작품은 모두 정원용의 문집에서 확인할 수 있다. (신익철·조융희 외 역주, 『수향편』, 한국학중앙연구원출판부, 2018, 233~235쪽 참조; 정원용, 『經山集』 권3, 〈追和楓皐·斗室·金竹里[履喬] 三太史香山詩韻, 同藏山中之上院庵〉[附跋].)

75 예컨대 김조순의 외손인 남병철은 1842년 가을 淸北 學政의 명을 받고 평양 등지를 지나며 이들의 시축에 차운하였고, 金永壽는 1877년 영변 부사로 있으면서 네 사람의 묘향산 시축을 본 일을 회상하며, 아들이 영변 부사직을 계승하게 되자 이를 기념하여 차운시를 지었다. 이를 통해 정원용과 심상규·김조순·김이교가 함께

묘향산 시축을 통해 『홍재전서』 편찬 이후에도 김조순·심상규·정원용 간의 관계가 긴밀히 유지되고 있었음을 확인할 수 있다. 이후 오태사의 문집 대부분의 서발이 정원용의 손에서 이루어지고, 정원용의 정치 행보가 안동김씨 세도정치에 우호적인 역할을 했던 점을 통해 보았을 때, 『홍재전서』 교인 작업을 계기로 한 교유의 인연이 오태사가 세상을 떠난 이후에도 지속되었다고 볼 수 있다.

1820년 이만수가 세상을 떠난 뒤, 1826년까지도 김조순과 심상규는 여전히 시를 주고받으며 교유하였다.[76] 정조대에 각신이자 초계문신이었던 정체성을 토대로 한 이들의 연대는 순조대에 『홍재전서』 교인을 계기로 결속이 강화되었고, 교유 범위가 다른 각신으로까지 확장되었음을 1817년 전후로 이루어진 모임과 연회를 통해 확인할 수 있다. 위에 제시한 연회 외에도, 크고 작은 모임에서 오태사와 주변 문인들이 함께 지은 시문들의 내용을 살펴보았을 때, 각신 출신이라는 자부심과 동료애가 일관되게 표출되고 있으며, 『홍재전서』 교인 이후로는 고관高官과 원로元老의 지위에 오른 자긍심이 추가된다. 한편으로는 관료로서 노년기를 보내며 느끼는 시간의 무상감과 쇠락衰

이룬 묘향산 시축이 19세기 묘향산을 유람하거나 인근을 방문한 후대 문인들 사이에서 읽히고 거듭 차운이 이루어졌음을 알 수 있다. (南秉哲, 『圭齋遺藁』 권2, 〈夜宿觀音殿, 敬次外王考楓皐金公, 竹里金相公[履喬], 斗室沈相公[象奎], 經山鄭相公[元容] 唱酬韻〉; 金永壽, 『荷亭集』 권2, 〈次玅香山四太史[沈象奎, 金履素, 金祖淳, 鄭元容]韻〉[幷小序] 참조.)

76 심상규, 『斗室存稿』 권3, 〈會茗泉·梅谷[金台興之著根]·竹里·楓皐〉. "楓竹梅茗四老翁, 六旬差一七旬同." 시의 내용을 통해 보았을 때, 동갑인 茗泉 김이양과 梅谷 金著根은 당시 칠십 대였고, 한 살씩 차이가 나는 김이교·김조순·심상규는 육십 대였다. 또 심상규가 1826년(당시 김조순 62세, 심상규 61세) 김조순에게 보낸 시 〈用玉壺舊韻柬楓皐〉[丙戌]를 통해 두 사람이 60대에도 여전히 친분을 유지하고 있었음을 알 수 있다.

落에 대한 서글픔을 함께 공유함으로써 동질감을 형성하기도 한다. 이에 대해서는 제2부에서 구체적으로 다룬다.

이상 오태사의 시문학을 분석하기에 앞서, 이들의 교유 양상을 연대순으로 정리하였다. 이들은 계획적인 만남과 시 창작을 목적에 둔 주기적인 시회詩會를 형성한 것은 아니었다. 이들의 교유는 대체로 지방 외직에 있던 도중 혹은 연행의 임무를 맡았을 때와 같이 관리로서의 궤적軌迹 가운데 주요한 사건 혹은 행사를 계기로 이루어진 경우가 많았다. 그리하여 각자의 문집에 수록된 단편적 시편들을 통해 문학적 교유의 정황을 추정할 수 있을 따름이다. 때문에, 제1부에서는 이들의 교유와 시 창작 양상 가운데 특기할 만한 것들을 몇 가지 예시로 소개하였으며, 대체로 특정 사건이나 행사, 특정 장소에서 이루어진 특정 시운을 위주로 서술하였다. 위에 소개된 작품 외에도 오태사가 평상시 주고받은 시편들이 적지 않다. 개인적 공간에서 소소하게 사적인 모임을 가지며 그들의 문예 취향을 공유한 시편들도 있고, 관료로서 궁으로 오가는 길목에서 만나 반가운 마음을 수창한 시, 또는 관청에 있으면서 시를 주고받으며 관료 생활의 고민을 토로한 시도 있다.

이들의 교유와 교유 시편들은 오태사 시문학의 특성을 고찰하는데 가장 주요한 부분을 차지한다. 이 시편들은 얼핏 단편적으로 보이지만 주고받은 시편들 속에 유기적이고도 공통된 가치관과 미의식이 포착되기에 주목을 요한다. 그러므로 본론에 해당하는 제2부 부터는 오태사 한시의 특성을 분석하면서 이들의 교유를 함께 살펴보도록 할 것이며, 교유 과정에서 창작된 시편들을 면밀히 분석하여 이들이 당시 공유했던 사유와 정서 및 심미 의식을 밝힐 것이다.

제2부
관각館閣 활동과 시작詩作 양상

오태사는 중국의 사관직史官職을 의미하는 태사太史라는 명칭에 걸맞게 정조 재위기 왕실의 문헌 관리를 담당하는 규장각 각신으로 관직 생활을 시작하였다. 그리고 정조가 승하한 후에는 실록實錄과 어제御製 편찬을 완수하는 업무를 담당하였다. 규장각은 이들의 관직 생활의 출발점이자 발판이 되었고, 순조대까지 이어질 수 있었던 인맥 형성과 결집의 토대가 되었다. 또한 다섯 사람의 교유에서도 기본적으로 정조 재위기 규장각 각신으르 활약하였던 이력을 배제할 수 없다. 그리하여 다섯 문인이 규장각 관료로 활동하던 때부터 순조대 문형文衡을 비롯한 경재卿宰의 자리에 오르기까지, 이들의 시편에는 각신의 정체성이 지속적으로 드러나는데, 이때 다양한 주제 의식과 표현방식으로 한시에 형상화되어 있다. 그러므로 제2부에서는 오태사의 관직 활동에 토대가 되었던 규장각 각신 이력에 초점을 맞추고, 이러한 경험 속에서 창작된 한시 작품들의 면면을 살펴본다. 이는 정조·순조대의 정국 운영에 영향을 미친 관료의 내면 의식을 이해하는데 주요한 작업이 될 수 있다.

무엇보다 규장각은 정조와 떼려야 뗄 수 없는 관계이며, 더구나 정조의 각별한 지우를 입었던 오태사는 정조 사후에도 그를 추모하는 시를 다수 창작하였다. 그리고 각신으로 다양한 업무를 함께 수행하면서 다섯 문인의 교유도 돈독해졌다. 그러므로 이들의 한시에서 정조가 어떻게 형상화되고 있는지 살피고, 각신 활동을 토대로 한 이들의 정체성과 동지의식이 시에서 어떻게 발현되는지 살피는 작업이 우선적으로 이루어져야 한다.

끝으로 오태사가 노년기로 접어들면서 가을의 감회를 읊은 시작을 통해 공감대를 형성하는 양상이 포착된다. 오태사의 가을시 창작은 19세기 초에 가을의 경물을 소재로 한 추제시秋題詩 창작 유행과도 일맥상통한다. 3장에서는 오태사의 가을시를 대상으로 작품의 구상과 내면 의식을 함께 고찰하겠다.

오태사가 각신으로 활동하며 지은 시편들은 대체로 조선 시대 관각시館閣詩와 유사한 성향을 지니고 있다. 관각시는 숭문정책崇文政策을 시행하였던 조선 초기에 현저히 발달하였으며, 조선 초부터 형성되었던 관각시의 기본적인 기능과 성격은 19세기 초에도 여전히 계승되었다. 오태사가 정조대 각신과 순조대 국정의 핵심 관료로 활동하며 지은 시편들은 조선 후기 관각시의 양상을 살피는 계기도 될 수 있다.

1. 정조正祖의 지우知遇에 대한 감격과 추모

정조는 오태사 개개인에게 각별한 관심을 보였고, 종종 하사품을 내리는 등 각별한 배려를 통해 신하들을 권면하고 노고를 위로하였다. 또 정조가 신하들과 친분을 쌓고 화합을 도모하는 방편은 개인적인 은총을 베푸는 형식으로 이루어지기도 하였지만, 궐내 소소한 모임 및 집단적 규모의 연회를 통해서도 이루어졌다.

오태사는 정조 말년까지 거듭 근신이자 각신으로 정조의 곁을 지키고 동행하며, 정조의 뜻을 드러내는 시문을 지었다. 이들은 다양한 배경 속에서 다채로운 시상詩想으로 정조의 어제시에 갱재하였는데, 매번 정조의 뜻에 적극적으로 공감하고 정조의 심중과 의도를 파악한 시를 제출하여, 정조 재위기 동안 상당한 양의 갱재시축을 이루는 데 일조하였다. 정조와 신하들의 시를 모은 갱재시축에는 오태사뿐만 아니라 정조 재위기 초반부터 활약하였던 채제공蔡濟恭과 홍낙성洪樂性, 이병모李秉模, 이민보李敏輔, 홍양호洪良浩 등의 경재卿宰들도 참여하였다. 이들이 정조 재위기 초·중반을 이끌었던 인물들이었다면, 오태사는 정조 재위기 후반부에 성장한 신진新進 그룹이었다. 오태사는 정조 재위기 후반에 정조를 보좌한 신료로, 정조 말년과 순조 초반을 잇는 전환기를 지내며 정조의 유지遺旨를 기억하고 계승하였다는 의의를 지닌다. 이들은 정조 사후 건릉健陵을 정비하고 실록과 어제 편찬을 감독하면서도 시를 통해 정조를 떠올리고 추모하였다. 그리고 다섯 문인이 함께 동일한 의지를 담은 시를 창작함으로써 정조를 매개로 공감대를 형성하였다.

오태사에 대한 정조의 지우知遇는 이들이 출사하던 때부터 남달랐다. 선대부터 조정의 대신大臣을 지내며 쌓아온 가문의 위상 덕분에 관로에 진출하던 순간부터 특별한 대우를 받았다.

이만수의 부친 이복원은 정조가 즉위한 뒤 처음 규장각을 설치하고 정비하던 시기를 함께한 신하였기에, 이복원에 대한 정조의 지우 또한 각별하였다. 따라서 이만수가 부친을 따라 정조를 알현하던 순간부터, 정조는 이미 이만수를 부친의 직분을 이어받을 인재로 대우하였다.

정조는 특히 남공철과 서영보의 가문에 상당한 친밀감을 지니고 있었는데, 일찍이 정조의 세손 시절 이들의 선조가 세손의 교육을 맡았던 보양관輔養官을 지낸 인연 때문이었다. 남공철의 부친 남유용은 정조가 3세의 어린 나이일 때부터 그를 가르친 스승이었다. 1792년 남공철의 과거 급제가 발표된 날, 정조는 인왕산 세심대洗心臺에 행차하면서 남공철에게 말과 푸른 일산을 내려 앞장서게 하였고, "문청공(文淸公: 남유용)의 아들에게 특별한 은전을 내리는 것이 무엇이 아까울 것이 있겠는가."[77]라며 그를 특별히 대우하였다. 정조는 이날 어제시에서 남공철을 비롯한 과거 급제자들이 함께한 뜻깊은 날임을 언급하며, 이날의 연회를 중국 당唐·송宋 시대에 과거 급제자를 곡강정曲江亭에 불러 모아 주연酒宴을 베풀던 일에 비유하였다.[78]

이에 남공철은 정조의 어제시에 차운하여, 화창한 봄날 아름다운 인왕산 세심대의 경치를 배경으로 이루어진 조정 신료들의 성대한 봄 꽃놀이 모습을 묘사하고, 이 성대한 대열에 과거 급제자로서 참가하는 영예를 누리게 된 것에 감격을 표하였다. 또 정조가 곡강의 연회에 비유한 것에 호응하여, 중국 송나라 때 천자가 매년 경림원瓊林苑 진사進士들에게 잔치를 베풀던 전고를 운용하며 이를 능가하는 성대한 연회라 칭송하였다.[79] 스승이자 선대先代 왕王인 영조英祖의 대신大臣을 예우함과 동시에 그 자제에 대한 배려도 잊지 않는 군주의 도량

77 『正祖實錄』 권34, 「정조 16년(1792) 3월 20일 2번째 기사」. "上曰: '文淸之子, 何惜殊典乎.'"

78 『日省錄』, 「정조 16년(1792) 3월 20일 2번째 기사」. "是日官家添喜事, 簪花人上曲江筵."

79 남공철, 『金陵集』 권2, 〈唱第日, 陪駕至洗心臺, 恭和聖製〉二首 중 두 번째 수. "美譚不羡瓊林宴, 秉筆簪花則法筵."

度量과 이에 화답하는 신하의 송축頌祝을 통해 본격적인 군신의 관계를 맺게 된 두 사람의 정감을 느낄 수 있다.

1789년 서영보가 문과에 장원 급제하여 정조를 알현한 자리에서도, 정조는 3대째 거듭 정승을 배출한 서씨 가문의 업적을 치하하고, 왕세손 시절 서영보의 조부 서지수徐志修에게 수학受學했던 일을 말하며, 그 공로가 남유용과 대등하니 승지를 보내 치제致祭토록 하였다. 더하여 1777년 서영보의 부친 서유신徐有臣이 대간臺諫의 탄핵을 받아 향리방축鄕里放逐된 일을 위로하고 부친의 죄를 서용敍用하도록 명하는 등, 서영보와 그 집안에 각별한 배려와 관심을 표하였다.[80] 또 1791년에 정조는 서영보를 비롯한 각신들을 강화도에 보내 『광릉실록光陵實錄』을 상고하라는 명을 내리면서, 승지 이만수에게, "숙종肅宗 24년 무인년戊寅年에 단종端宗을 복위할 때, 고故 정승 서종태徐宗泰가 당시 문형文衡으로 강화도에 가서 실록을 상고했었는데, 이번에는 그 손자가 다시 이 일을 담당하게 되었으니, 역시 우연한 일이 아니다."[81]라며, 서영보가 선조를 이어 같은 임무를 수행하게 된 것에 대한 감개를 표하기도 하였다.

남공철이 과거에 급제한 해, 정조는 남공철과 당시 검교 직각이던 서영보를 함께 불렀다. 그리고 두 보양관의 자손이 동시에 관직에 서게 된 일을 매우 뜻깊게 여기며 서영보를 보내 남유용을 위해 치제

80 정조는 사육신 외에도 단종을 위해 충절을 지킨 신하들을 더 찾아 追配함으로써 절의를 장려하고 충절을 포양하고자 하였다. 그리하여 홍문관에 다방면으로 기록을 고찰하여 관련 인물들을 찾아 밝힐 것을 명하였다. 이 작업 과정에서 정조는 1791년 서영보를 비롯한 각신들을 강화도에 보내 『光陵實錄』을 상고하여 오도록 하였다. (『正祖實錄』 권27, 「정조 13년(1789) 3월 13일 1번째 기사」 참조.)

81 『正祖實錄』 권32, 「정조 15년(1791) 2월 1일 1번째 기사」. "謂承旨李晩秀曰: '肅廟戊寅莊陵復位時, 故相徐宗泰以文衡, 往考沁都實錄. 今其孫復膺是事, 亦不偶然.'"

토록 하는 등,[82] 대를 거듭하며 이어지는 왕실과 경화사족 간의 친밀함을 다지고자 하였다. 『홍재전서』「일득록日得錄」에는 1792년 정조가 당시 검교 직각이던 서영보에게 남공철과 서영보 집안과의 오랜 인연에 대해 말한 기록을 찾아볼 수 있다. 짤막한 어록을 통해 정조가 선왕 시절부터 대대로 이어온 군신 관계를 지속하고자 노력하였음을 알 수 있다.

> 오래된 벗이란 오래도록 지속해온 관계를 잃지 않는 것이다. 어찌 유독 대등한 관계에서만 그렇겠는가. 임금과 신하 사이에도 대대로 이어온 구신舊臣이 있으니, 그대 서영보와 남공철은 내가 남달리 보지 않을 수 없다.[83]

인용문에서 정조는 대를 걸쳐 오랜 세월 지속된 군신 관계를 오랜 벗에 비유하며, 그 긴밀하고 끈끈한 인연에 깊은 의미를 두고 있음을 밝혔다. 이러한 의식을 기반으로, 서영보와 남공철을 비롯하여 대대로 조정의 대신으로 공로를 세운 명망가 출신인 김조순·이만수·심상규를 특별히 대우하고 각신으로 삼아 왕실을 보좌할 주축으로 만들고자 하였다.

이처럼 오태사가 처음 관직에 진출하던 순간부터 정조의 지우를 입게 된 것에는 그들의 집안 배경이 큰 비중을 차지하였다고 볼 수 있다. 이후 1790년 3월 김조순이 검열檢閱로 있으면서 왕명王命을 어

82 『正祖實錄』 권34, 「정조 16년(1792) 1월 17일 1번째 기사」. "故奉朝賀南有容家, 遣檢校直閣徐榮輔致祭. 祭文當親撰"

83 정조, 『弘齋全書』 권176, 「訓語」 3. "故者無失其爲故. 豈惟敵以下爲然? 君臣之際, 亦有世舊, 如爾及南公轍, 予視之, 不得不異於他人."

겨 사판仕版에서 삭제되는 일을 겪기도 하였고, 1792년에는 문체반정의 일환으로 김조순・남공철・심상규가 견책을 당한 일도 있었지만, 이내 용서받았다. 정조는 김조순의 축출과 관련하여 그의 가문을 언급하며 다음과 같이 말하였다.

> 조정의 신하 가운데 조금이라도 사정을 보아주거나 친근하게 대해 준 사람이 있으면 그는 그것을 빙자하며 이미 하지 않는 짓이 없으며 휩쓸리듯 붙좇는 자들도 매우 많아진다. 김조순金祖淳도 내가 한결같이 너그럽게 용서해 줌으로 인해 이러한 지경에 이른 것이다. 김조순을 축출한 것도 반드시 옛 재상의 집안을 온전히 보존하려는 나의 뜻에 의한 것이니, 만일 매번 참아 주어 그대로 놔둔다면 옛 재상의 집안이 온전히 보존될 수 있겠는가.[84]

정조는 김조순의 집안이 대대로 정승을 배출한 벌열가임을 염두에 두고 자신이 이들을 평소 존중하고 특별히 예우하였지만, 그로 인한 폐단이 있기도 하였음을 토로하였다. 그렇지만 정조는 김조순을 축출한 일 역시 결국에는 조정과 긴밀한 관계를 지녀온 경화사족 가문을 유지하기 위한 깊은 뜻에 의한 것임을 밝혔다. 경화사족에 대한 예우와 관계 유지를 중시하였던 정조의 의식을 다시금 확인할 수 있다. 이후 김조순은 정조의 용서를 받고 다시 조정에 출사하게 되는데, 정조가 승하한 뒤 김조순은 이때의 기억을 떠올리며 정조의 은혜에 감사하는 마음을 시로 읊기도 하였다.

84 정조, 『弘齋全書』 권175, 「訓語」 2. "廷臣中有稍假借者稍親近者, 則渠之藉賣, 既無所不至, 而靡然趨附者甚衆. 金祖淳亦因予之一向寬假, 乃至於此矣. 祖淳之逐黜, 亦出於予必欲全保故相家之意, 若每每忍而置之, 則故相家其能全保乎."

상복 입고 뵙던 날을 어찌 잊으랴 敢忘持服見
어가 행렬 우러른 일 여전히 기억하네 尙記望塵行
불경되이 명을 어긴 죄 지은 신하 慢瀆知臣罪
관대히 용서하신 밝은 군주 만났건만 優容賴主明
이젠 옛일 꿈만 같이 아득해졌고 秖今疑夢寐
남은 평생 누구에게 하소연할까 誰與訴平生
임 계신 곳 지척에서 홀로 섰자니 佇立雲鄉近
승하하신 임금 따를 충정만 더 깊어지네.[85] 徒深蓐蟻情

위 시는 김조순이 1804년(순조 4)에 건릉健陵 봉심奉審을 위해 수원 화성으로 가던 길에 과천현果川縣의 행궁行宮에 머물며 정조와의 옛일을 추억한 시 2수 가운데 두 번째 시이다. 김조순에게 과천 행궁이라는 공간에 얽힌 정조와의 기억은 여러모로 특별했다. 1791년 김조순의 부친 김이중金履中이 과천 현감으로 있던 해에 정조가 현륭원에 행차하던 중 과천을 방문한 일이 있었다. 김조순은 첫 번째 시에서 당시 정조가 과천 현감으로 어가를 모신 부친의 공로功勞를 치하한 일을 회상하며 일차적으로 감회에 젖었다. 그리고 몇 년 뒤 1793년에 부친이 돌아가시고, 지금은 정조마저 선왕先王이 된 채 자신만이 홀로 텅 빈 행궁을 방문한 현재를 생각하며 눈물을 흘렸다.

위에 인용된 두 번째 수는 현륭원을 배알拜謁하러 가는 길에 과천 행궁에 머무른 정조를 알현한 때를 회상한 것이다. 당시 김조순은 부친 김이중이 사망하여 3년 상을 치르던 중이었다. 김조순은 시의 함련에서 관직 생활 초반기였던 1790년~1792년간 몇 차례 정조에게 질책質責을 당하고 축출되기도 하였던 일들을 떠올리며 자신의 경솔

85 김조순, 『楓皐集』 권2, 〈果川縣行宮有感〉.

함과 부족함을 성찰하였다. 그리고 이러한 신하의 잘못을 용서하고 넓은 아량으로 포용해준 정조에 대한 감사의 마음도 함께 표현하였다. 미련에서는 이토록 자신을 각별하게 대해주던 군주가 없어진 현재의 허전하고 그리운 마음을 드러내며 선왕에 대한 애틋하고 깊은 충정忠情을 표출하는 것으로 마무리하였다.

이 시는 과천 행궁이라는 특정 공간에서 이루어진 정조와 김조순 부자간의 일화를 통해 정조의 은혜를 입었던 옛 감격을 떠올리는 한편, 시간의 흐름에 따른 인사人事의 변화를 실감하고 촉발된 그리움과 슬픔의 정서까지 함께 담은 시이다. 명망가의 후손으로 군주의 특별한 지우를 입으며 성장한 김조순이 순조대에도 정조를 추모하며 옛 군주에 대한 충정을 되새기는 모습을 확인할 수 있다.

김조순의 경우처럼 우여곡절이 있기도 하였지만, 정조는 오태사가 규장각 신료이자 정조의 근신으로 활동하는 와중에 거듭 자신을 보좌할 신하로서 이들에 대한 신뢰를 표하였다. 이러한 신뢰는 작고 소소한 개인적 방식으로 표현되기도 하였지만, 여러 사람이 모인 자리에서 대대적으로 이루어지기도 하였다. 가장 대표적인 것은 정조가 신료들이 모인 자리에서 이만수에게 나막신을 하사한 일이다. 이만수는 이 일을 가문의 영광이자 평생의 자부심으로 여겼으며, 나막신을 의미하는 '극屐'자字를 그의 호號로 삼고, 자신의 정자에도 '극원屐園'이라는 이름을 붙였다.[86] 정조는 평소 동년배인 이만수를 동경同庚이라 부르며 그에 대한 친밀감을 표현하였으니, 이만수를 단순한 군신 관계를 넘어 벗과 같은 존재로 여겼음을 알 수 있다.

이만수처럼 갱재시축을 이루지는 않았지만, 정조는 심상규와 김조

86 이만수, 『屐園遺稿』 권2, 「原集」, 「屐翁樓記」.

순에게도 새 이름과 자字·호號를 직접 지어 애정을 보였다. 이만수의 〈풍고행楓皐行〉에 의하면, 관각의 문인들이 모인 자리에서 단풍나무 곁에 서 있는 김조순의 모습을 본 정조가 아름답다고 칭찬하며 그에게 '풍楓'자를 호로 삼도록 했다.[87] 심상규의 자와 새 이름도 정조가 하사한 것이다. 정조에게 하사받은 이름과 자호는 정조와 오태사의 관계를 보여주는 중요한 사례이다.

정조는 문치를 자신의 정치이념으로 내세운 군주로, 조선 후기 문체의 폐단을 바로잡고자 학문과 문장의 규범이 될 수 있는 서적들을 규장각 각신들에게 권장하였다. 일례로 그는 규장각 서고의 서적들을 폭쇄曝晒하던 날 친히 방문하여 남공철에게 수백 권의 서책을 하사하기도 하였다. 이날 남공철은 책을 집으로 운반한 뒤 정조의 은혜에 감격하여 더욱 학문에 매진할 것을 다짐하는 시를 지었다.[88]

정조는 재위 기간에 문풍부흥책文風復興策의 일환으로 서적 편찬 사업에 심혈을 기울였고, 오태사는 규장각의 관료로서 정조가 추진한 사업에 지속적으로 참여하였다. 정조는 학자들에게 주자학의 진면목을 보여주기 위해 다양한 주자서 선본選本을 편찬하였다. 그는 1794년 전후 『주자전서朱子全書』의 편찬을 구상하고, 1798년부터 편찬 사업을 시작하였지만, 미처 완성을 보지 못하고 사망하였다. 당시 실무를 담당한 서형수徐瀅修가 북경에서 기윤紀昀을 통해 주자서 선본善本 두 질을 구입하였는데, 이후 이 서적은 순조가 김조순에게 하사하였다.[89] 이러한 인연으로 서형수는 중국에서 주자의 서적을 구해온 이

87 이만수, 『屐園遺稿』 권1, 「原集」, 〈楓皐行〉. "殿前羣仙醉如楓, 上苑楓菊秋重九, 若有一人楓亭下, 獨倚楓林眼瀏瀏, 王曰嘉爾霜楓操, 號汝以楓楓能壽."

88 남공철, 『金陵集』 권2, 〈與徐慶世, 承召曝晒閱古觀書籍, 上自內苑親臨, 仍蒙賜書數百卷, 恭志感激〉.

력을 기록한 뒤 김조순에게 제시題詩를 요청하였고, 김조순은 이에 응하여 9수의 시를 지었다. 9수의 시에는 정조의 명을 받아 주자서의 선본 구입에 힘쓴 서형수의 노고를 칭찬하고, 『주자전서』를 간행하고자 하였던 정조의 생전 뜻을 밝히며, 끝내 뜻한 바를 완성하지 못하고 떠난 정조를 향한 안타까운 마음이 담겨있다.

경신년에 슬프게 곡한 일 아직도 꿈만 같아	慟哭庚申夢也疑
하늘 기울고 땅 꺼진 듯 이 일을 어이할까	天傾地坼此胡爲
찬란하던 포부와 사업 끝없는 한으로 남았으니	煌煌志事無窮恨
지금껏 끝내지 못한 채 어이 그치고 말았나.[90]	未卒于今詎止斯

첫 구절의 경신년은 정조가 승하한 1800년을 가리킨다. 정조의 승하가 아직도 꿈처럼 믿기지 않으며, 마치 세상이 무너진 듯 애통한 심정을 1・2구에서 표현하였다. 3・4구에서는 정조가 생전 추진하던 『주자전서』의 간행을 미처 완료하지 못하고 승하한 것에 대한 한탄이 담겨있다. 이 시에는 정조가 생전 숙원으로 여겼던 『주자전서』라는 의미 깊은 서책을 순조에게 하사받았다는 영광의 기쁨보다는 정조에 대한 그리움과 한이 더욱 증폭되는 것을 확인할 수 있다.[91] 김조순의 시는 오태사가 정조의 서적 편찬 사업에 참여한 경험으로 인해, 관련 서적을 매개로 정조를 추억하고 그의 생전 뜻을 떠올렸음을 확인할 수 있는 사례이다.

89 정조의 『주자전서』 편찬 과정과 서형수의 주자서 선본 구입에 대해서는 김문식(2021)의 연구를 참조하였다. (김문식, 「정조의 주자서 편찬과 간행」, 『문헌과 해석』 88, 태학사, 2021, 224~231쪽.)

90 김조순, 『楓皐集』 권2, 〈題徐明皐[瀅修]朱書采訪緣起〉 9首 중 여섯 번째 시.

91 김조순, 『楓皐集』 권2, 같은 작품 9首 중 마지막 시. “誰知感結恩頒日, 便是增新舊慟年.”

정조는 서적 편찬 외에도 상시로 열리는 신료들과의 시 수창을 활용해 군신 간의 화합을 보여주는 등 문학을 정치적으로 활용할 줄 아는 군주였다. 정조는 평소 규장각 신료들을 자신의 가족이라 여기고 자주 연회를 열어 풍류를 즐기고 음식을 하사하였다. 군신 간의 화합을 도모하기 위한 방편으로 궐내 소소한 모임 및 집단적 규모의 연회를 활용하였다. 정조가 베풀었던 크고 작은 모임은 대신大臣 혹은 규장각 신하이자 임금을 곁에서 보좌하는 근신으로서 지우를 입은 자들만이 누릴 수 있는 하나의 특혜와도 같았다. 이때마다 정조는 어제시를 짓고 신료들에게 차운하게 함으로써 매번 갱재시축을 이루었다. 정조와 군신들 간의 연회는 군신 간의 화합을 보여주고 성세聖世를 찬양하는 하나의 장場인 셈이었다. 오태사는 각신이자 시신의 일원으로서 각종 행사에 참여하여, 정조가 지향하던 성세를 찬양하는 시 창작에 힘썼다.

이러한 성격의 연회를 잘 보여주는 대표적인 예가 바로 봄마다 인왕산 세심대洗心臺와 상원上苑에서 주기적으로 이루어진 연회와 이를 기념한 갱재시축이다. 세심대 놀이와 상화조어연賞花釣魚宴은 해를 더해갈 때마다 참석 인원과 규모가 커졌으며, 특히 사도세자와 혜경궁의 회갑인 을묘년(1795)에 절정을 이루었다.

오태사도 모두 세심대와 상화조어연에 참여한 바 있으며, 특히 남공철은 과거에 급제한 1792년을 기점으로 매번 이 연회에 참여하여 정조의 어제에 갱재하였다. 1792년 세심대 놀이와 상화조어연은 남공철이 급제 유생이자 남유용의 자제로 특별히 참여했기에 그에게 남다른 의미가 있었다. 1793년 상화조어연은 특별히 옛날 왕희지王羲之의 난정수계蘭亭修禊가 이루어진 계축년癸丑年이 돌아온 것을 기념하여 난정蘭亭의 고사를 본받아 이루어지기도 하였다. 남공철은 이때에도 서영보와 함께 각신으로 참여하여 장편시를 지었는데, 이 시에는 옛 난정의 성대한 모임에 버금가는 풍류를 누리는 현재 규장각 신료로서 높은 자부심이 드러난다. 그리고 이토록 성대한 연회를 마음껏 누릴 수 있는 것 또한 태평성세太平盛世를 맞이한 덕분이라며 임금의 성덕聖德에 그 공을 돌리고, 정조의 장수長壽와 왕실의 번영을 기원하는 신하의 자세도 잊지 않았다.[92]

정조가 각신들과 함께 정기적으로 해왔던 세심대 놀이와 상화조어연은 1795년 봄에 절정을 이루게 된다. 1795년은 을묘년乙卯年(1735년, 영조 11)에 태어난 정조의 부친 사도세자의 회갑回甲을 맞이하는 해였기에, 정조에게는 더없이 뜻깊은 해였다. 또한 세심대 연회에 앞서 1795년 윤 2월에는 화성 행궁 봉수당奉壽堂에서 자궁慈宮(혜경궁 홍씨)의 주갑周甲 연회가 열렸다.[93] 정조는 어머니 혜경궁 홍씨와 함께 현륭원顯隆園을 방문하고 회갑 연회를 연 기쁨의 여흥餘興을 세심대에서도 이어가고자 하였다. 그리하여 신료들과 세심대에 동행하여 잔치를 베풀고, 대신 및 각신들과 시를 지었는데, 그 시운 또한 사도세자와 연관이 있었다. 옛 을묘년에 영성군靈城君 박문수朴文秀가 경재들과 함께 인왕산 필운대弼雲臺에서 사도세자의 탄생을 기뻐하며 읊은 시에 차운次韻하였는데, 이는 태평성세의 찬양과 더불어 사도세자의 탄생을 경축慶祝하던 선대의 고사를 계승한다는 중요한 의의를 지니고 있었다.[94]

92 남공철, 『金陵集』 권2, 〈癸丑暮春, 賞花釣魚于內苑, 仍續蘭亭故事, 應製〉.

93 이때, 화성 행궁에서 열린 혜경궁 홍씨의 壽筵를 기념하여 정조가 지은 聖製에 남공철 · 이만수가 화운한 작품이 다수 확인된다

94 박문수가 사도세자가 탄생한 해인 을묘년에 인왕산 필운대에서 읊었다는 시는 다음과 같다. '그대와 나 노래하며 필운대에 오르니, 흰 오얏 꽃 붉은 도화 온 나무에

이처럼 뜻깊은 해를 맞이해 특별한 유래를 지닌 장소에서, 특정 시운을 사용하여 이룬 을묘년의 세심대 갱재시축은 옛 을묘년 박문수의 태평성세를 찬양하는 시적 정취情趣를 계승하되, 정조의 효심孝心에 동조하여 이를 부각하는 방향으로 창작되었다. 다음은 남공철의 시이다.

어가 모셔 오늘 다시 세심대에 올라 보니	陪鑾今日又登臺
북산에서 남산까지 꽃나무들 만발했다만	南樹花兼北樹開
성심은 연회와 꽃 즐기고자 함 아니라	不是宸心懷燕賞
성대한 연회 을묘년의 술잔 잇기 위해서라네.[95]	華筵重把乙年杯

남공철은 1792년 과거 급제자 신분으로 처음 세심대 연회에 참석한 옛일을 떠올리며, 다시 세심대에 오르게 되었음을 서술하여 시상을 열었다. 그리고는 인왕산의 높고 트인 지형에 위치하여 멀리 남산의 경관까지 한눈에 조망할 수 있는 세심대의 지형적 특성과 눈앞에 봄꽃이 흐드러지게 핀 풍경을 제시하였다. 그러나 다음 구절부터는 시상을 전환하여, 정조가 세심대에 오른 본의는 단순히 봄 꽃놀이에 있지 않다며 분위기를 환기한 뒤 마지막 구절에서 그 의미를 밝혔다. 결구結句의 '성대한 연회[華筵]'는 사도세자가 탄생한 옛 을묘년에 인왕산에서 있었던 신료들의 연회와 60년이 지나 이를 계승한 1795년 세심대 연회를 의미하며, 동시에 화성 행궁에서 열린 혜경궁 홍씨의 수연壽筵을 모두 의미하는 것으로 볼 수 있다. 이 모든 연회가 근본적

가득 피었구나. 이토록 아름다운 풍광 속 즐거운 나날이니, 해마다 태평 시대 술잔에 길이 취해보세.[君歌我嘯上雲臺, 李白桃紅萬樹開, 如此風光如此樂, 每年長醉太平杯.]' (정조, 『弘齋全書』 권6, 〈洗心臺步靈城韻〉[幷小序] 참조.)

95 남공철, 『金陵集』 권2, 〈陪駕登北山賞春 應製〉.

으로 정조의 효심과 일맥상통하는 것이다.

정조는 세심대 연회에서 그치지 않고 이어지는 상화조어연에서 을묘년의 경사慶事를 거듭 기념하고자 하였다. 1795년에 이루어진 상화조어연은 총 98명이 참여한 큰 규모의 행사였는데, 기존에 각신들의 형제와 자질子姪까지 참여하도록 한 것을 종형제從兄弟와 재종형제再從兄弟로까지 범위를 확대하고, 박제가朴齊家·유득공柳得恭·성해응成海應 등 규장각의 속관屬官까지 불러들였기 때문이었다. 이 행사에는 원임 제학 채제공부터 당시 검교 직각이던 이만수와 남공철을 비롯한 각신들이 참여한 가운데, 그들의 종질까지 참여 명단에 이름을 올렸으며, 원임 대교 심상규의 아우들도 참석하였다. 옛 을묘년의 의미를 계승하여 후대에 전하고, 돌아온 을묘년의 경사를 역사적인 날로 기록하고자 했던 정조의 의도가 반영된 것이다.[96] 그리하여 다시금 영성군靈城君 박문수의 시운을 사용한 시를 짓고 차운하도록 하였다. 이만수와 남공철은 을묘년 세심대 연회에 이어 상화조어연에도 참석하여 같은 운자로 다시 시를 지었다. 다음은 남공철의 시이다.

북산의 꽃놀이 봄 누대에서 이어가니	北山遊賞續春臺
올 봄의 꽃들이 옛날 핀 꽃과 같네	今日花如昨日開
원컨대 백년토록 이 연회가 계속되어	但願百年叨此宴
봄 바람에 태평주 마시며 길이 취하기를.[97]	春風長醉太平盃

96 정조는 1795년 상화조어연을 기념한 詩의 幷序에서 특별히 연회의 참여자가 많은 것에 대해, "경사로운 해를 기억하고 태평성세의 상서로움을 빛내기 위함이다.[識慶年而賁休象也.]"라고 밝혔다. (정조, 『弘齋全書』 권6, 〈芙蓉亭, 賞花釣魚, 疊前韻〉[幷小序].)

97 남공철, 『金陵集』 권2, 〈賞花釣魚, 同諸閣臣賡和聖製, 疊北山韻〉.

첫 구의 북산은 인왕산을 가리킨다. 옛 을묘년에 박문수와 경재들이 인왕산에서 태평성세를 칭송했던 일을 이어, 60년이 지난 지금 여전히 그 기운을 이어가고 있음을 암시하였다. 올봄의 꽃과 옛날의 꽃이 같다는 표현은 옛 연회의 계승과 더불어 변함없는 태평성세의 기운을 상징한다. 시의 전반부에서 옛 을묘년과 현재의 을묘년을 동일시함으로써 그 계승의식과 의미를 되새겼다면, 후반부에서는 이러한 태평성세와 상서로운 경사들이 끊임없이 이어지기를 축원하였다. 을묘년이라는 구갑舊甲과 주갑周甲이 지니는 의미, 그리고 박문수의 시운을 매개로 하여 과거-현재를 연결하고, 이와 같은 경사와 태평성세가 영원하기를 축원함으로써 미래지향적인 시상의 전개를 이루었다. 사도세자에 대한 정조의 애틋함과 모친 혜경궁에 대한 효심, 그리고 선대로부터 이어받은 태평성세의 시풍詩風이 길이 후대까지 이어지기를 바라는 축원은 정조가 을묘년 연회들을 통해 드러내고자 의도하였던 핵심이다. 이만수와 남공철은 각신이자 시신으로 정조의 의도를 잘 포착하고 짧은 절구에 이 의미를 함축적으로 담아내어 군주의 뜻을 효과적으로 전달하였다.

위에서 살펴본 남공철의 갱재시처럼 오태사는 정조의 각신이 되어 어제시에 대한 갱재를 통해 어심御心을 세상에 드러내고 성세를 찬양하였다. 남공철이 1795년 정조의 명을 받아 창작한 갱재시들은 전형적인 관각시에 속한다고 볼 수 있다.[98] 그러나 이들은 정조를 모시는

98 김성언(1990)의 연구에 따르면 조선 초기부터 정형화된 관각시의 가장 중요한 주제는 讚美와 規戒이며, 임금의 덕과 善政 예찬, 그에 따라 榮遇를 누리는 군신의 和樂, 장엄하고 아름다운 궁궐 묘사가 대표적인 예에 속한다. 정조의 어제시에 갱재한 오태사의 시도 기본적으로는 전형적인 조선시대 관각시의 면모를 계승하고 있다. 이와 관련하여 백승호(2014)는 이만수의 관각시 창작을 다루면서 세심대 유람에 참석하였던 이만수도 정조의 어심을 간파하고 이를 효과적으로 부각하는 관각시

동안의 경험들이 축적되어 자연스럽게 정조의 감정과 의도를 가장 잘 파악하고 있었고, 정조 사후에도 생전의 일을 추억하고 유사한 정감을 떠올릴 수 있었다. 정조 재위기에 여러 차례 어제시에 갱재하였던 이들의 경험은 정조 사후에도 여전히 이들의 기억에 남아 회고되었다. 남공철은 정조의 실록을 편수編修하면서 을묘년의 일을 회상하였다.

쇠한 머리 서툰 재주 비웃음 살 만하건만	衰髮疎才足可咍
멋대로 반고班固와 범엽范曄 따른다며 머뭇거리네	漫隨班范且遲徊
연대年代 따라 살피니 꼭 행궁 연회 돌아간 듯해	編年恰到行宮宴
가까이서 눈물 적시던 을묘년의 술잔 같구나.[99]	前席曾霑乙卯杯

남공철은 김조순・서영보・심상규와 함께 사국史局에서 '배杯'자字 운韻을 뽑아 시를 지었다. 그는 정조의 실록 편찬을 감독하는 임무를 수행하는 자신이 옛날 『한서漢書』와 『후한서後漢書』를 쓴 중국의 반고班固와 범엽范曄에 비하면 형편없는 자질을 갖추었다며, 자신을 낮추는 겸사謙辭로 시상을 열었다. 그리고 3구에서는 본격적으로 자신들이 담당하고 있는 정조의 실록 편찬 업무로 화제를 옮겼다. 편년체로 기술된 정조의 실록을 살펴보던 그는 1795년의 기록에 이르자 감정이 고조되었다.

그리고 당해 화성 행궁에서 성대하게 열린 혜경궁 홍씨의 회갑연과 연이어 있었던 세심대 및 상화조어연의 일들이 그의 뇌리를 스쳤

창작에 탁월하였다고 하였다. (김성언, 「한국 관각시 연구 – 고려 및 조선전기를 중심으로–」, 서울대학교 국어국문학과 박사학위논문, 1990; 백승호, 「屐翁 李晩秀 館閣詩 硏究」, 『韓國漢詩硏究』 22, 한국한시학회, 2014 참조.)

99 남공철, 『金陵集』 권4, 〈史局, 與國舅金領敦士源・慶世・穉敎, 拈杯字共賦〉.

다. 그는 눈앞의 술잔을 매개로 을묘년 잔칫상의 술잔을 높이 들던 그 날의 현장으로 되돌아갔다. 감격에 겨워 눈물짓던 선왕 정조를 지척에서 바라본 일이 남공철의 눈에 생생하였다. 전석前席은 진 효공秦孝公이 상앙商鞅과 대화를 하다가 자기도 모르게 앞으로 나와 앉았다는 고사, 한 문제漢文帝가 가의賈誼와 귀신에 대한 이야기를 나누다가 바짝 다가앉아 경청했다는 고사에서 비롯된 표현이다. 임금과 신하가 자리를 가까이하여 담화를 나눌 정도로 친근하고 같은 생각을 공유한다는 의미를 지닌다. 남공철이 시에서 '가까운 자리[前席]'라는 표현을 사용한 것은 평소 신료들을 대함이 후하였던 정조의 성심聖心을 보여주는 것이기도 하며, 동시에 남공철 자신이 시신으로 지척에서 정조를 모시며 느끼던 심리적 친밀감을 보여주는 것이기도 하다.

을묘년 당시 정조를 가까이서 모시고 살폈던 남공철이기에 현장에 있던 장본인으로서 누구보다 생생하게 연회장의 분위기와 정조의 감정을 기억하고 있었다. 위 시의 마지막 구절에는 역사서의 기술을 통해서는 드러낼 수 없는 당시 정조의 감격스러운 마음이 담겨있다. 또한 김조순과 서영보·심상규가 남공철과 함께 정조를 보좌하며 동시대에 활동하였던 각신 동료였기에, 이들만이 공유할 수 있는 시적 정서이기도 하다.

오태사는 정조 재위 후반기에 총애받던 문관이자, 측근에서 그의 문치를 보좌하던 문신들이었기에 정조 때의 일을 마무리하는 종사지의 과업을 완수하는 것 또한 그들에게 주어진 임무였다. 그들은 정조 재위기 말년의 각신으로 이를 자신들의 숙원이자 영광으로 여겼다.

이만수와 서영보는 수원부水原府 유수留守를 지내며 정조의 애정이 담긴 수원 화성을 관리하기도 하였다. 이만수는 1800년 정조가 승하한 직후 11월 수원부 유수에 임명되어 건릉의 정각丁閣을 개수改修하고 화령전華寧殿에 어진御眞을 봉안奉安하는 예를 관장하였으며, 이 공으로 정헌대부와 숭정대부에 가자加資되었다. 당시 그가 지은 〈화령전상량문華寧殿上樑文〉이 그의 문집에 남아있다.[100] 그로부터 약 20년이 지난 후, 1820년에 이만수는 다시 수원부 유수가 되었다. 그는 다시 수원부 유수로 부임한 날, 가장 먼저 정조의 어진을 봉안한 화녕전에 가서 우러러 통곡하였다고 하며, 얼마 후 병을 얻어 같은 해 7월 사망하였다.[101] 서영보도 1815년(순조 15) 수원부 유수를 지내며 원소도감당상園所都監堂上을 겸하여 현륭원에 혜경궁의 원소園所를 합부合祔하는 일을 담당하였고, 이듬해 사망하였다. 이만수와 서영보 모두 긴 관직 생활의 말년을 정조의 능이 있는 수원에서 보냈다는 점이 또한 기이한 일이다.

이들이 수원 화성에 있으며 지은 시문에는 정조에 대한 그리움과 충심, 뒤에 남아 살아가는 신하의 심정이 담겨 있다. 순조 대에 다시 수원 화성을 방문한 이만수는 서장대에 올라 옛날 정조를 모시고 화성에서 행한 찬란한 행사를 회상하며 선왕 정조를 그리는 시를 지었다.

어가 행차 모시던 옛일을 추억하니	緬憶陪鑾舊
황량한 대에 해도 저물려 하네	荒臺日欲西
훌륭한 땅 경기 지방 요충지요	地尊三輔重
높은 공력 들여 민심 편안해졌네	功屹衆心齊
밤 등불이 별들처럼 성가퀴에 늘어섰고	夜炬星羅堞

100 이만수, 『屐園遺稿』 권6, 「賜笏集」, 〈華寧殿上樑文〉.

101 이만수, 『屐園遺稿』 권15, 「附錄」, 「家狀」[李世翼]. “庚辰夏復除水原留守, 及赴先拜華寧殿, 仰瞻晬容, 嗚咽不勝, 未幾忽感疾還第, 以七月二十七日, 易簀于駱山下正寢.”

봄 깃발은 버들처럼 층층마다 휘날렸지 春旗柳拂梯
서장대에 오른 몸은 백발의 신하 뿐 登臨餘白髮
능묘 위의 백나무 눈물 속에 아득하구나.[102] 陵栢淚中迷

1795년 봄에 정조는 신료들과 서장대에 거둥하여 성조城操와 야조夜操를 행함으로써 군대의 위용을 관찰하고 시를 지어 신하들에게 갱재하도록 하였다. 이만수와 남공철도 이때 정조와 동행하여 갱재시를 지어 수원 화성의 찬란하고 빼어난 모습과 장엄莊嚴한 군사들의 모습을 묘사한 바 있다.[103] 이로부터 많은 세월이 지나 다시 서장대에 오른 이만수는 성대하였던 과거를 떠올리며 감상에 젖었다. 두 번째 구의 '황량한 대[荒臺]'라는 표현은 세월의 흔적과 쓸쓸함의 정서를 함축하고 있다. 정조가 심혈을 기울여 축조한 수원 화성은 여전히 그 위용을 갖추고 있지만, 정조가 없는 지금은 예전보다 찾는 이도 드물고, 성대한 행사가 열릴 일도 많지 않아졌다. 혜경궁 홍씨의 주갑연과 서장대의 성조식城操式이 열렸던 1795년은 그 어느 때보다 화성에 활기가 넘치던 시기였다.

그러나 이러한 과거와 대조적으로 지금 이만수는 백발의 노신老臣으로 홀로 저물녘 서장대에 서 있다. 그 어느 때보다 정조의 부재가 크게 느껴지는 순간, 그는 정조의 건릉을 바라보며 그리움에 젖었다. 정조의 능원陵園에 어느덧 무성해진 풀과 나무는 세월의 흐름을 더욱 실감하게 하고, 인생무상의 감흥이 더욱 고조된 이만수는 눈물을 흘리는 것으로 시를 맺었다.

102 이만수, 『屐園遺稿』 권1, 「原集」, 〈西將臺韻偶感〉.

103 이날 서장대에서 군대를 보고 시를 지어 이룬 갱재축이 『將臺閱武賡載軸』이다. 당시 이만수와 남공철이 갱재한 시도 수록되어 있다.

이만수와 서영보가 수원부 유수의 직책을 맡았던 것은 이들이 정조의 재위 기간 후반 정조를 측근에서 보좌하며 신뢰받던 문신들로서, 그 누구보다 정조의 유지를 받들어 일을 처리할 수 있는 적임자였기 때문이다. 실제로 정조가 승하한 후 정조의 행장과 「정종대왕시책문正宗大王諡冊文」 등 정조의 묘문墓文 대부분을 오태사가 지었다는 점도 이를 대변한다.[104] 이후 1821년에 결정된 정조의 건릉 천장도 김조순의 주도하에 추진된 것이다.[105]

이렇듯 오태사는 정조 사후 선왕의 업을 정리하는 사업을 주도하며 그와 관련된 장소, 사물, 사건을 마주할 때마다 이는 감흥을 시로 남겨 정조를 추모하였다. 그중에는 방금 살펴본 이만수의 시처럼 수원 화성과 관련된 제재들이 큰 비중을 차지하는 편이다. 그중 정조가 매번 사도세자의 능을 찾을 때마다 선뜻 도성으로 돌아가지 못하고 머뭇거리던 마음에 공감하는 시가 눈에 띈다.

정조는 1796년 정월正月에 사도세자의 탄일을 맞아 현륭원에 참배한 뒤, 선뜻 돌아가지 못하고 홍범洪範·봉조鳳鳥 등의 산을 순행하였다. 밤에 다시 화성 행궁으로 돌아온 정조는 시를 지어 감회를 읊은 뒤, 수행한 신하들에게 화답하도록 하였다. 이때 채제공과 홍양호를

104 정조 사후 그의 墓文과 諡狀 등을 저술한 신료들은 다음과 같다.

작품명	작자	출처
「健陵行狀」	이만수	『屐園遺稿』 권7
「正宗大王諡狀」	홍양호	『耳溪集』 권36
「健陵表石陰記」	남공철	『潁翁續藁』 권2
「正宗大王諡冊文」	김조순	『楓皐集』 권9
「健陵誌」	윤행임	『碩齋稿』 권17

105 김조순, 『楓皐集』 권8, 「請健陵遷奉疏」.

비롯해 김조순·남공철·이만수도 갱재하였다. 그중 김조순의 갱재시이다.

지척에서 뵙는 듯 아련한 성심으로	密邇音容怳可依
슬픔 속에 살피시며 돌아가지 못하시고	愀然三省欲無歸
구름 깊은 골짝 숲에 의장을 이동하니	雲深洞樹初移仗
이슬 맺힌 언덕 풀에 저냥 옷이 젖어 드네	露結原莎自濕衣
능침을 비호하는 뭇 용들 우뚝 늘어섰고	護寢羣龍騰列巘
교외 두른 큰 성곽은 남쪽 땅에 장엄하네	環郊萬雉壯南畿
하늘도 주저하는 마음을 아는 건지	天公亦解遲遲意
내일은 비를 보내주려나 봅니다.[106]	來日知應遣雨飛

김조순은 먼저 이날 정조의 일정을 제시하며 시상을 열었다. 현륭원에서 사도세자의 능에 참배하고 거듭 살피는 정조의 정성스러운 효심을 읊은 뒤, 인근 산을 순행하기 위해 이동하는 정조와 신하들의 행렬을 묘사하였다. 순산巡山하는 행렬의 옷자락이 이슬에 젖는 모습은 이 순행이 그저 가볍고 순탄한 발걸음이 아님을 암시하며, 왠지 처연하고 감개에 젖은 정조를 자아낸다. 경련에서는 높은 언덕에 올라 멀리 현륭원의 능침과 그 일대를 조망하며 빼어난 지형과 수원 화성의 장엄함을 시각적으로 제시하였다. 수원 화성은 정조가 부친 사도세자를 위해 심혈을 기울여 이룬 숙원 사업이었기에 특별한 상징성을 지닌 공간으로 묘사되고 있다. 미련에서는 선뜻 돌아가지 못하는 정조의 진정眞情에 공감하고 위로하는 것으로 끝을 맺는다.

위 시는 본래 정조를 도와 화성 축조와 현륭원 정비에 힘썼던 재상

106 김조순, 『楓皐集』 권1, 〈賡進御製巡山詩韻〉.

채제공의 시에 정조가 화운하고, 동행한 신료들에게도 갱재를 명하여 이루어진 작품이다.[107] 이는 정조와 채제공 사이에 존재하였던 정감을 당시 후배이자 신진 관료에 속하였던 오태사와도 갱재시를 통해 공유한 것이다. 오태사는 비록 정조 재위기 후반부의 신료들이었지만 실제로 화성을 정비하는 정책에 참여하였으며, 평소 정조의 주도하에 이루어진 사도세자 관련 갱재시를 통해 정조의 효심과 정감을 잘 파악하고 있었다. 훗날 정조가 승하한 1800년을 전후로 채제공을 비롯한 당대의 경재들도 거의 세상을 떠났다.[108] 그러나 오태사는 정조 재위기를 거쳐 순조 대에 이르러서도 요직에서 활동하고 있었다. 그러므로 순조가 즉위한 이후에도 이들은 여전히 정조의 생전 뜻을 기억하고 정조가 남긴 시축의 시상과 유사한 정감의 시를 창작할 수 있었다. 또한 이들은 정조의 유지를 순조가 이어가도록 보좌하는 역할을 맡았다.

107 채제공은 병진년(1796) 정월 정조의 순행에 동행하여 경기 지방의 요새로서 수원 화성이 지니는 위엄과 병력을 찬양하고 끝으로 정조의 효심을 드러내는 시를 지었다. 이에 정조가 채제공의 시에 차운하여 가파른 산을 오르며 차마 부친의 모습이 아른거려 떠나지 못하는 마음을 더욱 강하게 드러내었다. 정조의 시에 이어서 당시 동행하였던 홍양호, 김조순 · 이만수 · 남공철 · 윤행임 등이 갱재하였는데, 모두 수원 화성 인근의 험준하고 신령스러운 지형과 기운을 묘사하여 천연의 요새라는 기상을 드러내고, 사도세자를 향한 정조의 효심을 강조하는 시상을 그대로 본받고 있다.(채제공, 『樊巖集』 권1, 「賡和錄」, 〈正月二十一日, 上詣寢園, 遍巡洪範鳳鳥諸山, 侵夜還華城行宮〉[丙辰]; 정조, 『弘齋全書』 권7, 〈左揆摠理城華之役, 每歲拜園也, 軫其年高, 輒令先往後歸, 歸輒有詩, 詩輒盈軸, 徵其軸, 軸抽兩韻以還之〉[四首]; 홍양호, 『耳溪集』 권9, 「賡載錄」, 〈賡和華城行宮詩韻〉; 이만수, 『屐園遺稿』 권6, 「賜笏集」, 〈陪駕城隍山賡韻〉[丙辰正月]; 남공철, 『金陵集』 권2, 〈正月二十一日, 顯隆園誕日, 車駕展謁, 仍和相臣呈韻以下, 與士源景深徐準平[有榘]賡進〉; 윤행임, 『碩齋稿』 권2, 〈顯隆園親審局內賡韻〉[丙辰].)

108 대표적으로, 1796년 현륭원 참배에 동행하였던 재상 채제공은 정조가 승하하기 1년 앞서 1799년에 세상을 떠났고, 홍양호는 정조가 사망하고 2년 뒤인 1802년(순조 2)에 세상을 떠났다.

서영보는 1807년 순조의 명을 받아 지지대遲遲臺의 비명碑銘을 지었다.[109] 지지대는 화성과 광주廣州의 접경 지역에 위치한 고개이다. 정조는 매번 현륭원에 참배하고 돌아오는 길에 이곳에 이르러 머뭇거리기를 거듭하였다. 정조가 행렬을 멈춘 채 하염없이 현륭원을 바라보던 고개라 하여 지지대라는 명칭이 붙을 정도였다. 서영보는 지지대의 비명에서 옛날 선왕 정조를 모시고 현륭원에 제례祭禮하던 날을 떠올리며 정조의 애달파하던 모습을 묘사하였다.[110] 그리고 환궁하는 길에 왕을 따라 이어진 긴 행렬이 굽이진 언덕을 따라 더디게 나아가다, 이윽고 지지대에 이르러서 머뭇거리던 장면들을 상세하고 현장감 있게 서술하였다.[111] 구구절절 정조의 애절한 마음이 묻어나는 서술은 서영보가 정조의 각신으로 있으며 직접 보고 경험한 일이었기에 가능한 것이었다. 서영보는 비명의 마지막에 지지대비를 세우는 의미에 대하여 서술하였다. 그는 선왕 정조를 추모하고 그 효심을 후대에 전하고자 하는 순조의 뜻 또한 효이니, 만백성의 모범이 됨과 동시에 선왕의 뜻을 계승하는 아름다운 일이라 찬양하였다.[112] 사도세자에 대한 정조의 효성을 곁에서 지켜보던 신료이자 관각문인으로서 비명을 통해 순조가 선왕의 뜻을 이어갈 수 있도록 돕는 역할을 하였다고 볼 수 있다.

---

109 서영보, 『竹石館遺集』 책3, 「遲遲臺碑銘」.

110 서영보, 같은 작품. “故將行之日, 吉朝旣差, 夙齋以俟, 皇皇焉如不及, 龍旂載啓, 行邁斯亟, 瞿瞿焉如有求, 籩豆旣陳, 象設旣瞻, 悽愴於薦祼之時, 掩抑於周旋之際, 旋蹕而北, 愾然僾然, 依依如也, 戀戀如也, 由園至峴數十里, 其行盖遲而又遲也.”

111 서영보, 같은 작품. “旣禋言旋, 王心遂遂, 巍峩者山, 載見載秘. 彼羽旄斯, 胡不遲遲, 道之逶矣, 迴瞻曷其. 王至于臺, 羽林如復, 雲之郁郁, 自我花峀.”

112 서영보, 같은 작품. “庸昭睿孝, 丕載顯刻, 我先王報本垂裕之盛, 我殿下繼志述事之美, 於斯乎可考其萬一也夫.”

서영보와 유사하게 오태사의 시에서는 지지대와 관련하여 정조의 유지를 떠올리고 추모하는 작품들을 확인할 수 있다. 다음은 김조순이 1804년(순조 4) 10월 건릉과 현륭원을 봉심하러 가던 길에 지지대에 이르러 이는 감회를 읊은 시이다.

지지대 아래 잠시 수레 멈추니	遲遲臺下暫停輈
시든 풀 찬 안개 늦가을이로구나	衰草寒烟屬暮秋
그림 같은 높은 성 눈에 들어오니	望入層城如畫處
무슨 일로 눈물 먼저 흐르는지 모르겠네.[113]	不知何事淚先流

김조순이 순조의 명을 받아 건릉에 봉심하러 가던 때는 마침 계절적으로도 가을이라, 지지대와 화성 인근의 쇠잔한 가을 풍광이 시의 도입부터 사뭇 슬픈 감흥을 촉발한다. 위 시 마지막 구의 '눈물'에는 옛날 정조가 사도세자를 그리는 마음에 지지대에서 화성과 현륭원을 바라보았던 것처럼 지지대에서 정조의 능을 찾는 신하의 처지가 되어버린 상황에 일어나는 다양한 층위의 감정이 함축되어 있다. 우선, 김조순은 옛날 정조가 지지대에서 멀리 현륭원을 바라보며 머뭇거리던 애틋하고 그리운 마음을 떠올렸을 것이고, 이제는 시간이 흘러 정조의 능원도 함께 자리하게 되었다는 사실에 한탄하였을 것이다. 한편으로는 옛 군주의 애틋한 효심에 공감하며 갱재하던 자신의 젊은 시절을 추억하며, 이제는 그 군주마저 고인故人이 된 후 몇 년의 시간이 흘렀고, 그만큼 늙어가는 자신의 모습을 통해 문득 느낀 세월의 야속함과 인생의 무상함을 표현하였다. 화성과 지지대, 그리고 정조라는 세 가지 요소를 통해 형성된 복합적인 감흥이 끓어오르

113 김조순, 『楓皐集』 권2, 〈遲遲臺〉.

는 순간을 짧은 절구에 함축적으로 담아내어 더욱 여운이 남는 작품이다.[114]

정리하자면 오태사가 화성과 지지대에 얽힌 정조의 마음을 떠올리고 같은 공간에서 이를 회상하며 선왕을 추모하는 시를 지을 수 있었던 것은 이들이 정조 재위기 후반에 각신으로 활발히 활동하며 각별한 지우를 입었던 이력이 있었기에 가능한 일이었다. 특히 정조와 채제공이 화성을 오가며 공유했던 시상은 갱재시를 통해 정조를 보필하던 신료들과도 공감대를 형성하였고, 이후 순조 대에도 여전히 활동하였던 신료들을 통해 계승될 수 있었다. 그리고 그 중심에는 오태사가 있었다. 오태사는 정조의 말년을 보좌했던 신료로서, 사후 화성에 건릉을 정비하고 화녕전을 완공하는 작업을 담당하였으며, 『정조실록』의 편찬과 『홍재전서』 교인에 이르기까지 정조 사후 종사지의 임무를 담당하였다.[115]

오태사는 정조 재위기부터 정조의 어제 관리를 담당하였고, 정조 사후에도 이어서 『정조실록』의 편찬과 『홍재전서』 교인 등 선왕의

114 당시 김조순의 건릉 봉심에 동행하였던 朴允默도 위 시에 차운하였다. 박윤묵은 김조순의 지지대 시 외에도, 건릉에 도착하여 '健陵齋室', '華寧殿齋所', '華寧殿監祭志感', '健陵陵所書感'이라는 주제로 총 7수의 차운시 〈楓皐相公承命奉審健陵監祭華寧殿, 時余亦從焉, 公有作輒示余要和, 謹次元韻〉를 지었다.(박윤묵, 『存齋集』 권2.) 김조순의 문집에는 지지대 시 외에 박윤묵이 차운한 原詩들이 수록되지 않았지만, 당시 김조순이 지지대 외에도 건릉의 특정 장소를 방문하여 이는 감회를 거듭 시로 읊어 정조에 대한 추모의 뜻을 표출하였음을 알 수 있다.

115 순조는 지속적으로 선왕 정조의 뜻과 업을 계승한다[繼志述事]는 뜻을 표출하여 왕권의 정통성을 확보하고자 하였고, 오태사는 이 작업에 참여하였다. 『홍재전서』의 간행 또한 이러한 의미를 지닌 사업이었다. 이밖에 심상규와 서영보의 주도하에 1808년에 편찬된 국가 재정과 군사 업무에 관한 지침서 『萬機要覽』도 선왕의 국가 정책을 계승한다는 의미가 담긴 저술로 볼 수 있다. (문광균, 「1808년 『만기요람』의 편찬과 그 의미」, 『역사와 현실』 107, 한국역사연구회, 2018.)

일을 정리하는 사업을 담당하였다. 순조의 명을 받아 오태사의 주관 아래 이루어진 『홍재전서』 편찬 작업은 정조가 생전에 하던 작업을 마무리하였다는 점에서 선왕의 유지를 완수했다는 의미를 지닌다.[116] 아울러 오태사가 선왕 정조를 추모하고 회상하며 지은 시도 같은 맥락에서 의의를 지닌다.

김조순과 서영보는 정조가 세상을 떠난 후, 『정조실록』의 편찬 작업을 수행하였다. 당시 사국에서 김조순과 서영보가 주고받은 시에는 정조에 대한 추모와 그리움, 태사의 책임감이 함께 드러난다. 김조순의 시를 보도록 한다.

흡사 금란전에서 붓 들던 옛적으로 돌아간 듯　　悦似蘭臺舊筆簪
한 권을 마칠 때마다 침통함에 읊조리네　　一弓竟了一沈吟
쉼 없이 흐른 이십 년 순식간에 지나가고　　廿年滾滾過無幾
아련한 만 갈래 심사 속 그리움만 깊어가네　　萬緒依依想更深
평소 누가 성덕聖德에 힘입은 줄을 알았으랴　　日用曾誰知帝力
텅 빈 하늘 비로소 어진 성심聖心을 알게 됐네　　雲空始得見天心
역사 기술 진실을 포장해도 죄가 되지만　　鋪張失實猶餘罪
박한 재주라 보답하지 못할까 더 두렵다네.[117]　　才薄先慚未報今

당시 김조순은 실록청實錄廳 당상堂上으로 정조실록의 편찬을 맡고 있었다. 김조순은 이전에도 예문관 검열로서 규장각 사관직史官職을

116 순조는 오래전부터 정조가 준비하였던 문집 정리 작업이 정조 사후 10년이 지난 시점까지 완성되지 않은 것을 슬퍼하며 선왕이자 부친의 뜻을 받들어 이를 완수하라는 뜻을 드러내었다. 이에 1813년(순조 13) 순조는 내각에 명하여 선대왕 정조의 어제를 刊印하도록 하였으며, 時任과 原任 각신들이 함께 인출을 감독하게 하였다. (『純祖實錄』 권17, 「순조 13년(1813) 6월 9일 1번째 기사」 참조.)

117 김조순, 『楓皐集』 권2, 〈史局書感〉.

수행한 바 있었다. 첫 번째 구절의 난대蘭臺는 후한 때 반고班固가 난대 영사蘭臺令史로서 『후한서後漢書』를 편찬한 데서 유래한 말로, 흔히 사관史官을 지칭한다. 수련에서 그는 젊은 시절 규장각에서 사관으로 있던 시절을 회상하며 추억에 잠기는 것으로 시상을 전개하였다. 정조의 재위 시절 사관으로서 활동하던 그가 현재 정조의 실록을 편찬하게 되니 그 감회가 더욱 남달랐을 것이다. 함련의 '이십 년'이란, 정조의 재위 기간(24년: 1777~1800)을 의미하는 것으로 볼 수 있다. 20년이라는 짧지 않은 기간의 일을 역사서에 담으니, 빠르게 흘러가 버린 세월에 대한 한탄과 인생에 대한 무상감이 절로 느껴진다. 더하여 정조에 대한 그리움도 더욱 깊어짐을 이야기하였다.

경련에서는 정조의 치세를 찬양하였다. 생전에는 태평성대에 살고 있었음을 알지 못했다가 정조가 죽고 나서야 이를 깨달았다며 정조에 대한 그리움을 드러내었다. 마지막 미련에서는 과도하게 선왕을 찬양하는 것은 자칫 한쪽으로 치우쳐 태사의 본분을 망각할 수 있음을 인지하고, 사관의 객관적 시각을 유지하려는 태도를 보였다. 그와 동시에 자신의 재주가 모자라 혹여 정조의 업적을 온전히 다 기록하지 못할까 두려워하는 겸손한 태도를 보였다. 이 시는 사관의 정체성과 선왕인 정조에 대한 추모의 마음이 함께 담겨있는 시이다.

이에 대해 화답한 서영보의 시도 유사한 정서와 견해를 담고 있다. 그는 김조순을 태사라 칭하며 옛일들을 회고하였다. 정조 재위기를 '밝은 시대[明時]'로 인식하고 그리는 마음을 읊었으며, 남은 생을 정조에게 입은 은혜를 갚는 데 쓰리라 다짐하는 충심을 드러내었다. 그리고 마지막에는 '기술하는 재주 부족해 참으로 부끄럽구려, 명산의 석실에 보관되어 후대에 지금을 바라보게 할 텐데.'라는 구절을 통해, 김조순처럼 사관의 막중한 임무를 되새기며 끝을 맺었다.[118] 이들은 정조의 실록을 편찬하는 과정에서 정조를 추억하고 추모함과 동시에 정조의 재위기에 함께 활동하던 시간을 회상하고 태사의 정체성과 동류의식을 다시 다졌다.

정조 어제를 교인하던 당시 이만수는 파직을 당해 두문불출하던 시기라 참여하지 못하였다. 이만수는 여러 차례 대제학을 맡으면서 정조의 문치를 받들었던 문인이다. 정조는 편찬 사업을 진행할 때 이만수와 의논하였으며, 이만수를 항상 적임자로 곁에 두고 썼다. 그런 그에게 '정조 어제의 편인'이란 마지막 숙원의 업과도 같았을 것이다. 이만수는 자신이 정조의 업적을 마무리 짓는 중대한 임무에 참여하지 못했다는 사실을 애통해하며, 중국의 역사가 사마천司馬遷과 자신을 동일시하였다. 사마천이 주남周南에 머무르며 조정의 정사에 참여할 수 없는 슬픔을 표현한 자서自序 형식을 빌려, 스스로 「자표自表」를 지음으로써 그 한恨을 자신의 묘표墓表에 새기고자 하였다.[119] 정조의 각별한 지우를 입었던 만큼 정조를 향한 이만수의 충심도 각별하였다.

〈선조의 어제 교인 작업을 완수하니, 더욱 탄식의 감정이 절실해지는데, 주자소鑄字所의 여러 공들이 감회를 읊었다는 소식을 듣고 마침내 그 운자를 써서 삼가 짓다.〉

죽지 않고 활을 안은 채 눈물 흘리나니	未死攀弓淚
남은 인생 몇 번의 해를 더 보내려나	餘生幾燠凉

118 서영보, 『竹石館遺集』 책1, 〈酬楓翁史局書感〉. "跡廁監修荷記籓, 詩成太史許攀吟, 明時悵望嗟何及, 往蹟昭森涕屢深, 報答餘生斯頼力, 險夷千劫不磨心, 多慙述作才全拙, 石室名山後視今."

119 이만수, 『屐園遺稿』 권11, 「玉局集」, 「自表」.

국과 담장을 대하듯 성군을 추모하니 羹墻推聖慕
규성과 벽성들이 찬란한 빛 발하였네 奎璧發休光
나 홀로 주남에서 붓을 끌어안은 신세 獨抱周南筆
일찍이 한나라 상서성에서 향을 머금었지 曾含漢署香
여러 공들 선왕의 사업 완수하는 자리이니 諸公終事地
어찌 바쁘다고 말할 수 있으리오.[120] 那忍說閑忙

정조의 어제를 교인하는 작업이 마무리되었다는 소식을 듣고 이는 감회를 읊은 시이다. 이 시의 원운시는 1813년 남공철을 비롯하여 당시 교인 작업에 참여했던 문인들이 수창한 시를 모은『동성교여집』에 실려 있다. 비록 이만수는 교인 작업에 참여하지 못하였지만, 마치 자신의 일인 듯 벅찬 감정을 표현하였다. 첫 구절의 '활을 부여잡고 눈물을 흘린다[攀弓淚]'는 표현은 '궁검막반弓劍莫攀'에서 온 것이다. 옛 중국의 황제黃帝가 용龍을 타고 하늘로 올라갈 때 함께 오르지 못한 신하들이 용의 수염에 매달리니, 용의 수염이 뽑히면서 신하들과 황제의 활이 떨어졌고, 남은 신하와 백성들이 떨어진 활과 용의 수염을 안고 울었다는 고사이다. 황제의 고사를 활용하여 정조가 죽은 뒤 남은 신하의 한 사람으로서 여전히 선왕을 그리워하는 충심을 그린 구절이다.

함련에 나오는 '국과 담장'은 요堯 임금과 순舜 임금에 관한 고사로, 순 임금이 선왕인 요임금을 흠모하여 밥을 먹거나 앉아있을 때도 매 순간 요 임금을 생각할 정도였다고 한다. 한편 문운文運을 주관하는 별인 규숙奎宿과 벽숙壁宿를 통해 뛰어난 문재를 지닌 내각의 문관들

120 이만수,『屐園遺稿』권6,「賜笏集」,〈先朝御製印役告訖, 益切於戲之思, 聞鑄所諸公有志感之作, 遂用其韻敬題〉.

이 한마음 한뜻으로 정조를 추모하며 정성을 다해 어제의 편인에 힘쓴 노고를 칭찬하였다.

그러나 경련에서는 이 중대한 일에 참여하지 못한 자신의 한을 드러내, 자신의 신세를 사마천과 동일시하였다. 한때 사국의 문관으로 활약하던 그의 정체성을 확인할 수 있는 부분이다. 자신도 한때 내각에서 정조를 가까이 모시던 신하였건만 이 일에 보탬이 되지 못하였다는 사실에 괴로워하는 마음이 담겼다. 그리고 미련에서는 비록 자신의 처지는 그러하나, 선왕의 사업을 마무리하는 단계에 이르러 깊은 감회만은 현직에 있든 없든 한마음이라는 표현으로 감격스러운 마음을 전하였다.

이만수가 이 시를 지어 김조순에게 보내자 이들은 다시 이만수의 시에 화답하며 어제 편찬 완수를 앞둔 심정을 공유하였다. 이만수의 시에 화답한 네 사람의 시적 전개와 정서는 대체로 유사하다.

〈표 10〉 이만수의 시에 화답한 네 사람의 시상 전개

	김조순	남공철	서영보	심상규
수련	과분한 직책을 맡은 황송함과 선왕을 보낸 슬픔 표현	어제 편찬이 완료된 계절적 배경 제시	쓸쓸한 경관 묘사를 통해 정조의 부재를 암시	정조의 부재로 쓸쓸한 규장각의 情景 묘사
함련	정조가 떠난 규장각의 쓸쓸한 경관 묘사	정조를 모시던 과거 회상	정조의 은혜를 회상하며 추모	정조의 聖心을 찬양하며 추모
경련	鑄字所의 작업 현장 묘사	선왕의 어제 작업을 완수하는 늙은 신하의 모습 묘사	어제를 교인 하는 작업 현장 묘사	주자소의 모습 묘사
미련	시간을 헛되이 보내지 말고 힘쓰자며 권면함.	신중하게 작업을 마무리할 것을 당부함.	부족한 자질이 부끄럽다는 謙辭로 마무리함.	빠르게 흘러가는 시간을 함께 애석해함.

네 사람 모두 계절적 배경인 가을의 소슬한 규장각 경내를 묘사하며, 정조의 부재로 인한 허전한 심사를 표현하였다. 심상규는 옛날 규장각 곳곳에서 정조를 모시던 시절을 회상하며, 정조가 떠난 후 고요하고 서늘한 기운이 감도는 궐내 분위기를 묘사하였다.[121] 또 모두가 함련에서 정조에 대한 추모와 존경의 마음을 표출한 뒤, 이어서 경련에서는 교인 작업이 이루어진 분사分司와 주자소鑄字所의 광경을 통해 임무를 수행하는 정성과 책임감을 드러냈다. 서영보는 침침한 눈을 문질러가며 교정을 보는 각신의 모습을 묘사하였다.[122] 김조순은 구리로 활자를 만드는 과정을 애간장을 녹여 이룬 것이라 표현하였으며, 종이에 인쇄하는 먹물을 신하의 눈물에 비유하였다.[123] 끝으로, 김조순과 남공철은 이만수와 같이 권면의 뜻으로 시상을 마무리하였다. 남공철은 교정과 인쇄의 작업을 '먼지를 닦는 일[塵掃]'에 비유하며, 마지막까지 서두르지 말고 신중하여 한 톨의 작은 티끌도 허용해서는 안 된다고 당부하였다.[124] 김조순은 선왕에게 받은 은덕을 추념하며, 게으르게 시간을 헛되이 보내지 말고 금상에게 보답할 길을 생각해야 한다는 '추선보념追先報今'의 뜻을 통해 동료들을 권면하였

121 『東省校餘集』 권1, 1b. 이 시는 심상규가 김조순의 시 〈屐翁太史獨阻監印之役, 用僕前韻賦示悲恨之意, 遂同諸公敬次請正〉에 차운하여 지은 것이다. "如在侍中日, 從容殿角凉."

122 『東省校餘集』 권1, 2a. 이 시는 서영보가 김조순의 시 〈屐翁太史獨阻監印之役, 用僕前韻賦示悲恨之意, 遂同諸公敬次請正〉에 차운하여 지은 것이다."眵暗編摩眼, 溫存剪貼香."

123 『東省校餘集』 권1, 1b. 이 시는 김조순의 시 〈屐翁太史獨阻監印之役, 用僕前韻賦示悲恨之意, 遂同諸公敬次請正〉이다. "腸銷銅化字, 淚灑墨滋香."

124 『東省校餘集』 권1, 2a. 이 시는 남공철이 김조순의 시 〈屐翁太史獨阻監印之役, 用僕前韻賦示悲恨之意, 遂同諸公敬次請正〉에 차운하여 지은 것이다. "校對如塵掃, 群僚愼勿忙."

다.[125] 정조에게 순조의 보좌를 부탁받은 국구로서 오태사와 각신들에게 주어진 임무를 되새기고 앞으로 함께 힘써야 할 방향성을 제시하는 것으로 볼 수 있다.

정조 어제 교인과 관련하여 오태사가 주고받은 시에는 선왕인 정조의 업을 마무리하는 과정에서 정조를 향한 존경과 그리움을 느낄 수 있다. 또 이러한 마음이 이들 간에 동질감을 형성함으로써, 정조 재위기를 함께 하였던 동류의식과 결속력이 한층 더 강해지는 것을 확인할 수 있다.

본 장에서는 정조 재위기 규장각 각신으로 활동하며 정조의 각별한 관심과 배려를 입은 오태사가 한시를 통해 정조에 대한 감격과 추모를 어떻게 표출하였는지를 살폈다. 다섯 문인은 모두 경화사족의 자제로 일찍부터 정조의 관심 속에 관직 생활을 시작하였으며, 특별한 지우를 입었기에 그에 관련된 일화도 많다.

오태사는 정조의 배려와 관심 속에 규장각 각신이자 정조의 근신으로 활동하며 정조의 문치 정책을 보좌하고 어심을 세상에 알리는 데 일조하였다. 이런 역할의 가장 대표적인 예가 갱재시를 통한 군신 간의 화락과 성세의 찬양이다. 특히 1795년 혜경궁 홍씨의 회갑을 맞이하여 화성 행궁에서 열린 회갑연과 세심대 놀이 및 상화조어연은 당시 정조가 심혈을 기울여 준비한 일이었다. 이만수와 남공철은 당시 정조를 지척에서 모시며 주요 행사에 참여해 정조의 효심에 공감하고 거듭된 갱재에 참여하였다.

또한 화성 행궁과 현륭원이라는 공간과 관련하여 정조와 함께하였던 일화와 시 창작의 경험은 정조 사후 그를 회상하게 하는 주요 시제

125 김조순, 같은 작품. "終事紆宸慕, 毋孤歲月忙."

가 되었다. 특히 오태사는 정조 재위기 말년의 신진으로서 순조 대에도 여전히 선왕의 뜻을 기억하는 신하들이었다. 그러므로 순조가 정조의 뜻을 계승하여 완수하도록 보좌하는 역할을 수행하는데 가장 적임자였다. 그리하여 이들은 정조 사후 선왕의 일을 마무리하는 종사지의 과업을 담당하였는데, 수원부 유수로 건릉을 정비하고 『정조실록』과 『홍재전서』 편찬을 완수한 것이 대표적이다.

오태사가 정조의 어제시에 차운한 갱재시작들은 전형적인 관각시의 형태를 보여주는 작품들이다. 그러나 1790년대부터 1800년까지 10년 가까이 정조를 모시던 경험의 축적은 정조 사후 자연스럽게 정조를 추억하고 당시의 정감과 유사한 시 창작으로 이어졌다. 정조 사후 오태사가 정조를 회상하며 추모한 작품들은 단순히 선왕에 대한 예의를 표하는 관각시의 경향보다 정조와의 추억에서 자연스럽게 우러나오는 시였으며, 정조라는 매개를 통해 다섯 사람이 공통된 시적 정서를 공유하는 것을 확인할 수 있다.

2. 각신閣臣 출신의 자긍심과 동료애 표출

오태사는 본격 관로에 들어선 초기부터 정조의 기대와 신뢰를 바탕으로 관직 생활을 시작하였고, 1790년 전후를 기점으로 정조가 승하하는 1800년까지 대략 10년 동안 규장각신으로 활발히 활동하였다. 이 시기 다섯 문인의 시에는 정조의 지우를 입은 신진 관료의 열정과 책임 의식이 드러나며, 동일 직무에 함께 임하며 쌓인 정감이 표출되기도 한다. 그리고 정조 재위기에 다진 동료애는 순조 대에 이르러 변화된 상황 속에서도 변함없이 지속되었다. 본 장에서는 오태사가 정조 재위기~순조대까지 관료 생활을 하며 지은 시 가운데 공통적으로 가장 많이 드러나는 주제 의식인 규장각 신료로서의 자긍심과 소속감, 그리고 이에서 비롯된 동료 의식을 살펴보겠다.

이만수는 과거 급제 후 같은 해 11월 승지承旨가 되어 왕을 곁에서 보좌하는 근신의 임무를 수행하였다. 그는 임금 정조의 곁에서 어명과 어제를 기록하는 일을 맡았으며, 정조의 심중心中을 헤아려 갱재시를 통해 밝히는데 탁월하였다. 또 그는 김조순·심상규·남공철이 소품과 패관의 문체로 견책을 당할 때, 오히려 정조의 명을 받아 김재찬과 문체의 폐단을 바로잡는 역할을 맡을 정도로 신임을 받았다.[126]

서영보는 각신으로 다양한 서책의 교정을 담당하기도 하였지만, 지방에 문제가 있을 때 정조의 명을 받아 파견되는 업무를 종종 맡았다. 1790년 북방의 흉작凶作으로 인해 백성들의 생계를 근심하던 정조의 특명으로, 함경남도 암행어사가 되어 지역의 실상을 파악하고 상황을 보고하였다.[127] 1794년에는 제주도가 재해災害를 입어 기근에 시달린다는 소식을 들은 정조가 당시 검교 직각이었던 서영보를 직접 위유사慰諭使로 파견하여, 제주도를 비롯한 남쪽 지방 사정을 두루 살펴 보고하도록 하였다.[128] 이때 정조는 구휼 식량을 실은 배가 무탈하

126 『正祖實錄』 40권, 「정조 18년(1794) 8월 16일 2번째 기사」. 홍문관 제학에 제수된 김재찬이 사직을 청하자, 정조는 다음과 같이 비답을 내렸다. "경의 문체는 요즘 젊은이들과 같지 않다. 각료들 중 문장을 잘한다 일컬어지는 몇 사람 중 오직 이만수와 경만이 가능할 것이다. 내가 문체의 폐단을 바로잡아 세상을 교화하는데 뜻을 두었으니, 지금 이 임무를 경이 아니면 누가 하겠는가.[卿之文體, 不似近日少年, 閣僚之稱云能文諸人, 以是惟李晩秀與卿可之者. 予意在於矯文弊爲世敎也, 然則此時此任, 非卿伊誰.]"

127 당시 함경남도 암행어사 임무를 수행하며 보고한 내용은 서영보의 「咸鏡南道暗行別單[庚戌]」을 통해 확인할 수 있다. (서영보, 『竹石館遺集』 책6.)

128 정조, 『弘齋全書』 권28, 「檢校直閣徐榮, 爲全羅道康津·海南·長興·興陽·靈巖·

게 제주도까지 이를 수 있도록 잘 살피라고 서영보에게 특별히 명하였는데, 당시 서영보가 임무를 수행하며 지은 시에는 어명을 받들어 수행하는 젊은 신하의 의기意氣가 느껴진다.

거센 북쪽 바람에 푸른 깃발 펄럭펄럭	靑旗獵獵北風豪
고요한 밤 물결을 방어사의 배가 가르네	防禦船開靜夜濤
군령이 분명하여 포성이 바다에 들끓으니	軍令分明砲沸海
뱃노래 부르며 힘을 합쳐 돛을 높이 올리네.[129]	棹歌齊力上帆高

곡식을 실은 배가 힘찬 북풍을 타고 한밤 중에도 파도를 가르며 나아가는 순간을 묘사하였다. 엄숙한 군령에 따라 차질없이 일이 이루어지는 과정에서 어명을 수행하는 관리들의 엄중한 마음가짐이 느껴진다. 뱃노래에 맞추어 힘을 모아 돛을 높이 올려 출항하는 광경을 묘사한 마지막 구절은 동적이면서도 의기충천하다. 이 밖에도 정조는 다양한 정책에 거듭 서영보를 중용重用하였다. 이만수와 서영보 두 사람은 관직 진출 초기부터 다양한 분야에서 왕의 수족手足이자 이목耳目 같은 역할을 맡았다고 볼 수 있다.

이처럼 오태사는 정조의 명을 받아 다양한 정치적 업무를 수행하기도 하였지만, 규장각 각신 출신으로서 지속적으로 맡았던 업무는 바로 서적 편찬에 관한 것이었다. 남공철이 내각에 숙직하며 역대시집을 교정하던 중 지은 시에서는 국가의 문장文章 부흥復興에 기여하는 각신의 정체성과 교열 업무에 임하는 그의 직업정신을 엿볼 수

珍島等邑慰諭使, 耽羅船粟, 祭神監視領運, 於其還路, 慰諭蠲恤綸音」. 당시 서영보가 위유사로서 호남 지역을 살피고 보고한 내용이 서영보의 「湖南慰諭別單」[甲寅]에 보인다. (서영보, 『竹石館遺集』 책6.)

129 서영보, 『竹石館遺集』 책1, 〈領耽羅船粟, 到所安島, 候風發送〉.

있다.

오늘 밤 옥당 유독 청아하기 물과 같고	玉堂今夜淸如水
책상 앞 밝은 창가 묵향이 자욱한데	棐几晴窗翰墨香
숙직하는 시종 신하 일득록日得錄을 편집하고	豹直靑綾編日得
규장각 은빛 촛대 아래 임금의 글 교정하네	龍圖銀燭校雲章
오색 붓을 돌려주어 남은 시상 없는 터에	筆還五色詩思盡
서 푼 녹봉 받아들고 기이한 책에나 다음 두니	俸得三分異籍藏
억측으로 수정을 하여도 안 되고	臆說未宜加點竄
함부로 교정하여 자황 칠하면 안되겠네.[130]	丹鉛不得下雌黃

남공철은 밤새 규장각에서 숙직하며 『일득록日得錄』과 정조의 어제를 교정하는 자신의 모습을 시를 통해 묘사하였다. 정조의 대화와 전교傳敎를 수록한 『일득록』은 1785년부터 규장각 각료들이 기록한 것이기에, 이를 정리하는 것 또한 규장각신의 몫이었다.

물처럼 맑고 깨끗한 기운이 감도는 가운데, 한밤중 촛불 아래 묵향이 자욱하다는 표현은 어제와 서책을 보관하고 정조가 추진한 문화정책의 중심이었던 규장각의 공간적 특성을 잘 보여준다. 경련에서 남공철은 학자이자 문관으로서 자신을 낮추는 겸손한 태도를 보였다. 오색 붓을 돌려주었다[筆還五色]는 표현은 중국 남조南朝 양梁나라 사람 강엄江淹이 꿈에서 오색 붓을 얻은 뒤 문장이 크게 진보하였으나, 훗날 붓을 다시 돌려주는 꿈을 꾼 뒤 좋은 시를 짓지 못하였다는 고사를 차용한 것이다. 남공철은 자신 조한 오색 붓을 돌려준 강엄처럼 더는 기발한 시상이 떠오르지 않는다며 자신을 문학적 능력이 부

130 남공철, 『金陵集』 권2, 〈內閣直廬, 述卽事, 時承命校歷代詩集〉.

족한 문사로 묘사하였다. 또 봉급으로는 그저 기이한 서적을 구입하는 일에나 관심을 두고 있을 뿐이라며, 자신을 낮추는 겸손한 태도를 보였다. 남공철이 자신을 문관의 자질이 부족한 모습으로 묘사한 것은 이어지는 미련을 위한 것이다. 그는 완성도 높은 교정을 위해 주관적 판단과 억측은 최대한 배제하고 신중하게 임해야 함을 말하였다. 그는 임금의 명을 받아 교정에 임하는 규장각 신하의 진중한 마음가짐을 드러내기 위해 자신을 낮추어 표현하였다. 남공철은 교정 작업에 있어서 무엇이 중요한지를 인식하고, 왕명을 받아 교정에 임하는 각신으로 스스로 경계하는 뜻을 위 시에 담았다. 국가의 문풍文風을 주도하는 규장각 신하의 정체성과 자긍심, 그리고 어제를 비롯하여 왕명을 받들어 역대의 명편名篇을 교정함에 전문성을 갖추고자 한 남공철의 책임 의식이 보이는 작품이다.

오태사의 초기 관직 생활을 살펴보면, 초계문신과 규장각신이라는 유사한 관직 이력을 지니고 있으며, 이들은 같은 부서 및 업무를 통해 만나며 친분을 쌓았다. 이들의 관료 생활 초기를 대표하는 가장 공통적인 이력은 바로 초계문신으로 뽑힌 일이다.

오태사 중 가장 먼저 과거에 급제하고 초계문신에 뽑힌 사람은 김조순이다. 그는 1785년(정조 9) 10월 문과에 합격하고, 1786년 초계문신에 뽑힌 뒤, 예문관 검열이 되었다. 심상규와 이만수, 서영보는 모두 1789년(정조 13) 과거에 합격하여 본격적으로 관로에 진출하였으며 같은 해 서영보와 심상규도 초계문신에 뽑혀 정조의 문화 정책 수행에 중요한 역할을 담당할 인재로 교육받게 된다.[131] 1792년(정조 16)

131 『正祖實錄』 권23, 「정조 13년(1789) 3월 20일 3번째 기사」 참조. 초계문신의 자격요건 중 하나는 37세 이하의 年少文臣이었기에, 과거 급제 당시 38세였던 이만수는 초계문신에 들지 못했던 것으로 보인다.

오태사 중 가장 늦게 문과에 급제한 남공철도 초계문신에 뽑혔으며, 이후 규장각 직각으로 활동하였다.

정조는 그가 추구하였던 문치를 실현하기 위해 규장각을 중심으로 한 인재 양성에 심혈을 기울였다. 초계문신 제도는 훌륭한 젊은 인재를 뽑아 집중적으로 교육하기 위함이었다. 오태사 중 이만수를 제외한 네 사람이 모두 초계문신에 뽑혀 교육받았고, 이들 대다수가 급제 직후 홍문록에 이름을 올렸다. 이후 규장각의 각신이자 정조의 근신으로 활동한 관력은 오태사가 정조의 인재 양성책을 기반으로 성장한 관료 문인들이었음을 입증한다.

이만수를 제외한 네 사람은 초계문신으로 관료 생활 중에도 정기적인 강학을 통해 학문적 능력을 연마해야 했다. 김조순은 초계문신으로 과제를 수행하던 중 동료들의 도움을 받아 겨우 과체부科體賦를 완성한 경험을 시로 읊으며, 자신의 부족함을 한탄하고 자조自嘲하기도 하였다.[132] 또 규장각 학사들이 거주하던 대유사大酉舍(혹은 대유재大酉齋)에서 심상규・유한우兪漢寓와 함께 독서를 하며 지내던 중 휴가를 얻어 집으로 돌아가게 되자, 동료들과 헤어지는 아쉬움을 시로 표현하기도 하였다.

창 앞에 선 벽도나무 꽃잎이	窓前碧桃樹
떨어지며 눈처럼 흩날리는데	落花紛如霰
선계 함께 머물다 잠시 이별하니	仙家留少別
어느 날에 우리 다시 만날까나.[133]	幾日重相見

132 김조순, 『楓皐集』 권1, 〈抄啓應製科體賦, 過申未就, 諸僚傍贊, 堇能呈券, 益歎才拙, 聊以自笑〉.

133 김조순, 『楓皐集』 권1, 〈與兪子羽[漢寓] 斗室, 沈稺敎[象奎] 覃恩, 讀書大酉舍中, 得

창가에 자리한 벽도화 꽃잎이 바람에 흩날리는 경관을 묘사한 것을 통해, 계절상 늦봄임을 짐작할 수 있다. 벽도碧桃는 복숭아나무의 한 종류로, 선경仙境에 있다는 전설상의 복숭아를 지칭하기도 한다. 벽도화가 흩날리는 낭만적인 풍경은 이들이 함께 머물렀던 규장각과 대유사를 선계仙界와 같은 이미지로 형상한다. 다음 구절에서 김조순은 직접적으로 자신들이 머물던 대유사를 '선가仙家'라고 지칭함으로써, 규장각을 선계에 비유하고, 그 안에서 함께 지낸 심상규·유한우를 신선들에 비유하여 세속과 단절된 청절한 이미지로 묘사하였다. 김조순은 휴가를 얻어 집으로 돌아가며 아름답고 청정한 공간에서 빼어난 동료들과 함께한 시간을 뒤로하고 헤어져야 하는 아쉬움을 드러내었다. 김조순의 시를 통해 정기적인 응제應製를 치르는 초계문신의 일상과 이들 간의 끈끈한 유대감을 엿볼 수 있다. 위 시에 심상규가 등장한 사실을 통해 서영보·남공철과도 초계문신 출신이라는 공통점을 바탕으로 유대를 형성하였을 것임을 짐작할 수 있다.

오태사는 규장각 관료로서 같은 시기에 활동하면서 동일 직무를 수행하기도 하였다. 특히 남공철의 문집에는 김조순·서영보·심상규와 교유를 확인할 수 있는 시가 다소 실려 있어, 이들이 젊은 시절부터 동류의식을 형성하였음을 알 수 있다.

남공철과 서영보는 1792~1793년 즈음 함께 근무하며 교유관계가 돈독해졌다. 이 시기 남공철이 관직 생활 중 지은 시 제목에 서영보가 종종 언급되어, 두 사람의 친분을 짐작할 수 있다. 서영보와 남공철은 1792년 『어정규장전운御定奎章全韻』 교정에 함께 참여하였으며,[134] 이

暇暫歸, 賦一絶以悵之〉.

134 『日省錄』, 「정조 20년 병진(1796) 8월 11일 7번째 기사」를 통해 『御定奎章全韻』을

들은 당시 교정 업무에 함께 참여했던 이서구李書九, 이덕무李德懋, 유득공柳得恭, 박제가朴齊家, 성대중成大中과도 친분을 쌓았다.[135] 서영보와 함께 승지직承旨職과 각신의 업무를 겸하며 돈독한 정을 쌓았던 남공철은 숙직하던 날 밤 서영보를 향한 우정을 표현하였다.

정월 16일 아름다운 보름달을	十六明月好
궐내에 숙직하며 함께 즐기네	靑綾喜同省
어둠은 궁궐 밖 먼 곳으로 물러가고	暝色宮闕逈
이슬 꽃은 수풀 속에 고요하니	露華林木靚
천지 조화 이룬 듯한 찬란한 문장	文章如造化
그 아득함이 지금 이 경치와 같구려	浩渺逢玆景
이 세상에 내 마음 아는 이는 드무니	海內賞音少
우리들의 변치 않을 마음을 보여주네.[136]	相對懷耿耿

위 시는 1793년 정월 대보름이 하루 지난 시점에 남공철이 서영보에게 보낸 시이다. 위 시운을 사용하여 먼저 시를 읊은 이는 이서구李書九이다.[137] 당시 승지 이서구가 승정원承政院에 숙직 중인 승지 남공

교정하고 인쇄하여 반포한 과정을 확인할 수 있다. 각신 이만수·윤행임·서영보·남공철과 승지 이서구, 그리고 교서관 교리 성대중을 비롯하여 유득공·박제가가 교정에 참여하였다고 기록되어 있다. 또, 『일성록』「정조 16년(1792) 7월 9일 1번째 기사」에도 서영보와 남공철 등에게 『어정규장전운』 교정을 맡겼다는 사실이 언급되었다.

135 이들은 당시 교리였던 성대중이 지방관으로 가게 되자 함께 그를 전송하는 연회를 열고 전별시를 짓기도 하였다. (유득공, 『冷齋集』 권5, 〈摛文院公讌, 徐·南二學士·薑山承旨·懋官寮兄同賦得恩字, 贈北靑成都護〉; 남공철, 『金陵集』 권2, 〈摛文直廬, 與銀臺諸僚及徐慶世 榮輔學士, 設餞送成明府士執〉; 서영보, 『竹石館遺集』 1책, 〈內閣送北靑使君成士執〉[壬子].)

136 남공철, 『金陵集』 권2, 〈銀臺直廬, 次唐人詩韻, 簡慶世〉.

137 당시 이서구의 시를 시작으로 남공철·서영보·유득공이 함께 차운한 과정이 유득공의 필기에 기록되어 있다. 이들이 한때 같은 부서에서 업무를 수행하며 친분을

철에게 시를 지어 보냈는데, 남공철이 이에 차운하여 서영보에게도 시를 지어 보낸 것이다. 당시 서영보도 이문원摛文院에서 숙직 중이었다. 이서구의 원시는 궁궐을 환히 비춰주는 보름달 아래 풍경을 묘사하고 궐내 함께 숙직 중이던 동료들을 떠올린 작품이다. 맑고 환한 보름달을 자신들의 결백한 마음과 우정에 비유하였다.[138] 남공철의 시도 이서구의 원작에 담긴 시상을 이어 서영보를 향한 마음을 담고 있다.

남공철은 새해 첫 대보름의 청명한 밤기운과 홀로 궁궐에 숙직하며 느끼는 적막함 속에 이슬 꽃이라는 티 없이 깨끗한 이미지를 사용하여 시신들이 업무를 보는 은대銀臺를 더욱 신성한 공간으로 구현하였다. 경련의 내용은 조정의 글과 문학을 담당하는 관각 문인의 정체성을 보여준다. 남공철은 티 없이 맑은 밤하늘 그 무엇의 방해도 받지 않은 채 환한 빛으로 온 세상을 찬란하게 비추는 달빛을 바라보며, 지금 이 순간 마주한 최상의 경치가 마치 우리와 이 시대의 문장처럼 찬란하다며 동일시하였다. 남공철은 말로는 다 형용할 수 없는 아득한 경치를 마주하여 느끼는 높은 정신적 희열을 서영보와 함께 공유하며 변치 않을 우정을 표현하는 것으로 끝맺음하였다.

남공철과 김조순의 친분을 확인할 수 있는 시편들도 다소 있다. 남공철이 1796년 정조가 현륭원을 배알하며 내린 갱재시축에 갱재한 시 제목에는 김조순, 이시원李始源, 서유구徐有榘의 이름이 함께 언급

돈독히 하였고, 같은 운자의 시에 차운하면서 시적 교유가 이루어졌음을 알 수 있다. (유득공, 『古芸堂筆記』 권3, 「韋左司體」; 유득공, 『泠齋集』 권5, 〈上元後二日, 次南學士・李承旨銀臺件直韻〉; 서영보, 『竹石館遺集』 책1, 〈摛院直夜, 酬李洛瑞承旨銀臺直中詩〉[癸丑] 참조.)

138 이서구, 『惕齋集』 권2, 〈銀臺上元對月, 贈件直南元平公轍〉. "皎皎新年月, 流光入禁省, 林木散淸華, 殿宇生虛靚, 眷言同舍友, 惜玆良夜景, 願將氷壺潔, 聊此素心耿."

되기도 하였고,[139] 정조의 명으로 내원內苑에 들어간 날 김조순을 비롯한 각신들과 함께 연구聯句를 지어 성세를 찬양하기도 하였다.[140] 업무 중 이루어진 시이지만, 김조순과 남공철이 각신으로 함께하였던 사실을 확인할 수 있다. 두 사람은 함께 업무를 수행하는 가운데 조정의 문한文翰을 담당하는 관료의 감회를 공유하며 유대감을 형성하고, 그들만의 동지 의식을 다지기 시작하였다. 1796년 늦봄, 공무를 마치고 잠시 한가로운 시간을 보내던 두 사람이 동료들과 수창한 시편에서는 경화사족 출신 각신들 간에 형성된 그들만의 연대감을 확인할 수 있다.

정조는 평소 기곡제祈穀祭 외에, 선왕들의 능묘陵墓나 본궁本宮에 올리는 제례와 관련한 의식도 손수 챙겼다. 1796년 늦봄에는 정조가 규장각에서 함흥과 영흥 본궁에 보낼 의폐衣幣를 친히 살폈다. 다음날 발송을 앞두고 숙직하던 김조순과 남공철, 윤행임, 이시원은 공무를 마친 뒤 시를 수창하며 회포를 풀었다.

김조순은 같은 운자로 두 수의 시를 지었는데, 첫 번째 수에서는 본궁으로 보낼 의폐를 모시는 성스럽고 뜻깊은 왕실 의례를 앞두고, 전날 밤 재계하며 정숙하고 경건한 분위기의 규장각 경내를 묘사하였다. 규장각 안에 숙직하게 된 배경을 먼저 제시한 뒤, 김조순은 밤새 촛불 앞에 모여 앉은 각신 동료들의 시재를 오색 빛을 발하는 찬란한 붓[彩筆]으로 묘사하여 당대 문풍을 주도하던 규장각 각신의 자부심과 동료애를 드러내었다.[141]

139 남공철, 『金陵集』 권2, 〈正月二十一日, 顯隆園誕日, 車駕展謁, 仍和相臣呈韻以下, 與士源景深徐準平[有榘]賡進〉.

140 남공철, 『金陵集』 권2, 〈與徐直學士[有防]·徐汝成[鼎修]·金士源[祖淳] 承召入內苑, 拈韻聯句〉.

이들은 다음날 있을 의폐 전송를 위해 바쁜 하루를 보내고, 늦은 밤이 되어서야 업무를 마치고 쉴 수 있었고, 바쁜 공무를 마친 뒤 한밤중에라도 잔춘殘春의 정취를 느껴보고자 하였다. 다음은 김조순의 두 번째 시이다.

고요하고 찬 봄밤에 술기운도 미미하고	夜靜春寒酒力微
별빛과 사람 소리도 점점 희미해지는데	星光人語漸看稀
맑은 못 가 학들이 한가로이 마주한 채	池淸海鶴閒相對
맑은 이슬 내린 꽃밭에 머물러 있구려	露潔林花宿不飛
강엄江淹처럼 옛 비단 붓 돌려줌을 탄식하고	已歎江郞還舊錦
공연히 손작孫綽의 〈수초부遂初賦〉 떠올리네	空懷孫老賦初衣
여강驪江 일대 새봄 물결 푸르를 텐데	黃驪一帶新波綠
바위 끝 높은 바람 진정 돌아가고 싶구나.[142]	石首風高正憶歸

시의 초반에서 늦은 봄밤의 서늘하면서도 한가로운 분위기를 묘사하였다. 맑은 못과 깨끗한 이슬 내린 꽃밭의 형상화를 통해 맑고 깨끗하기 그지없는 경지를 자아내고 있다. 또한 이처럼 청정의 공간 안에 머문 채 떠나지 않고 있는 학은 더욱 성스럽고 신령스러운 존재로 묘사되고 있다. 맑은 못가와 이슬 덮인 꽃밭은 그야말로 세속의 더러움이라고는 전혀 찾아볼 수 없는 청정의 공간이며, 그 안에 단란하게 머물러 있는 학들은 높은 정신적 경지를 간직한 존재를 상징한다.

김조순은 첫 번째 수에서 동료 각신들의 뛰어난 문재를 칭찬했다

141 김조순, 『楓皐集』 권1, 〈咸興 · 永興兩本宮衣幣將發, 陪駕摛院宿齋, 共諸僚, 次唐人韻, 賦即事〉 2首 중 첫 번째 수. "金鴨都梁煖更微, 仙居持戒漏聲稀, 春浮畫仗深深駐, 雨帶楊花點點飛, 夜氣初凝宣室燭, 月遊遙感沛宮衣, 諸公剩有驚人語, 綵筆爭携鳳沼歸."

142 김조순, 위의 작품 2首 중 두 번째 수.

면, 두 번째 수에서는 훌륭한 동료들 틈에 낀 부족한 자신에 대해 이야기하였다. 경련의 강엄은 꿈에서 오색 붓을 얻은 뒤 문장이 크게 진보하였으나 훗날 붓을 다시 돌려주는 꿈을 꾼 뒤 좋은 시를 짓지 못하였다는 관련 고사의 주인공이다. 김조순은 붓을 돌려준 강엄의 처지를 자신에 빗대어 규장각의 인재들 틈에 끼어있는 자신을 겸손하게 낮추었다. 다음 구절에 나오는 '손 노인이 읊은 젊은 시절 옷[孫老賦初衣]'이란, 중국 진晉 나라 손작孫綽의 〈수초부遂初賦〉를 일컫는데, 초의初衣는 벼슬하기 전 입던 옷으로, 산림에 은거하려던 초심初心을 의미한다. 〈수초부〉는 손작이 산수를 유람하며 마침내 초심을 이루게 되었다는 뜻을 담아 지은 작품이다. 김조순은 훌륭한 문사들 사이에서 부족한 자신의 실력을 한탄한 뒤, 자연스럽게 고향의 자연을 떠올리고, 그의 고향 여주驪州를 관통하는 남한강의 봄 풍광을 노래하며 그리움을 드러내었다.

반면 남공철과 이시원의 시는 김조순과 조금 다른 시상으로 결론을 맺는데, 마치 김조순의 마지막 시 구절에 화답하여 만류하는 듯하다. 다음은 남공철의 시이다.

퇴근 후 오사모 차림으로 숲속에 앉았으니	朝罷烏巾坐翠微
올해 3월 좋은 경치 구경할 날 드물구려	今年三月見晴稀
지는 꽃잎 얼굴 위로 바람 따라 떨어지고	落花撲面因風到
어미 제비 온몸으로 물을 차고 날아가네	乳燕全身貼水飛
붓 가는 대로 쉬이 거장 시축 이루고	信筆無難詞伯軸
훈훈한 향 늘 모시는 신하 옷에 배었으니	薰香不歇侍臣衣
고향의 정원 경치 응당 한창이겠다만	故園景物知應好
크신 은혜 다 갚기도 전 돌아감을 말하랴.[143]	未報君恩敢說歸

시 제목에 언급된 사원士源은 김조순을 지칭하고, 경심景深은 이시원으로, 정조 때 형조판서를 비롯한 주요 관직을 역임하였던 대신大臣 이민보李敏輔의 자제이다. 남공철의 시 수련에서는 퇴근 후 남공철·김조순·이시원이 함께 규장각 인근 숲에서 잠시 한가로움을 즐기는 작시 배경이 더욱 잘 드러난다. 이어서 남공철은 공무로 바쁜 일상을 보내는 가운데 늦게나마 남은 봄의 풍광을 바라보며 그 풍경을 시 속에 담았다. 바람에 흩날리는 꽃잎과 물을 차고 날아가는 제비는 눈앞에 보이는 늦봄의 경물을 즉흥적으로 포착하여 묘사한 것이다. 경련에서는 시상을 전환하여 각신이자 임금을 곁에서 모시는 근신으로 나날을 보내는 자신들의 모습을 돌아보았다. 고심하지 않아도 붓을 놀리면 그대로 훌륭한 시축을 이룰 정도라는 구절은 규장각 신하의 문학적 능력에 대한 자부심이 드러난다. 훈훈한 향[薰香]은 궁중에서 피우는 향을 지칭하는 것으로, 궁중의 어향御香이 옷에 밸 정도로, 상시 임금을 가까이서 보좌하는 근신의 역할을 의미한다. 이 시의 경련은 정조의 정책 수행에 주요한 역할을 하였던 규장각 소속 관료의 삶과 자부심이 잘 드러나는 부분이다. 이러한 자의식에 기반하여, 미련에서는 새봄을 맞은 고향에서 빼어난 산수 경치를 즐기고 싶은 김조순의 마음에 공감하면서도 아직은 돌아갈 때가 아니라며 성은聖恩을 떠올리고, 관료의 직분을 다짐하며 끝을 맺었다. 새봄을 맞이하여 생동하는 자연 경물을 보며 느끼는 즉흥적 감회와 관료로서 지니는 책임감 등의 복합적 정서가 작품 안에 두루 담겨있다. 김조순과 남공철의 시는 새봄을 맞이하여 변화된 궁궐의 풍경과 이를 통해 느끼는 관료의 감성이 포착되는 시로, 같은 시·공간에서 같은 운자를

143 남공철, 『金陵集』 권2, 〈春日, 與士源·景深拈唐人韻共賦〉.

통해 정서를 공유하고, 위로와 권면을 통해 친밀감을 형성하고 있다.

당시 함께 차운시를 지은 이시원의 작품도 남공철과 유사한 방향으로 끝을 맺고 있는데, 경화사족 출신 각신의 동질감을 기반으로 한 연대 의식을 드러내고 있다는 점에서 참고할 만하다. 다음은 이시원의 차운시 두 수 가운데 두 번째 수이다.

규장각의 맑은 밤 희미한 촛불 아래	畫閣淸宵燭影微
둥둥 저자의 북소리 시간 알림도 더딘데	鼕鼕街鼓報籌稀
붓 휘둘러 채색 종이 금쪽같은 시를 짓고	揮來彩箋金聲擲
수창 끝에 맑은 담론 옥가루가 날리는 듯	酬盡淸談玉屑飛
긴 낮 몇 번이나 하사 음식 받들었던가	晝永幾承宣御飯
깊은 밤 되어서야 조복 벗고 쉬게 되니	更深方許卸朝衣
평생토록 거룩한 지우 어찌 다 보답할까	平生恩遇知何報
선대 잇길 노력하여 훗날 함께 돌아가세.[144]	努力前修與共歸

이시원의 시 또한 깊은 밤 규장각을 배경으로 빼어난 문재를 발휘하여 시를 수창하고 고상한 담론을 나누는 각신들의 풍류와 교유 현장을 묘사하는 것으로 시의 전반부를 구성하였다. 이어서 경련에서는 늦은 시간까지 임금의 명을 받들어 고된 업무를 수행하는 신료의 모습과 더불어 빈번히 임금이 하사하는 반상飯床을 받을 정도로 각별한 지우를 입은 신하들이라는 자부심이 함께 묻어난다. 미련에서는 남공철처럼 임금의 은혜에 감격하고 이에 보답한 뒤 귀거래하여 편안한 노년을 함께 누리자며, 왕에 대한 충정과 관료의 책임감을 통해 권면勸勉하는 어조로 마무리를 지었다. 더하여 이시원은 선대를 잇는

144 李始源, 『隱几集』 권1, 〈丙辰暮春, 上爲親傳 兩本宮衣幣齋宿, 內閣諸僚咸集, 拈唐律賦卽事〉 2首 중 두 번째 수.

다前修]는 표현을 사용하였는데, 이는 정조 재위기 대신大臣 중 한 명이었던 이시원의 부친 이민보를 지칭함과 동시에 김조순·남공철의 집안을 아울러 말하는 것으로 볼 수 있다. 대대로 선조들이 조정의 요직에 벼슬하여 임금을 보좌하였던 경화사족 출신 관료이자, 정조가 아끼는 각신이라는 공통분모가 이들 사이의 유대감을 형성하고 관직 생활의 동기가 되는 것을 확인할 수 있다. 이들 모두가 경화사족 출신 각신으로 정조의 각별한 신뢰와 배려를 받았던 문관文官들이었기에 공감대를 형성할 수 있었던 것이다.

오태사가 정조 재위기 규장각 관료로 활동하며 규장각을 배경으로 지은 시는 공통적으로 규장각을 세속의 먼지가 닿지 않는 극도의 청정清淨하고 순결純潔한 공간으로 인식하고 묘사하였다. 이러한 표현은 정조가 그의 문치를 수행하기 위한 거점으로 규장각을 설치하고 각신들을 자신의 측근에 배치함으로써, 정책 수행의 핵심 인력으로 활용하였던 당대의 정치적 분위기와 연관이 있다. 특히 경화사족 출신으로 과거 급제와 동시에 최고의 청직淸職이라 일컬어졌던 홍문관에 이름을 올리고, 초계문신이라는 특별한 혜택을 누렸던 오태사에게 규장각 각신이라는 직함은 큰 자부심이자 특권의식으로 작용하였을 것이다.

오태사는 규장각 관료로 정조 재위기 이루어진 다양한 서적 편찬 작업에 참여하면서 검서관檢書官이자 당대 뛰어난 문학가로 일컬어지는 박제가, 유득공, 이덕무와 교유하여 꽤 오랜 기간 친분을 유지하였다. 남공철은 심상규·이시원과 함께 내각에서 유득공과 시를 주고받기도 하였는데, 유득공의 문집에도 심상규·남공철과 교유하며 차운한 시들이 확인된다는 점에서 이들이 상당한 친분을 지니고 시를 통해 소통하였음을 알 수 있다.[145]

서영보의 문집에도 이덕무, 유득공과 수창한 시가 남아있어 이들의 교유관계를 짐작할 수 있다.[146] 유득공이 김조순과 심상규가 소장한 중국 화가 금농金農의 유묵油墨을 보고 그 감회를 읊은 시를 통해, 고동서화와 같은 당대 문예적 취향을 공유하였음을 알 수 있다.[147] 또 김조순이 검서관으로 있던 유득공의 장남 유본학柳本學과 지은 차운시를 통해 친분이 대를 이어 유지되었음을 알 수 있다.[148] 김조순은 지방관으로 도성을 떠나 있던 박제가에게 시를 부치기도 하였고,[149] 그의 죽음을 애도하며 훌륭한 재능이 쓰이지 못한 안타까움을 표하기도 하였다.[150] 그러나 박제가, 이덕무, 유득공은 출신의 한계로 인해 중앙의 청요직에 오를 수 없었기에 정치적 영향력을 토대로 한 연대를 형성하기는 어려웠다.

그러한 측면에서 오태사는 모두 명문가 자제로서 탁월한 학문적 소양을 지닌 자들만 오를 수 있었다는 홍문록의 요건에 부합하는 자들이었다. 함께 정치적 영향력을 행사하는 높은 관직에까지 오를 수 있었기에 일찍이 이들 간의 연대가 형성되는 것은 자연스러운 결과

145 남공철, 『金陵集』 권3, 〈內閣, 與景深・穉教諸學士, 次柳檢書訓字韻〉, 〈惠甫次沈學士穉教洚字韻寄示, 馳筆以復〉; 유득공 『泠齋集』 권5, 〈內閣校書, 李直學・南・李二直閣・沈待教・三檢書同賦, 次前韻〉 三首.

146 예컨대 서영보의 문집에는 이문원에 숙직하며 이덕무에게 보여준 작품과 검서로 재직 중이던 유득공의 시에 수창한 작품이 수록되어 있다. (서영보, 『竹石館遺集』 책1, 〈直摛院, 示李懋官檢書〉[壬子]; 같은 책, 〈酬柳惠甫檢書〉; 『竹石館遺集』 책2, 〈酬惠甫病裏見寄〉.)

147 유득공, 『泠齋集』 권5, 〈金冬心五百斤油墨歌〉의 竝序, "維揚金農字壽門號冬心, 或稱昔邪居士 …(중략)… 冬心手製墨, 楓皐院閣・斗室學士各藏一丸, 出示余, 感而賦."

148 김조순, 『楓皐集』 권3, 〈次柳檢書本學玉壺乳泉韻〉.

149 김조순, 『楓皐集』 권2, 〈寄楚亭朴齊家〉.

150 김조순, 『楓皐集』 권2, 〈哀貞蕤朴齊家〉.

였다. 정조 재위기 각신으로 활동하며 이룬 오태사 간의 교유와 연대 의식은 이후 순조 대에도 여전히 유지되었으며, 이는 조정의 요직에 올라 영향력을 발휘하게 되는 정치적 행보의 초석이자 기반이 되었다고 볼 수 있다.

이들은 순조가 즉위한 이후에도 규장각 신료의 정체성을 잃지 않고 그들만의 유대감을 지속하였다. 다만 이전에는 정조를 중심으로 한 각신들의 소속감이 주축을 이루었다면, 순조대부터는 국구 김조순을 중심으로 결집함으로써 연대 의식을 형성하였다.

길에서 지나가는 높은 수레 마주치니　道逢高軒過
흰 상아 장식 띠로 둘러 휘황찬란　屛帶白暗暈
여덟 마졸이 구름처럼 금오金烏를 감싼 채 나아가니　八騶擁烏雲
그 기세는 바다로 가는 붕새의 날갯짓 같았지　勢若溟鵬運
뒤따르던 관료들 놀라 바라보며　下僚瞠乎後
감히 소리 들릴까 숨을 죽이네　屛氣不敢聞
뜻밖에 짧은 시간 함께 가마 타게 되니　忽蒙許短驅
반가운 눈길 한 송이 무궁화 같네　青眼爲一槿
우리 함께 堂▣에 올랐던 시절　共是升堂▣
도道 즐기는 안회와 성내던 중유였지　回樂與由慍
…(중략)…
저자 사람 놀라 서로 말하기를　路人駴相傳
무지개처럼 문성文星 찬란하다 하네　文虹動奎分
군자는 온화하며 공손해야 하는 법　君子溫溫恭
우리들 힘써야 할 바를 알고 있다네　吾儕知所奮
상자 속엔 옛날 받은 부채 있으니　篋中舊賜扇
비백체로 군주의 가르침 받들었지　飛白奉宸訓
원컨대 연말의 기약을 말해주어　願言歲暮期

높은 바람 결에 매미 소리 보내주시게.[151] 高風送蟬韻

이 시를 지은 시기가 정확히 명기되어 있지 않지만 사국으로 출근하는 길에 국구 김조순을 만났다는 제목을 통해 보건대, 김조순이 정식으로 영원부원군永安府院君에 봉해진 1802년 이후의 작품임이 분명하다. 이만수도 1801년 수원 유수로서 건릉 개수와 화녕전 완공을 마무리 지은 뒤, 1802년~1804년 사이 거듭 문형회권에 뽑히고 홍문관 대제학을 지내는 등 문단의 종장으로서 승진 가도를 달리고 있었다. 또한 두 사람은 순조 즉위 초에 실록 당상으로서 선왕 정조의 실록 편찬을 위한 교정 작업에 참여하고 있었기에, 이만수가 향하던 '사국'은 실록청을 의미하는 것으로 보인다. 이 시는 순조 초반 두 사람이 임금의 장인 및 문형으로 고관대작의 반열에 들어서기 시작한 시점에 지은 것으로 추정된다.

시의 초반부에서는 길에서 김조순과 마주친 상황을 묘사하고 있는데, 정식 부원군 작호를 받고 더욱 높아진 그의 지위를 짐작할 수 있다. 부원군은 정1품에 해당하기에, 당상관 중에서도 특권을 누릴 수 있었다. 1구의 '높은 수레[高軒]'와 이어진 가마 행렬의 묘사는 국구 김조순의 높은 신분을 짐작하게 한다. 여덟 마졸馬卒들이 가마를 호위하며 앞길을 정리하고, 그 사이로 나아가는 흰 상아로 장식한 가마는 고관대작의 대열에 오른 김조순의 위상을 분명하게 보여준다. 이만수는 길에서 마주친 김조순의 모습을 자유로이 남해南海로 날아가는 붕새에 비유하였다. 주변에 있던 하급 관원들도 모두 놀라 숨을

151 이만수, 『展園遺稿』 권1, 「原集」, 〈赴史局, 道遇國舅, 語到暈字, 一笑而歸, 見示詩軸, 更於求和〉. 이 시에서와 같이 장편시의 시구에 대한 구체적인 분석이 이루어지는 경우, 인용시의 매구에 번호를 매겼다.

죽이는 주변 분위기 묘사는 한층 엄숙한 분위기를 자아낸다.

그러나 7구부터는 화제가 두 사람 사이의 관계로 전환되면서 화기애애한 분위기가 연출되는데, 공무로 바쁜 가운데 우연히 마주친 두 사람의 반가움이 주를 이룬다. 잠깐 이동하는 수레에서 담화를 나누는 동안 반가운 눈빛[靑眼]은 앞서 엄숙하던 분위기와 사뭇 다르다. 이들이 이토록 반가워하는 이유는 다음 구에 이어지는데, 이만수는 옛날 신진新進으로 함께하던 시절을 떠올렸다. 공자의 애제자였던 안회顔回와 자로子路를 자신들에 비유하며 성향은 매우 다르지만 같은 도를 향해 힘쓰고 동고동락하던 동료애를 드러내었다.

후반부인 15구에 이르러 이만수는 다시 시야를 바깥으로 돌려 저자 사람들의 말을 빌려 자신들의 승진昇進에 대한 자부를 완곡히 표현하였다. 16구에서 문운文運을 관장하는 규성奎星이 무지개처럼 오색 빛깔로 찬란하다는 말은 과거 문한의 일을 담당하던 두 규장각 신료가 현재 조정의 고관에 이르렀음을 의미한다. 특히 김조순은 1802년(순조 2) 여러 차례 대제학에 임명되었지만 거듭 사양하였고, 같은 해 이만수도 함께 문형회권 명단에 포함되는 영예를 누렸기에 이를 지칭한 표현으로 볼 수 있다. 마지막으로 이만수는 옛날 군주이자 스승과도 같은 존재였던 선왕 정조의 유훈遺訓을 떠올리며 동료 의식을 되새기고, 앞으로도 군자로서 함께 분발하는 동지가 될 것임을 암시한 뒤, 다음 모임을 기약하였다. 과거 정조 재위기 규장각 관료로 쌓았던 친분을 기반으로 한 연대 의식이 순조대에 조정의 요직에 오른 뒤에도 지속되는 것을 확인할 수 있는 작품이다.

순조 즉위 초반 정조와 각신이라는 공통점을 매개로 한 친분과 연대 의식을 토대로 교유를 지속하였던 이들은 1813~1814년 이루어진 『홍재전서』 교인 작업을 통해 더욱 강화된 결집력을 보인다. 1차적으로 선왕 정조를 추모하고 그 업을 마무리 짓는 국가적인 사업에 참여한다는 영광이 이들에게 있어서 하나의 큰 자부심이기도 하였다. 특히 『홍재전서』 교인 작업 당시 여가에 이루어진 수창시에는 각신들의 자부심과 연대 의식이 강하게 표출되는 작품들이 많다. 다음은 1814년 3월 『홍재전서』를 간행하고, 이어서 1814년 여름 『열성어제』 간행까지 완료한 뒤, 분사分司의 해산을 앞두고 김조순이 감회를 읊은 시이다.

몸과 마음 선왕의 은혜 받들어	身心塵刹奉
일을 살핀 지 벌써 한 해 되었네	董役已年餘
편집과 인쇄의 일 마침내 완수하며	編印功垂就
공사公私 간에 감회도 기록할 만 하다네	公私感可書
종사終事의 일 다시 없을 터이니	知無終事再
우리 모일 날도 드물어짐 어이할까	將奈會時疎
같은 도로 임금 통해 벗이 되었으니	道合通君友
모두가 각자 초심을 간직하였네.[152]	凡人各有初

위 시에서는 『홍재전서』의 편찬 업무 수행을 위해 모두가 한 마음으로 분사에서 1년 동안 함께한 시간을 되돌아보며 그 감회를 읊었다. 1년여의 기간 끝에 『홍재전서』 교인을 완수한 공을 치하하고, 공적 업무를 수행하며 깊어진 친분에 대하여서도 깊은 의미를 부여하였다. 4구는 『홍재전서』라는 선왕의 기록물 편찬과 더불어 그간 이루어진 친분의 기록이라 할 수 있는 『동성교여집』을 의미하는 것이라

152 김조순, 『楓皐集』 권3, 〈列聖御製續印告完, 二十四日, 將進書開局以後, 閣僚與是役者, 夙入暮退, 無日或曠. 余與斗室諸長僚, 五日一赴, 迄今甲戌季夏二十日而止, 朞月周旋, 行將散矣, 聊述抒感〉.

할 수 있다. 그러나 경련에서는 함께 분사에서 업무를 보던 나날도 끝을 맞이하였으니, 이제는 해산하여 각자의 자리로 돌아가게 된 것에 아쉬움을 표하였다. 미련에서는 임금이었던 정조를 통해 신료들이 같은 도를 지닌 붕우朋友와 같은 존재가 되었음을 말함으로써, 『홍재전서』 교인이라는 직무를 매개로 오태사와 선・후배 각신들이 끈끈한 결속과 유대를 형성하였음을 강조하고 있다. 『홍재전서』 교인의 시작과 끝까지 한결같은 마음으로 작업에 임한 정신을 '초심初心'이라 표현하며, 김조순은 이와 같은 마음과 친분이 앞으로도 계속되기를 바라는 뜻을 담았다.

김조순의 시에서 밝혔듯이 정조의 『홍재전서』 교인을 계기로 모인 각신들이 친분을 형성하게 되었다는 측면에서 선왕 정조가 가장 큰 계기가 되기도 하였지만, 이 작업이 이루어질 때 결속의 분위기를 형성하고 주도하는 역할은 오태사의 역할이 컸다. 『동성교여집』 초반에 수록된 시편을 살펴보면, 김조순과 심상규, 김이교는 선임으로서 솔선수범하여 시제와 시운을 제시하며 분사 관원들의 차운시를 유도하였고, 이에 거듭 차운이 이루어지며 점점 다양한 소재와 주제로 수창이 이루어지는 양상을 확인할 수 있다.[153] 김조순은 이용수와 이학수, 정원용에게 개인적 호감을 표현하는 시를 지어줌으로써 선・후배 각신간의 친분을 돈독히 하고자 하였다.[154] 특히 김조순은 정원용에 대한 호감을 자주 표현하여, 유하정의 모임 날 공무로

153 『동성교여집』에 1813년에서 1814년 사이 시기순으로 지은 시가 수록되었다는 점을 감안하였을 때, 『동성교여집』 초반 수록된 시편들 대다수가 오태사 문인들의 주도에 의해 차운이 이루어졌다는 점은 이를 뒷받침하는 근거가 된다.

154 예컨대, 『동성교여집』의 〈立春日偶吟示莊館〉, 〈退歸之路偶因事入院則丹皐纔已赴印所, 獨坐無聊, 書一短句囑院史奉傳可與諸公均賜俯和否〉 등과 같은 작품을 통해 확인할 수 있다.

부재중이었던 정원용을 그리워하는 시를 지을 정도로 그를 각별히 대하였다.[155]

서영보는 겸직으로 분사에 자주 방문하지 못하였지만, 김조순을 중심으로 각신들의 결속을 이끌어내는 역할을 하였다. 어느 날 김조순이 병환으로 출근하지 못하자 서영보가 김조순을 위로하는 시를 지었는데, 이에 분사의 각신들이 연이어 차운하는 단합력을 보였다. 김조순의 생일에도 서영보가 선두에서 축하의 시를 짓자, 모든 분사의 관원들이 차운하기도 하였다.

『동성교여집』의 시작 양상을 살펴보면, 정조 재위기 각신들과 이루었던 갱재시축과 상당히 유사한 측면이 있다. 정조가 운을 제시하면 각신들이 같은 운자와 공통된 주제로 갱재하며 하나의 시축을 형성하던 시작 방식을 그대로 계승하고 있다. 정조와 각신들이 이룬 갱재시 가운데에는 군신간의 화합과 호락을 보여주는 작품들도 상당수 찾아볼 수 있는데, 『동성교여집』에 수록된 시 또한 이들의 친분과 결속, 각신으로서의 자부심을 담고 있는 작품들이 큰 비중을 차지하고 있어 유사성을 띤다. 『홍재전서』 교인이라는 선왕의 업을 마무리하는 중대한 작업 완수와 별도로 『동성교여집』은 순조대 오태사를 중심으로 이루어진 각신들 간의 결속과 화합의 과정에서 이루어진 결과물이었다.

김조순은 위 시에서 앞으로 다시 모이지 못할 것을 안타까워했지만, 『홍재전서』 교인이 완료되고 분사가 해산된 후에도, 이들의 교유는 지속되었다. 특히 1817년 전후 오태사를 중심으로 이루어진 시작

155 김조순, 『楓皐集』 권3, 〈與諸公飮酒流霞亭, 有懷經山〉. 이 시는 『동성교여집』에도 수록되어 있다.

에서 이들의 교유관계가 확연히 드러난다. 1817년 봄·여름에 걸쳐 김조순과 심상규의 정원에서 이루어진 모임은 1813~1814년 있었던 『홍재전서』 교인을 계기로 맺어진 각신 출신 관료들의 결속이 1817년 정점을 이루었음을 확인할 수 있는 근거이다.

1817년 봄부터 여름까지 오태사(서영보 제외)[156]는 심상규의 소원蕭園과 김조순의 옥호정사玉壺精舍, 서대문 인근의 천연정天然亭에서 모임을 열고 친목을 도모하였다. 이 시기에 지은 시도 기본적으로 규장각 각료 출신의 자부심과 동지애가 근저를 이룬다. 다만, 이전에는 각신 동료로서 친밀감의 표현과 정조의 어제를 편찬하는 감회가 주된 시상을 이루었다면, 1817년 모임의 작품에서는 어느덧 재상의 대열에 오른 40~50대 관직자들 모임이라는 높은 자긍심이 한껏 드러난다는 점에서 특기할 만하다. 이는 70~80세에 이른 고위 문신들이 기사耆社를 조직하여 친목을 도모하는 방식과 매우 유사하다.

기로耆老의 모임은 중국 당·송대부터 있었고, 우리나라에서도 이를 본받아 고려 시대부터 이루어진 것이다. 1793년에는 정조가 송나라의 기영회耆英會를 본떠 기사의 신하들에게 잔치를 베풀고 『기사갱재축耆社賡載軸』을 만들기도 하였다. 1817년 김조순·심상규·이만수의 작품을 토대로 살펴본 당시 모임의 양상도 송나라 기영회 및 정조 때 이루어진 『기사갱재축』과 매우 유사하다. 다만, 송나라 때 있었던 기영회耆英會를 비롯하여 역대 이루어진 대표적인 기사가 모두 70세 이상이 되어야 참여할 수 있는 반면, 이 모임의 구성원은 당시 60대였던 이만수를 제외하고는 모두가 4~50대였다. 아직 기로라 칭하기에

156 서영보는 1816년 11월 졸하여, 1817년 모임에는 김조순·남공철·심상규·이만수가 주축을 이루는 한편, 『홍재전서』 교인 작업에 함께 참여하였던 김조순의 族叔 竹里 金履喬가 주요 일원으로 활발히 교유하였다.

는 조금 이른 감이 있지만, 규장각 각신 출신으로 일찌감치 성취한 영달에 대한 자부심과 동료애를 기반으로 기영회의 형식을 빌려 자신들의 모임을 기념하고자 한 것이다. 김조순은 이날 심상규의 소원에서 이루어진 모임에 대해 다음과 같이 기록하였다.

> 정축년 늦봄 7일, 소원에 모여 식사를 하였다. 극옹 이만수 대감이 66세, 竹里 金履喬 숙부가 54세, 김조순이 53세, 소원은 52세요, 江右 金履載 숙부는 51세였다. 寧野 徐俊輔는 48세였으며, 北海 趙鍾永은 47세, 朴宗薰은 45세, 李龍秀는 42세였다. 모두 458세이다. 군자들이 모두 늙었다고 할 만하다. 소원은 두실 심치교의 별칭이다. 조순은 풍고라고 불린다. 풍고가 대략 기록한다.[157]

김조순의 위 소기小記는 심상규의 문집에 실려 있다. 심상규는 김조순의 소기를 기록하며, 남공철도 본래 이 모임의 일원이지만, 당시 총재와 문형을 겸하고 있던 터라 바쁜 공무로 인해 참석하지 못하였음을 덧붙여 밝혔다. 이 기록에는 모임이 이루어진 일시와 장소를 밝힌 뒤, 참여자들의 명단과 함께 연령을 기록하였다. 일반적인 기로의 기준은 7~80세이지만, 김조순은 이 연회의 참석자들이 나름 나이가 들어 노인에 해당한다고 말하였다. 위 기록을 통해 보았을 때, 이 날 이들의 모임이 기로회와 유사한 성격을 지녔음을 알 수 있다. 또

157 심상규, 『斗室存』 권2, 〈邀屐翁・楓皐・竹里・江右・寧野・北海・荳溪, 小莊飮蕭雁園, 屐翁輒爲長篇, 歷序諸人之齒, 楓皐和之. 余亦次韻, 此集獨思潁不與, 以潁方兼冢宰文衡, 適有公事無暇也[丁丑]〉에 실린 김조순의 小記의 내용이다. "丁丑季春七日, 會食于蕭園, 屐翁李成仲丈六十六歲, 竹里叔五十四歲, 祖淳五十三歲, 蕭園五十二歲, 江右叔五十一歲, 寧野徐穉秀四十八歲, 北海趙元卿四十七歲, 荳溪朴舜可四十五歲, 莊舘李子田四十二歲. 總四百五十八歲. 可謂君子盡老矣. 蕭園, 斗室沈穉敎別稱. 祖淳, 號楓皐云. 楓皐少記."

이날 모임의 최고령자인 이만수는 시를 통해 이들이 각신 선·후배 사이로 모두가 고관高官으로 노년을 보내게 된 것을 기뻐하고 축하하였다.

정축년(1817)의 늦은 봄	丁丑之歲維暮春
곡우절의 작은 모임 소원蕭園에서 열렸네	雨中小飮于蕭園
주인 두실(심상규의 호)은 노련한 문단의 거장으로	主人斗室老詞伯
연회 열어 객을 불러 온화한 담소 나누고	開筵速客言笑溫
옥호 거사 풍고(김조순의 호) 옹은	玉壺居士楓皐翁
문원의 종장이자 높으신 국구요	文苑宗匠元舅尊
죽리(김이교의 호) 시랑 가학이 훌륭하여	竹里侍郎詩禮彦
동궁에서 경연한 뒤 높은 수레 타고 가네	銅闈講退過高軒
강우(김이재의 호)의 풍류는 강동江東을 능가하고	江右風流勝江左
국왕 위한 계책 결단 이 시대의 현자로다	謀王斷國稱時賢
네 영감들 나이 엇비슷한 50줄이라	四翁比齒大衍數
1,2,3,4 물고기 비늘처럼 늘어섰네	一二三四如魚鱗
성도의 선관仙官은 호가 영야(서준보의 호)라	成都仙伯號寧野
소매 안 무봉巫峰 구름 타고 왕래하네	朅來袖有巫峰雲
당실 가득 고관들이 훌륭한 시문 짓는데	滿堂峩冠英瓊玖
이날 함께 북해(조종영의 호)의 술잔 기울이네	是日同傾北海罇
두계(박종훈의 호) 문장 봉황 깃처럼 기이하고	荳溪文彩鳳毛奇
가슴 속에 한 폭의 너른 산을 간직했네	胸中一幅平遠山
나의 아우 홍관(이용수의 호) 멋진 자태 빼어나니	吾弟葒舘英玅姿
조정에 늘어선 따오기 중 기상이 으뜸이라네	朝端鵠立氣軒然
네 명의 벗 모두 이미 불혹이 넘었으니	四友俱已過不惑
다수가 52에서 엇비슷하게 나뉜다네	八七五二參差分
나(이만수)는 단명전학사보다 1살 많아	我比端明添一齒
상석을 차지했으니 쇠한 용모 부끄럽네	裒然坐深慙衰顔

우리 나이 모두 합해 458년이요	捻計四百五十八
아홉 노인 온통 취해 몇 순배를 돌렸던가	九老一醉酒幾巡
우리 각자 대로 이 시대를 한껏 누려	吾輩各各享此年
해마다 봄 꽃놀이 끊임없이 이어보세.[158]	年年花下長源源

시의 첫 구에서는 모임이 이루어진 시·공간적 배경 정보를 제시하였다. 1817년 봄의 마지막 절기인 곡우절에 심상규의 정원에서 이루어진 모임으로, 가장 먼저 연회 장소를 제공한 주인 심상규부터 시작하여, 모임의 일원 모두에 대한 찬사를 이어가는 형식이다. 심상규를 '노 사백老詞伯'이라 지칭한 것은 심상규의 지난 이력을 염두하고 한 말이다. 심상규는 1809년 문형회권에 이름을 올렸고, 1811년에는 대제학을 역임한 적이 있으며, 이 모임이 있었던 1817년 2월, 다시 문형회권에 들었다. 김조순에 대해서는 지체 높은 국구의 신분과 더불어 문형을 역임하였던 그의 관직 이력을 거론하며 한껏 추켜올렸다. 김조순은 일찍이 1802년 대제학에 임명되었고, 같은 해 영안부원군에 봉해졌다. 그 다음은 김조순의 두 족숙인 김이교와 김이재가 등장한다. 김이교는 1815년 우부빈객右副賓客에 임명된 이후, 1817까지 줄곧 왕세자의 교육을 담당하고 있었다. 이만수는 김이교가 세자시강원의 빈객으로 예우받으며 궁궐을 왕래하는 모습을 위엄 있게 묘사하였다. 김이재는 김이교의 아우로, 1816년 국정 전반을 총괄하는 비변사 제조로 차출되었고, 1817년에는 예조 참판과 호군護軍을 역임하였다. 이만수는 국정의 주요 사안을 결정하는 그의 직분을 통해 '시현時賢'이라 칭찬하는 한편, 문사로서 지닌 빼어난 풍류까지 중

158 이만수, 『屐園遺稿』 권1, 「原集」, 〈與諸公會飮蕭園〉.

국의 명사들에 못지않다며 극찬하였다. 심상규와 김조순·김이교·김이재 네 사람이 모두 50대였기에, 이만수는 이들을 한 그룹으로 묶어 먼저 서술하였다.

50대 그룹 네 사람을 칭찬한 뒤, 이어서 40대 그룹의 일원을 거론하며 각자가 지닌 뛰어난 재능을 칭찬하였다. 먼저 등장한 사람은 서준보이다. 서준보는 성천 부사를 지낸 이력이 있는데, 십이무봉十二巫峯은 성천에 있는 명소이다. 그의 관직을 신선의 관직에 비유함으로써, 서준보를 세속을 초월한 고상한 존재로 미화하였다. 조종영은 1816년 김이재·박종훈과 함께 비변사 제조가 된 인연으로 이날 모임에 함께 참석하게 된 것으로 보인다. 박종훈은 서화書畫에 재능이 있어 그가 그린 산수화에 심상규와 이만수 등이 시를 지어 품평을 남기기도 하였다.[159] 이용수는 이만수와 함께 월사의 후손이다. 이만수는 친척인 이용수에 대한 친근함을 표하며 『홍재전서』 교인 작업 이후 여전히 각신으로 활동하고 있는 그를 군계일학群鷄一鶴과 같은 존재로 묘사하였다.

마지막 차례는 이 시의 작자이자 최고령자인 이만수이다. 단명전端明展 학사學士는 중국 송나라의 사마광司馬光을 지칭한다. 송나라 원풍元豐 연간에 낙양洛陽에서 부필富弼, 문언박文彦博 등 70대의 연로 문인

159 당시 김조순·이만수·심상규가 박종훈의 산수화에 題詩를 지었고, 이만수와 심상규의 작품은 개별 문집에 수록되어 있다. 심상규는 〈題荳溪學士自畫山水〉 三首의 세 번째 수에서, "거사는 지금 학사의 관직 맡아, 날마다 대궐 조정 오가며 바쁘네만, 가슴 속에 끝없는 산수를 간직했으니, 귀거래에 대하여 물을 필요 없겠구려. [居士今官學士, 日趨紫闥金閨, 胸中無限山水, 無問歸歟未歸.]"라고 평하였다. 이만수도 이와 유사한 평을 남겼다. 본문에 제시된 이만수의 시 구절은 당시 이들이 지은 제시의 평을 가져온 것이다. (이만수, 『屐園遺稿』 권1, 「原集」, 〈題荳溪朴舜歌[宗薰]畫山水扇〉; 심상규, 『斗室存稿』 권2, 〈題荳溪畫扇山水〉 五首, 〈題荳溪學士自畫山水〉 三首 참조.)

13명이 모여 기영회를 결성하고 이를 기념한 초상화를 그렸는데, 이때 최연소자가 사마광이었다. 단명전학사는 당시 사마광의 관직명이다. 기영회 당시 사마광은 64세였고, 1817년 이 시를 지을 당시 이만수는 66세였다.[160] 이만수는 송나라 기영회의 방식을 본떠 참가자 모두의 나이를 합한 총계를 제시한 뒤, 앞으로도 해마다 즐거운 연회를 누리자며 서로의 장수를 기원하는 것으로 시를 마무리하였다.

이날 모임에서 이만수는 위 시를 부채[便面]에 써서 기념으로 삼고자 하였고, 김조순도 이에 응하여 다음날 부채에 시를 써서 화답하였다.[161] 모임의 참가자 9명은 모두 초계문신이자 규장각 신료로서 관로에 진출했다는 공통점을 지녔으며, 이 가운데 6명이 『홍재전서』 교인에도 참여한 인물들이다. 아직 정식 기로의 기준에 이른 것은 아니었지만, 모두가 불혹의 나이를 넘어 기로를 향해 가는 시점에서, 각신 출신으로 문형의 영예를 누리고 재상의 반열에 올라 관료로서 성취를 이룬 문인들이 친목 도모의 일환으로써 주체적으로 기로연의 방식을 재연하는 시를 지어 자신들의 친분을 과시하고 기념하였다는

160 이만수는 자신이 당시 사마광의 나이보다 한 살 많다고 하였지만, 착오였던 것으로 보이며, 실제로는 2년 차이다.

161 이만수가 위 시를 지은 뒤, 김조순과 심상규도 이어서 화운하였다. 김조순의 시 제목에 의하면, 이만수가 먼저 시를 부채에 써서 보여주었고, 김조순도 이에 화답하여 부채에 시를 기록하였다. 김조순과 심상규의 화운시도 이만수의 시와 유사한 구상과 주제를 지닌다. 모임 구성원 각각의 文士로서의 재능과 관료로서의 성취를 칭찬하고, 친분의 표현과 더불어 모임에 대한 자긍심을 표출하였다. 당시 오태사 문인 중 세 사람이 시를 지어 기념하고, 김조순이 小記를 남긴 점에서, 1817년 규장각신 출신 元老들의 모임에서도 이들이 주축이었음을 짐작할 수 있다. (김조순, 『楓皐集』 권4, 〈夜集斗室, 屐翁成長句, 題便面見贈, 明朝和其韻, 亦書便面奉酬〉; 심상규, 『斗室存稿』 권2, 邀屐翁・楓皐・竹里・江右・寧野・北海・荳溪, 小莊飮蕭雁園, 屐翁輒爲長篇, 歷序諸人之齒, 楓皐和之. 余亦次韻, 此集獨思穎不與, 以穎方兼冢宰文衡, 適有公事無暇也〉[丁丑] 참조.)

점이 특징적이다.

본 장에서는 오태사 다섯 문인의 시에서 가장 공통적이고 핵심적인 주제를 이루는 각신의 자부심과 유대감에 대하여 고찰하였다. 다섯 사람은 모두 정조가 자신의 문치 정책을 시행할 인재를 양성할 목적으로 설립한 규장각 신료로 관직 생활을 시작하였으며, 이에 대한 자부심과 소속감이 강했다. 더욱이 과거 급제 직후 초계문신에 발탁된 이력은 이들이 당대 조정에서 촉망받던 인재들이었음을 의미한다. 다섯 문인들은 비슷한 시기 초계문신과 규장각 각신으로 함께 공부와 직무를 병행하며 그들만의 유대감을 형성하였다. 또한 경화사족이라는 출신의 공통점과 선대의 업을 계승한다는 가문 의식도 이후 이들의 연대를 형성하는 데 큰 요소로 작용하였음을 함께 수창한 시를 통해 확인할 수 있었다.

정조대에는 '각신'과 '정조를 가까이서 모신 신하'이라는 자부심이 핵심 요소였다면, 순조대부터는 승진을 통해 높아진 정치적 위상을 보여주는 시가 두드러졌다. 특히, 다섯 사람 모두 순조대에 문형의 직함을 두루 맡게 되면서, 문학과 관련된 직무를 수행하는 관각문인으로서 누릴 수 있는 영예로운 자리에 올랐다는 자긍심이 드러났다.

오태사가 교유 범위를 확장하고 결속을 강화하게 된 가장 큰 계기가 된 일은 『홍재전서』의 편찬이었다. 『동성교여집』에 수록된 시에서 김조순과 심상규는 선임으로서 후배 각신들과의 차운시를 주도하고 우호적 정감을 표현하였으며, 김조순은 『홍재전서』 편찬이 끝나면서도 이 교유가 지속되기를 바라는 바람을 드러내기도 하였다. 『홍재전서』 편찬은 정조의 문집을 완성함으로써 선왕의 유지를 계승하고 마무리한다는 의미를 지니기도 하였지만, 이 작업에 참여한 각신들 간에 정을 돈독히 하고 교유 범위를 확장하는 계기가 되었다.

『홍재전서』 편찬을 마친 이후에도 김조순과 심상규의 정원에서 모임이 이루어지며 각신들의 교유가 지속되었다. 당시의 시편에서는 모임의 일원들이 50~60대에 경재의 지위에 이르렀음을 축하하고 기념하는 화기애애한 분위기를 연출하였다. 특히 모두가 뛰어난 문재를 지닌 각신 출신으로 고관대작의 지위까지 올랐다는 자부심과 동료애를 부각하고 있다. 정조 재위기 활동하던 시절부터 지녔던 규장각신으로의 동질감과 관각문인의 자부심이 이들의 노년기인 순조 대에 이르러서도 지속되고 있음을 보여준다. 그 사이 『홍재전서』 편찬을 계기로 교유관계의 확장이라는 양적 변화와 고관대작으로의 승진이라는 직위의 변화가 있기도 하였지만, 그 안에 담긴 시적 정서와 핵심 주제 의식은 여전히 규장각 신료라는 소속감과 자긍심을 토대로 하였고, 이러한 의식을 근저로 한 동지 의식이 긴 시간이 흐르는 동안에도 이들을 결속하게 하는 주요인으로 작용하였다.

3. 추제시秋題詩의 차운次韻과 관각館閣 생활의 성찰

오태사는 노년기에 다다를수록 노쇠에 대한 서글픔을 토로하고 공유하였는데, 특히 가을은 이러한 감흥이 더욱 촉발되는 계절이었다. 대부분의 자연물이 쇠락해가는 가을의 경관을 바라보며 인간의 노쇠함을 한탄하는 것은 자연스러운 일이었기에 가을은 고금을 막론하고 시인들의 주된 시제가 되었다. 더구나 19세기 초에는 가을의 경물을 소재로 한 추제시秋題詩 창작이 유독 집중적으로 이루어져 하나의 양식으로 자리 잡게 되었고, 오태사도 당대 문학적 경향 속에서 가을을 제재로 한 시를 창작하였다.

다만 오태사가 순조 대에 가을의 감개를 주제로 수창한 시편들은 이들의 관료적 삶의 궤적과 연관성이 있으며, 이를 매개로 그들만의 동질감을 형성하였다는 점에서 주목할 만하다. 『홍재전서』 교인 당시 김조순이 가을의 감회를 주제로 한 시를 창작하고 각신들과 수창한 일이 대표적이다. 본 장에서는 오태사가 가을을 주제로 창작한 시를 중심으로, 이들의 시적 교유와 공감대 형성의 일면을 살펴본다. 또한 19세기 한시의 특징 중 하나인 가을시 창작 경향과 관련하여, 오태사가 가을이라는 제재와 관료로서의 의식을 어떻게 문학적으로 승화하였는지 고찰한다.

1803년 연행사의 임무를 수행하여 북쪽 국경을 향해 가던 이만수는 파주에서 정조의 어제시를 보고 문득 감흥이 일었다.

행궁의 가을 하늘 높고 이슬 맑던 날	行殿秋高玉露淸
선왕께서 기쁜 얼굴로 추수의 일 물으셨지	天顔喜色問西成
옛날 갱가賡歌하던 일 떠올라 시름겨우니	傷心昔日賡歌地
관루의 저녁 뿔피리 소리는 여전하구나.	依舊官樓暮角聲
[어제에 '뿔피리 소리가 익숙하게 들려온다'는 구절이 있었다.][162]	[御製有'慣聽畵角聲']

위 시는 정조가 파주를 지나는 길에 지었던 어제시에 훗날 이만수가 다시 차운次韻한 것이다.[163] 옛날 정조가 파주를 지날 당시 계절이 가을이었는데, 공교롭게도 이만수가 연행을 떠나며 파주를 지나던 때도 가을이었다. 그는 평소 민생民生을 염려하여 매년 친히 기곡

162 이만수, 『屐園遺稿』 권12, 「輶車集」, 〈坡山館敬次壁上御製韻〉.

163 정조, 『弘齋全書』 권5, 〈路過坡州口占〉. "滿野黃雲輦路淸, 吾民秋事十分成, 千軍再駐坡山夜, 慣聽高樓畵角聲."

제를 지내 풍년을 기원했던 정조가 당시 파주의 수확량을 물으며 기뻐하던 얼굴을 떠올렸다. 과거 정조가 행차했을 때 풍년을 기뻐하던 분위기였다면, 이만수가 연행을 떠나며 지은 시에는 쓸쓸하고 처량한 분위기가 감돈다. 어제시 마지막 구절에 등장하는 '뿔피리 소리[畫角聲]'는 예나 지금이나 변함없이 들려온다. 이만수는 정조의 어제시 마지막 구절을 변용하여, 한때 모시던 선왕은 가고 없지만, 이 지역의 풍경과 일상은 변함이 없다는 점을 부각하였다. 1803년은 정조가 승하하고 순조라는 새로운 군주가 즉위한 지 3년째 되던 해였다. 1789년 과거 급제 당시 30대 후반이었던 이만수는 어느덧 시간이 훌쩍 흘러 52세의 판서判書가 되었다. 그는 세월이 빠르게 흘렀음을 깨달으며, 이로 인해 느껴지는 인생에 대한 무상감을 뿔피리를 매개로 표현하였다.

오태사 중 가을에 촉발되는 회포와 정감을 가장 많이 노래한 사람은 김조순인데, 그는 62세에 노년의 가을을 맞이하여 이는 감회를 〈추회秋懷〉 21首로 담아내면서, 유독 가을이라는 계절이 그에게 시적 영감을 돋우는 제재였음을 밝혔다.

> 가을이란 한 해에 한 번 있는 기운으로, 이 기운은 쉽사리 사람을 슬픈 감상에 젖게 만든다. 나는 을유년(1765) 가을에 태어나 지금 병술년(1826)에 이르기까지 총 62번의 가을을 보냈다. 내가 가을이 되면 이 계절이 사람을 감응시킨다는 것을 깨닫고, 가을을 슬퍼할 줄 알게 된 것은 17·18세 때부터이다. 그러니 가을을 슬퍼하며 시를 통해 감회를 읊은 햇수도 대략 비슷할 것이다. 그러므로 나는 근 오십 년 동안 가을이 되어도 슬퍼하지 않거나 슬픔을 시로 읊지 않은 해가 거의 없었다.[164]

164 김조순, 『楓皐集』 권5, 〈秋懷〉 二十一首 [幷序]. "秋者, 歲一有之氣, 是氣也感人易悲.

〈추회〉 21수는 전반적으로 쇠락의 계절인 가을을 맞이하여, 인간 세상의 영고성쇠榮枯盛衰를 떠올리고, 특히 노년기에 이르러 자신의 인생을 돌아보고 성찰하는 내용이 담겨있다. 유독 가을에 예민한 감성을 지녔던 김조순은 성년이 된 이후 가을을 주제로 한 시를 읊지 않은 적이 거의 없다고 스스로 밝힐 정도로 가을의 슬픔을 주제로 한 시를 다작多作하였다.

정조가 김조순에게 하사한 호가 풍고이기도 하거니와, 서영보가 금강산에서 가을 단풍을 이만수와 김조순에게 보냈을 때, 이만수가 김조순을 '풍엽楓葉의 주인主人'이라 칭한 것처럼,[165] 김조순은 유독 가을을 연상시키는 일화가 많다. 그리고 김조순의 가을 시상은 동료들과의 시적 교유에도 영향을 미쳤다. 김조순이 종종 가을의 감회를 읊은 시를 창작하여 동료들에게 화답을 구하였기 때문이다. 이때 이들의 공통적인 화제話題는 노년에 접어든 선비로서 가을의 쇠락衰落을 마주한 슬픔이었다. 다음은 김조순과 서영보가 정원의 가을 풍경을 주제로 유사한 감흥을 읊은 시이다.

[1] 김조순의 시

석류 껍질 틈새 붉은 빛나자 잎은 노래졌고	榴殼明紅榴葉黃
나팔꽃 푸른 덩굴에는 검은 씨앗 맺혔구나	牽牛蔓綠子玄蒼
채색 솜씨 가을바람만큼 기막힐 자 누구랴	染工誰似秋風巧
시인에게 와서 또 살쩍에다 서리 뿌려놓겠지.[166]	吹向騷人又鬢霜

自余生乙酉秋, 經今丙戌, 總得秋六十有二. 然及秋而知秋之能感人而知悲秋者, 自十七八歲始, 悲秋而能託之詩者, 年數亦相似, 大抵近五十年, 秋而不悲, 悲而不詩, 殆無歲而或然."

165 이만수, 『屐園遺稿』 권2, 「答竹石徐太史榮輔書」. "玉壺子卽楓葉主人."

166 김조순, 『楓皐集』 권4, 〈西園屬目有感〉.

[2] 서영보의 시

어찌하면 흰 머리털 다시 노랗게 할 수 있나　幾何皓髮且爲黃
마주치는 후배들도 이젠 노인 되었으니　後輩看看亦老蒼
가을 선비 한없이 시절 경물 슬퍼하며　秋士無端悲節物
원림의 찬 서리를 애써 피해 보려 하네.[167]　林園作意護寒霜

가을로 접어든 정원의 실경을 통해 자연스럽게 일어나는 감흥을 읊은 촉물우흥觸物寓興의 시이다. 김조순의 시에서는 여름이 지나 가을로 접어드는 계절의 변화를 정원 식물의 변모를 통해 실감 나게 보여주고 있다.

석류는 6월에 꽃을 피우고 9~10월에 접어들어 열매가 익는다. 열매가 다 익으면 껍질이 터지며 그 틈새로 붉은 석류알을 볼 수 있다. 김조순은 자신의 석류나무를 아껴 평소에도 이를 가꾸며 시를 읊고는 하였다.[168] 그는 석류 열매가 점점 선명한 붉은빛을 띠어 갈수록 잎은 더욱 노랗게 시들어가는 모습을 바라보며 시절의 변화를 실감하였다. 나팔꽃도 여름인 7~8월에 꽃을 피운 뒤 열매와 종자가 맺히면서 잎과 줄기는 점차 시들게 된다.

단풍이 물들고 낙엽이 지는 일반적이고 관습적인 가을 풍경 묘사가 아니라, 실제 일상에서 접하는 특정 식물의 모습을 세밀하게 관찰하고 포착하였다. 김조순은 3구에서 이러한 사물의 변화를 일으키는 위대한 주체인 가을을 의인화하여 훌륭한 솜씨를 지닌 화가에 비유하였다. 다만 가을바람이 그 재주를 자신의 머리털에도 어김없이 발

167 서영보, 『竹石館遺集』 책2, 〈酬楓翁秋園感懷絶句〉 2首 중 두 번째 수.
168 김조순, 『楓皐集』 권3, 〈盆榴稍有萎葉, 金生昰皓摘去之, 戲賦自廣〉; 『楓皐集』 권4, 〈石榴〉.

휘한다는 점이 안타까울 뿐이다. 그는 선선해진 바람을 피부로 느끼며 가을이 자신의 머리카락에도 서리를 뿌려 하얗게 물들이는 상상으로 끝을 맺었다.

김조순의 시에 화답한 서영보의 시에서도 가을을 맞이하여 느끼는 노쇠함의 서글픔에 공감하였는데, 이처럼 두 문인은 시를 주고받으며 함께 늙어가는 처지의 동질감을 형성하였다. 그는 젊던 후배들마저도 이제는 머리가 희끗희끗하게 센 모습에 놀라며 자신의 늙음을 더욱 실감하였다. 서영보는 가을바람이 재주를 부려 머리를 하얗게 채색하는 것이라면 다시 노랗게 칠하는 방법도 있지 않겠냐며, 김조순의 상상에 부합하는 재치 있는 발상으로 화답하였다. 그렇다면 자신은 어떻게든 원림에 내리는 찬 서리를 피해 보고 싶다며 시상을 마무리하였다.

서영보의 시 3구에 '추사秋士'라는 시어가 등장하는데, 이는 가을의 경물 한가운데 존재하는 선비로서의 자의식을 표출한 것이다. 18세기 이후부터 가을의 경물과 감성을 노래한 시가 많이 창작되어, 추류秋柳·추초秋草·추화秋花·추충秋蟲 등 '가을'를 제목으로 하는 추제시秋題詩의 수창이 유행하였다. 가을꽃과 가을 채소까지 다양한 가을 경물과 사물 등 시적 대상으로 삼는 소재의 폭이 확대되었다. 또 일회성 창작에 그치지 않고 연작시連作詩 형태의 창작이 이루어지기도 하여, 이전 시대와 비교해 더욱 심화·확대된 가을의 감성과 창작 양상이 확인된다.[169] 정원의 가을 경물을 묘사한 김조순의 위 시에 등장하

169 秋題詩는 18세기 중반 이후 유행하기 시작하여 자하 신위와 유산 정학연 등 19세기 문인들 사이에서 더욱 뚜렷하게 확산되었다. 19세기 추제시 창작 경향에 대하여서는 신익철과 이철희의 연구를 참조할 수 있다. (손팔주, 「紫霞의 〈後秋柳詩〉 研究 -漁洋詩와 比較를 중심으로-」, 『수련어문논집』 9권, 수련어문학회, 1982; 신익철,

는 석류나무와 나팔꽃도 이러한 당대 관심사와 일맥상통한다. 특히 심상규는 가을에 피는 화훼와 채소를 제재로 한 작품을 남길 정도로, 가을의 자연물을 소재로 한 시 창작에 적극적이었다.[170] 그리고 19세기 추제시는 다양한 가을 경물의 소재를 제재로 삼으면서 대체로 '추사秋士'라는 지식인으로서의 자의식을 담고 있다는 점이 특징적이다. 그리고 이러한 당대 문예적 경향 속에서 오태사의 가을시는 그들의 관직 생활과 밀접한 관련이 있다. 그들이 가을의 감회를 읊은 시에는 한 사람의 인간이자 관료로서 보낸 지난 세월을 돌아보고 현재 자신의 위치를 되짚는 성찰의 태도가 포착된다. 그리고 앞으로 남은 인생에서 나아갈 방향성에 대한 고민까지 두루 담아내고 있으며, 이러한 의식의 흐름 가운데 귀거래의 지향을 함께 드러내기도 하였다. 김조순은 가을날 쓸쓸한 감정이 일면 업무 중에도 동료들에게 시를 지어 보내며 울적한 마음을 털어놓았다. 다음은 김조순이 이만수에게 보낸 시이다.

서쪽으로 해는 금방 흘러가고	西景易流徂
붉은 단풍 떠나고픈 이 마음을 울리네	丹葉鳴遐心
멈춘 구름에 서글픔이 맺혔으니	停雲結怊悵

「詩選集『鮮音』과 丁學淵 가을 연작시의 정서」, 『藏書閣』 13, 한국학중앙연구원, 2005; 이철희, 「유산(酉山) 정학연(丁學淵)의 추제시(秋題詩)와 추사(秋士)의 자의식」, 『인문과학』 54, 성균관대학교 인문과학연구소, 2014; 이철희, 「유산 정학연 '秋題詩'의 양식적 연원과 특성」, 『大東文化硏究』 92, 성균관대학교 대동문화연구원, 2015.)

170 심상규는 가을 정원의 화훼를 읊은 시 〈雜咏秋園花卉〉 30首에서 '玉簪', '萱花', '石竹' 등을 읊었고, 가을 채소를 읊은 시 〈雜詠秋蔬〉 15首에서는 '배추[菘]', '갓[芥]', '박[瓠]', '토란[芋豆]' 등 9~10월의 제철 채소들을 제재로 하였다. (심상규, 『斗室存稿』 권4.)

나의 벗은 지금 동쪽 숲에 있겠지	我友在東林
띠풀 정자 외진 곳에 깨끗할 테고	茅亭僻以潔
그윽한 감상에 이보다 심오한 것 있을까	幽賞玆焉深
두 해 동안 군사를 관장해왔지만	兩歲起領賦
다스림은 흠모하던 바 아니었으니	所治非所欽
늦가을에 사직하고 이 몸 편히 누이면	殘秋引告臥
밭두둑 국화가 찬 산에 아래 피어있고	畦菊映寒岑
그림과 서적 맑은 서재에서 끌어안고	圖書擁坐淸
아이처럼 고금의 역사를 헤아리겠지	兒子商古今
오래전부터 관복 벗을 뜻을 품었으니	夙昔掛冠志
응당 귀거래의 노래 이루어야 하리.[171]	應成歸去吟

직려는 관원들이 숙직을 서는 곳으로, 오태사는 숙직을 서며 무료할 때나 고민이 있을 때 시를 지어 종종 무료함과 시름을 해소하였다. 김조순은 가을의 소슬한 기운 속에 문득 떠나고픈 감회가 일자 원림에서 한적함을 누리고 있을 벗이 그리워졌다. '군사를 관장했다[領賦]'는 표현을 통해 이 시의 창작 시기가 순조가 즉위하고 김조순이 훈련대장의 직위를 맡고 있을 때임을 알 수 있다. 훈련대장은 국가의 병권兵權을 쥐고 있는 것과 마찬가지라 오히려 정치적으로는 그의 영향력이 가장 지대하던 때였다. 김조순은 현재 자신의 모습과 지향하던 삶의 괴리를 느끼고 귀거래를 이루고 싶은 꿈을 드러내었다. 그는 가을날 한가로이 전원의 국화를 바라보며, 그림과 서적 감상에 시간 가는 줄 모르는 삶을 상상하였다. 이에 대해 이만수도 화답하여 공감을 표하고 김조순의 울적한 마음을 위로하였다.

171 김조순, 『楓皐集』 권2, 〈直廬感秋賦呈屐翁〉.

당당하던 젊은 시절 세월 지나고　　堂堂送日月
애태우는 지금 이 마음을 살펴보니　　耿耿觀此心
병든 몸은 찬 겨울의 매미와 같아　　病軀如寒蟬
위태로이 궁궐 숲 나무 붙들고 있네　　依依抱宮林
오늘 아침 옛 벗의 편지 받고　　朝枉故人書
문득 가을이 깊었음을 깨달으니　　忽驚秋已深
처음에는 그리움을 말하였고　　上言寄相思
그 뒤에는 뜻한 바를 더욱 다졌구려　　下言敦夙欽
높은 수레와 필마 타고 지내면서　　高車與駟馬
연속된 근심이 높은 산처럼 쌓였으니　　澒洞憂齊岑
도잠은 과연 어떤 사람이었나　　元亮果何人
지난날은 잘못이요 지금은 옳다 하였네　　昨非方是今
장차 노란 국화 가지를 꺾어서　　願將黃華枝
공이 읊은 반악의 시에 드리고 싶네.[172]　　肅公潘省吟

이만수는 세월이 흘러 노쇠해진 자신들의 모습을 약해진 겨울 매미에 비유하였다. 한없이 약한 존재인 겨울 매미가 궁궐의 나무를 겨우 붙들고 있는 위태로운 상황을 연출하여 힘겨운 관직 생활을 대변하였다. 또 그는 두보杜甫의 시 '근심의 끝이 종남산과 가지런하여, 연속되는 근심을 걷을 수가 없네.[憂端齊終南, 澒洞不可掇.]'[173]라는 구절을 차용하여, 김조순의 높은 관직과 작의만큼 연속된 걱정과 시름이 산처럼 쌓였음을 걱정하였다. 이어서 그 또한 도잠陶潛과 〈귀거래사歸去來辭〉의 명구名句를 떠올렸다. 그는 '길을 잘못 들긴 했어도 아직 멀리 벗어나지는 않았나니, 지금이 옳고 지난날은 잘못된 것 깨달았

172 이만수, 『屐園遺稿』 권1, 「原集」, 〈楓翁寄示直廬感秋詩和呈〉.
173 두보, 『杜少陵詩集』 권4, 〈自京赴奉先縣詠懷〉.

네.[寔迷途其未遠, 覺今是而昨非.]'라고 한 구절을 인용하여, 벼슬을 내려놓고 귀거래를 지향하는 김조순에게 소망하는 바를 실행에 옮길 수 있도록 권면하였다. 끝으로 이만수는 김조순이 보낸 시를 가을의 슬픈 감회를 읊은 반악潘岳의 〈추흥부秋興賦〉에 비유하였다. 반악은 〈추흥부〉에서 몸이 구속당하는 벼슬살이를 비유하여, "연못 속의 물고기와 새장 속의 새가 강호와 산림을 생각하는 것과 같다.[譬猶池魚籠鳥, 有江湖山藪之思]"라고 한탄하였다. 김조순이 생애 전반에 걸쳐 읊은 가을의 감흥과 삶의 지향은 반악의 작품에 담긴 뜻과 매우 유사하다. 이렇듯 김조순의 가을 시를 매개로, 오태사는 관리로서 공무에 열중하는 사이 흘러가 버린 세월에 대한 감개에 공감대를 형성하고 서로를 위로하였다.

김조순이 가을이라는 계절에 유독 회한悔恨의 감개를 느꼈던 것은, 누구보다 빠른 출세 가도를 달려 일찍이 국구라는 높은 지위에 이르게 된 그의 인생 궤적과도 관련이 있는 듯하다. 뜻하지 않은 영예를 누린 끝에 오는 허무감과 같은 정서가 그의 내면 의식 한편에 자리하였으며, 이는 가을이라는 계절감과 마주하였을 때 더욱 극대화되어 시 창작의 형태로 이루어졌다.

이 세상 어지러운 일들 모두	此世紛紛事
무성했다 시드는 가을 풀과 같으니	榮枯草一秋
뜻밖의 영예 나와 어찌 상관있으랴	不虞寧己與
단호하게 범인凡人들과 다른 것을 구하리	索性異人求
지난 세월 맘에 맞는 사람 드물었고	閱歷稀青眼
빠른 영달이 내 젊은 시절 그르쳤네	飛騰謬黑頭
한탄스럽구나! 책 속에 이미	所嗟書卷裏
옛 성인이 남긴 염려가 있거늘.[174]	前聖有遺憂

62세의 김조순은 자신의 삶을 되돌아보며, 남달리 빨랐던 출세와 더불어 뜻밖의 영예를 얻어 남들이 부러워할 만한 자신의 인생이 되려 자신을 그르쳤다 말하였다. '빠른 영달[飛騰]'이라 함은 1785년 21세의 젊은 나이로 과거에 급제한 뒤, 정조의 지우를 입어 관료로서 활동한 것을 말한다. 중간에 몇 차례 굴곡이 있긴 하였지만 김조순은 안동 김씨 명망가의 후손으로 처음부터 정조의 신임과 기대를 받았으며, 순탄하게 경재의 자리까지 올랐다. 더구나 그는 순조의 장인으로 뜻하지 않았던 영예까지 누렸으니, 명예와 이익을 추구하는 일반 사람들이 보기에는 더할 나위 없이 부러워할 삶이었다. 그러나 그는 시에서 무성하게 생장하던 초목들이 가을에는 결국 다 시들어버리는 자연의 이치를 떠올리며, 모든 부귀영화가 부질없다는 공허함에 잠기고 회한의 심정을 내비쳤다. 경련의 '희稀'와 '류謬'는 지난 삶에 대한 부정적 인식이 느껴지는 표현이다. 겉으로 보기에 남부럽지 않은 김조순의 영달한 인생이 그에게는 또 다른 허무감으로 다가왔음을 알 수 있다.

무엇보다 김조순의 4대조인 김창집金昌集이 신임사화로 화를 당하여 그의 집안은 한동안 큰 어려움을 겪었다. 선대의 일을 통해 김조순은 영달榮達이란 한순간에 무너질 수 있음을 누구보다 잘 알고 있었다.[175] 그가 느낀 공허함과 회한의 저변에는 지금 누리는 영예 또한 한순간의 실수로 사라질 수 있다는 두려움과 부귀영화가 본디 덧없

174 김조순, 『楓皐集』 권5, 〈秋懷〉 21首 중 세 번째 수.

175 이와 관련하여 김조순은 딸 순원왕후에게 부유하고 귀한 자리에 있을수록 작은 실책으로 인해 재앙을 맞게 되고 형제와 집안에까지 화가 미칠 수 있음을 염려하며, 이를 지키기 위한 방도로 항상 언행에 신중할 것을 경계하기도 하였다. (신익철·조융희 외 역, 『수향편』 247~255쪽 참조)

는 허상에 불과하다는 의식이 자리하고 있었을 것이다.

그는 〈추회〉 21수를 읊던 62세가 되기 전, 49세를 맞이한 해에도 가을의 감회를 읊으며 그동안의 삶을 되돌아보고, 점차 노년에 접어드는 심정을 노래하였다. 마침 그가 49세이던 이때에 한창 『홍재전서』 편찬으로 각신들과 잦은 시회가 열렸다. 김조순은 이백李白의 〈심양자극궁감추작尋陽紫極宮感秋作〉에 차운하여 심상규를 비롯한 각신들과 공유하였다.

자극궁은 심양(현現 강서성江西省 구강시九江市 심양구潯陽區)에 위치한 노자老子의 사당祠堂이다. 〈심양자극궁감추작〉은 이백이 49세 되던 해 자극궁에 머무르며 가을의 감회를 읊은 시이다. 이백은 이 시에서 『회남자淮南子』의 "거백옥은 50세가 되었을 때 49년간 잘못 살아왔음을 알게 되었다.[蘧伯玉年五十, 而有四十九年非.]"라는 구절을 차용하여, "지난 49년의 잘못, 이미 지나가 돌이킬 수 없다네.[四十九年非, 一往不可夏.]"라고 그동안의 인생에 대한 성찰과 회한을 읊었다. 이러한 의식은 이백의 순탄하지 않은 관직생활로 인한 실의와 좌절에서 비롯된 것이었다. 또한 "도잠처럼 귀거래 할 것이니, 전원 집엔 술도 거의 익었겠구나.[陶令歸去來, 田家酒應熟.]"라고 하며 귀거래 지향 의식을 드러내는 것으로 시상을 끝맺었다. 지난날의 잘못을 바로잡는 방법으로 전원으로 돌아가는 삶을 선택한 것이다.

결국 이백이 읊은 〈심양자극궁감추작〉의 핵심 주제는 '가을과 노쇠함의 슬픔', 그리고 '지난 삶에 대한 성찰과 정치적 실의失意에 대한 한탄' 및 '전원으로의 회귀回歸'라고 볼 수 있다. 이후 한韓・중中의 문인들은 이러한 원시原詩에 담긴 시의詩意를 그대로 수용하여, 대체로 50대 즈음 그간의 삶을 돌아보며 과오를 반성하고 후일을 기약하는 시를 지었다.[176] 특히 소식蘇軾과 황정견黃庭堅이 이 시에 차운하면서, 조선에서는 신숙주申叔舟부터 이황李滉·신흠申欽·김상헌金尚憲 등 많은 문인이 차운하였다.[177] 김조순의 차운시도 이에 부합한다.

청년 때는 미처 알지 못하고	青年竊未揆
독서하며 이름 떨칠 뜻 품었건만	劬書期汗竹
백발이 되도록 이룬 것은 없고	白首無所成
후회될 일들만 정녕 떠오르네	尤悔寧可掬
서늘한 바람 나의 옥호에 불어오니	凉飆嘘玉宇
애타는 맘 고독한 영혼을 감싸네	耿耿抱靈獨
밝은 달은 새벽에도 기둥을 환히 비춰	晴月曉滿楹
산속 정자 머물던 나 전송해주네	送我山間宿
한바탕 큰 꿈 아직 다 깨지 못하였다만	大夢雖未覺
의심할 것 없는데 또 무엇을 점치리오	不疑又何卜
고인은 멀리 벗어나지 않음을 중시했으니	古人貴不遠
오늘은 어제보다 더 회복해야 한다네	今是昨猶復
훌륭한 말도 내달리면 끝내 넘어지고	良馬馳終蹶
기운 그릇은 비었으니 뒤집힐 일 드문 법	攲器虛尠覆
지나온 49년의 세월 동안	四十九年內
애쓰다 보니 참으로 익숙해졌네.[178]	俯仰諒已熟

김조순은 이 시를 통해 지난 49년의 관직 생활을 돌아보며 보고

176 이백의 〈尋陽紫極宮感秋作〉에 담긴 주제 의식과 조선 문인들의 수용 양상은 다음 논문을 참조하였다. (余小活, 「韓國朝鮮時期文人對李白《潯陽紫极宮感秋作》的接受研究」, 四川師范大學 中國古典文獻學 碩士學位論文, 2021, 13~20쪽.)

177 이에 대한 상세한 내용은 전명순(2020)의 연구를 참조할 수 있다. (전명순, 「朝鮮前·中期 文人의 次韻詩 考察 -이백 〈尋陽紫極宮感秋作〉시에 대한 차운시를 중심으로-」, 『중국인문과학』 75권, 중국인문학회, 2020.)

178 김조순, 『楓皐集』 권3, 〈山齋夜坐, 次李供奉紫極宮感秋韻, 今年正四十九也〉. 동일한 작품이 『東省校餘集』에도 실려 있다.

느끼고 깨달은 점들에 대해 말하였다. 젊은 시절 장대하던 포부와 원대한 계획과 달리, 지금 무엇 하나 이룬 것이 없고, 세월만 흘러 어느덧 노년으로 접어든 것에 대한 회한도 담겨있다.

9~10구에서 그는 49세가 된 지금도 한바탕 큰 꿈에서 다 깨어나지 못해 완전한 깨달음을 얻은 경지에 이르렀다고는 할 수 없다고 하였다. 이는 아직 완전히 죽음을 앞둔 노년에 이르지는 않았지만 그래도 반백 가까이 살며 겪은 시행착오를 통해 조금은 깨달은 것들이 있다는 겸사謙辭로 볼 수 있다. 지난 과오를 성찰하며 적어도 같은 실수를 반복하지 않을 수 있다는 확신의 표현이기도 하다.

13구에서는 명마가 타고난 기량을 믿고 내달리는 도중에 넘어질 수 있다는 비유적 표현을 통해, 훌륭한 재량을 지닌 인재가 큰 뜻을 품고 호기롭게 나아가다 외려 큰 시련을 겪게 될 수 있음을 경계하였다. 14구의 '기기攲器'는 주周 나라 때 임금을 경계하기 위해 곁에 두는 그릇 모양의 기구를 가리키는 것으로, 물이 모자라면 기울고 가득차면 엎어지지만, 적당한 양을 담으면 반듯하게 놓여 중용中庸를 지키도록 한 것이다. 이언적李彦迪의 『구경연의九經衍義』에서는 기기에 대한 설명에서 자만自滿하지 않고 항상 조심하는 겸퇴謙退를 미덕으로 제시하였다.[179] 기기의 원리는 곧 '과유불급過猶不及'과 같은 맥락으로 이해할 수 있는데, 김조순은 차라리 그릇이 비어있는 상태가 더욱 낫다는 견해를 보였다. 과도한 의기와 열정으로 돌진하는 것보다, 마음을 비우고 더욱 조심해서 나쁠 리 없다는 의미로 해석된다. 이는 선대에 있었던 그의 가문에 관한 일에 더하여 그간 김조순이 관직자로서 경

179 權鼈, 『海東雜錄』, 「本朝」 3, 〈李彦迪〉. "攲器古之宥坐之器, 聖帝明王未嘗不以盛滿爲戒, 嘗置此器於座側, 以自警省, 蓋欲知挹損之道, 而不至於滿而覆也. 禹之不自滿暇, 文王之小心翼翼是也[九經衍義]."

험하고 느낀 바를 『홍재전서』 편찬에 참여한 후배들에게 조언한 것이라 볼 수 있다.

다만 김조순의 차운시는 이백의 원시와 달리 전원으로의 귀거래와 은거를 대안으로 제시하기보다는 앞으로 관료로서 더욱 신중하고 경계해야 한다는 교훈 제시에 중점을 두고 있다. 당시 김조순과 각신들이 관직생활의 실패와 불우함을 겪는 상황이 아니었기에, 과거의 삶을 성찰하되 모든 것을 버리고 은거를 결심할 필요는 없었기 때문이다. 이백의 시상을 수용하되, 성찰의 내용과 방향성에서는 차이를 보인다.

김조순의 위 시에 이어서 여러 각신들이 차운시를 지었는데, 특히 심상규가 김조순의 마음에 깊은 공감을 표하여, 오랜 시간을 함께한 두 사람 간에 형성된 특별한 동질감을 확인할 수 있다.

> 8월 16일 비가 그친 저녁, 풍고 선생이 옥호정사에 갔다는 이야기를 들었다. 마침 나도 무료하여 베개에 누워 문득 잠자리에 들었는데, 한밤이 되어서야 깊은 잠에서 깨어보니, 이미 달빛이 대숲을 환히 비추고 있었고, 새들도 거의 잠들어 있었다. 몸을 일으켜 뜰 안으로 걸어갔는데, 시를 지어 풍고 선생에게 축하하는 뜻을 부치고자 하였으나 하지 못하였다. 그리고 동성東省에 들어와 그날 밤 선생이 지은 시를 보게 되었는데, 흡사 옛날에 이른바, '이것이 바로 내 마음속 생각이다.'라고 할 만했다. 마침내 내 부족함을 무릅쓰고 차운하여 드린다.[180]

심상규는 김조순의 시에 차운하며 당시의 정황을 부연하였는데,

180 심상규, 『斗室存稿』 권2, 〈疊呈楓皐〉. "八月十六日雨竟夕, 聞楓皐先生往玉壺山墅, 謂當無聊, 亦自索枕便睡, 比夜深睡覺, 月已映竹, 宿禽可數, 起步庭中, 意欲作詩寄賀而未果, 圕入東省, 見先生伊夜所爲詩, 殆古人所謂'吾腹中意', 遂忘遲拙, 次韻奉寄."

그가 밝힌 내용에 의하면 이 시를 지은 당시는 김조순의 탄일誕日인 8월 23일을 며칠 앞둔 시점이었다. 김조순과 그는 각자의 원림에서 한가로운 시간을 보내고 있었다. 한밤 중 대숲 위로 밝은 달빛이 쏟아지는 가을밤의 적막하고도 청량한 정경 속에서 심상규는 문득 옥호정사에 있을 김조순을 떠올리고 시심詩心이 일었다. 이후 동성東省에 출근한 심상규는 같은 날 밤 김조순이 옥호정사에서 지은 〈심양자극궁감추작〉의 차운시를 보고 자신이 그날 느낀 감흥과 일치함에 감탄하였다. 두 사람이 각자 떨어져 있었음에도 불구하고, 같은 날 가을밤의 풍경을 바라보며 동일한 심상心想을 떠올린 것이다. 심상규는 〈첩정풍고疊呈楓皐〉에서, '나의 심금을 그대가 먼저 연주했으니, 그대 둔 바둑 내가 복기復棋할 필요 없네.'[181]라며, 김조순이 이백의 시에 차운하여 표출한 시의가 결국 자신의 뜻과 합치됨을 피력하였다. 심상규는 김조순보다 한 살 적은 나이로, 두 사람은 비슷한 연령대의 각신 동료이자 오랜 시간 정치적 동지로 함께하였다. 그러므로 심상규는 누구보다 김조순의 마음에 깊이 공감할 수 있었을 것이다. 심상규는 또 다른 한 수를 지어 자신의 생각을 보태었다.

사락사락 지면 위 낙엽은 말라가고 摵摵卷地葉
솨락솨락 대숲은 바람결에 우는데 聶聶鳴風竹
밤중 항아리엔 등불이 절반만 걸렸고 宵缸燈半穗
새벽 침상에서 달빛을 한 움큼 쥐네 曉枕月一掬
근심이 비롯되는 곳을 모르겠으니 不知憂所自
많은 회포 그윽하고 고독함이 거듭되네 殷懷耿幽獨

181 심상규, 『斗室存稿』 권2, 〈疊呈楓皐〉. "我琴君已彈, 君棊我無覆."이 시는 『東省校餘集』에도 수록되어 있다.

나와 그대 생각 하나처럼 같은 마음이라　念彼同心子
함께 잠들지 않아도 같은 꿈을 꾸는구려　同夢不同宿
같은 꿈을 꾸는 것 의아하지 않으니　同夢非所疑
함께 잠든다고 쉬이 ▣함은 아니라네　同宿未易▣
우리는 문한文翰을 생업으로 삼고자 하여　願言生脩翰
천 리를 날마다 왕복하였고　千里日往復
다듬지 않은 옥돌도 달게 여겼건만　璞玉甘不剖
우물 덮을 가림막조차 없어 근심하네　井水慮無覆
참으로 괴로운 이 마음을 나도 아니　此心知良苦
나를 위한 계책 응당 익숙해져야 하리[182]　爲我計應熟

심상규는 관료로 보낸 지난 세월을 돌아보며, 천 리 길도 멀다 않고 내달리며 힘썼던 과거를 회상하였다. 그러나 50세를 앞둔 지금껏 이룬 것은 없고, 자신의 안위조차 보장할 수 없는 위태로운 상황의 연속이었음을 고사를 활용하여 비유적으로 표현하였다. 13구의 박옥璞玉은 가공하지 않은 상태의 옥돌을 지칭한다. 훌륭한 원석原石이지만 가공의 과정을 거쳐야 비로소 아름다운 보옥寶玉으로 거듭나게 된다. 옛날 춘추시대春秋時代 초楚나라 변화卞和가 박옥을 여왕厲王에게 바쳤지만 여왕은 가짜로 의심하며 그의 왼발을 베었다. 박옥은 이 돌을 안고 3일간 피눈물을 흘렸는데, 이후 문왕文王이 옥인玉人을 시켜 가공하게 하자 과연 보옥이었다는 고사가 있다. 심상규는 가공의 상태를 거치지 않은 박옥처럼 자신이 거칠고 험한 일도 마다하지 않고 관료로서 몸을 사리지 않았음을 말하고자 한 것이다.

14구에서 우물 덮을 가림막이 없음을 근심한다는 것은 팽조彭祖가

182 심상규, 『斗室存稿』 권2, 〈楓翁次太白紫極宮詩韻見寄, 仍復和之〉.

우물을 들여다볼 때, 큰 나무에 자기 몸을 묶고 수레바퀴로 우물을 덮은 다음에야 보았다는 고사를 말한 것이다. 위 시에서 우물을 덮어 떨어짐을 방지할 안전장치조차 없음은 그만큼 불안한 가시밭길 같은 관직자의 삶을 의미한다. 이는 앞서 김조순이 백발이 되도록 이룬 것은 없고 후회될 일들만 떠오른다고 허탈해하며 자신의 심정을 "훌륭한 말이 내달리다 끝내 넘어졌다[良馬馳終蹶]"라고 비유한 것과 유사하다. 두 사람이 '가을'이라는 계절적 특성과 '40대 후반'이라는 인생의 기점을 토대로 공감대를 형성하고 있음을 확인할 수 있다. 끝으로 심상규는 앞으로 남은 노년을 위한 방향성에 대해서도 진지하게 고민해야 함을 토로하였다.

당시 이만수는 『홍재전서』 편찬에 공식적으로는 참여하지 않았지만, 과거 정조실록 및 어제 정리 작업에 참여했던 이력과 오태사의 친분을 바탕으로, 함께 수창한 시가 『동성교여집』에 수록되기도 하였다. 이만수는 한강 이남의 별서인 금호정사琴湖精舍에 머무르며 〈자극궁감추시紫極宮感秋詩〉에 차운하였는데, 이만수는 당시 이미 62세였지만 시에 담긴 뜻은 김조순·심상규과 유사하다.

…(전략)…

옛사람은 50줄에 깨달음을 얻었건만	古人五十悟
지금 나는 육순이 되도록 (과오를) 반복하니	今我六旬復
전광석화 같은 일평생 어찌나 바빴던가	石火一何忙
병 속의 물 엎어진 지 이미 오래됐네	甁水久已覆
구당협에서 성인이 교훈을 남겼다만	瞿塘有聖訓
조심조심 배 모는 일 능숙하지 않았네.[183]	愼無操舟熟

183 이만수, 『展園遺稿』 권1, 「原集」, 〈琴湖精舍, 次李供奉紫極宮感秋詩韻〉.

구당협瞿唐峽은 중국 사천성泗川省의 협곡으로, 험한 지형과 거센 물살로 지나는 배들이 자주 전복되어, 벼슬길의 난관을 비유할 때 흔히 언급된다. 이만수는 거백옥이 50세에 49년의 과오를 깨달았다지만, 그에 반해 자신은 60세가 되도록 같은 잘못을 반복하고 있다며 한탄하였다. 이만수는 그동안 바쁘게 살아온 과거를 돌아보며 전광석화같이 흘러가 버린 시간을 탄식하기도 하였다. 당시 이만수는 평안도 관찰사로 재임 중 일어난 홍경래의 난에 대한 책임으로 견책을 받고 삭직된 후, 금호정사에 은거 중이었다. 병 속의 물이 이미 뒤집혔다는 표현은 그가 최근 겪었던 시련을 의미하는 것으로도 볼 수 있다. 그는 자신의 경험을 토대로 구당협의 교훈을 떠올리고, 항상 거친 협곡 위를 지나는 배처럼 더욱 신중하고 겸손해야 한다며 스스로 다짐하듯 시를 마무리하였다.

김조순은 이백의 시에 차운하여 그간의 삶을 성찰하고, 또 〈추사秋思〉를 지어 재차 가을의 정경 속에 저물어가는 인생의 서글픔과 '유종有終'에 대한 고민을 드러내었다. 특히 이 시를 김조순이 심상규의 부채에 써주고, 심상규가 다시 차운하여 김이교의 부채에 써주었으며, 서영보도 차운하여 박종훈의 부채에 써 주는 등, 김조순의 시에 거듭 차운함과 동시에 부채에 기록하여 교유의 증표로 삼았다는 점에서 더욱 의미가 깊다.[184] 김조순이 읊은 가을의 감개感慨가 『홍재전서』 편찬 작업을 함께한 관각 동료들 사이에서 연이은 창작 동기가 되고,

184 김이교는 김조순의 〈秋思詩屬諸僚〉에 차운하며, "풍고의 시는 두실의 부채에 제하였고, 두실의 시는 내 부채에 제한 것이다.[楓皐詩題斗室便面, 斗室詩題僕便面.]"라고 밝힌 바 있다. 서영보의 문집에 수록된 작품에서도 서영보가 김조순의 시에 차운하여 박종훈의 부채에 써주었음을 밝히고 있다. (『東省校餘集』 권1, 22a ; 서영보, 『竹石館遺集』 책2, 〈用楓翁韻, 書荳溪扇〉.)

이를 통해 공통된 정감을 형성하여 연대와 우정의 증표로 삼게 되는 과정을 확인할 수 있다. 다음은 김조순의 추사시秋思詩이다.

새 계절의 맑은 하늘 가을 감개 일어	秋思屬新晴
아득한 저 우주 끝까지 채울 듯한데	悠悠盈宇宙
새벽녘 일어나 정원 밭을 건너가니	晨起涉園圃
서리 기운 나의 옷소매를 적시네	霜露沾衣袖
담장에는 늙은 박이 주렁주렁 달렸고	墻間敦老匏
쇠한 덩굴 콩 울타리 이어졌네	衰蔓連棚荳
울창한 버들은 무심한 듯 늘어졌고	菀柳無意緖
국화 꽃다발 햇살 아래 홀로 빼어나네	叢菊日獨秀
만물은 다 각자의 처음이 있는 법	衆物各有初
우리 생은 어디로 나아가고 있는가	吾生安所就
서산의 풍경 보니 더욱 서글퍼져	怊悵西山色
노쇠해진 사람 모습 똑 닮았구나.[185]	宛如人面瘦

1·2구에서는 청명하고 높은 가을 하늘을 바라보며 벅차오르는 감개를 통해 시상을 열었다. 그리고 이른 아침 일어나 정원을 거닐며 눈앞에 보이는 풍광을 묘사하였다. 늙은 박이 주렁주렁 달리고 논두렁의 콩꼬투리 속 콩알도 다 영글고 있고, 국화꽃이 밝은 햇살 아래 흐드러지게 피어있는 정원은 완연한 가을의 경관이다. 그는 여러 계절을 지나 가을에 이르러 비로소 결실을 이룬 식물들을 바라보며, 만물이 각자 처음과 끝이 있음을 깨달았다. 가을의 경물을 관조하며 만물의 이치를 궁구하고 인간으로서 삶에 대해 성찰하는 철학적 사유의 확장을 엿볼 수 있다. 이러한 의식의 흐름은 자연스럽게 김조순

185 『東省校餘集』 권1, 21b. 이 시는 김조순이 지은 〈秋思詩屬諸僚〉이다.

본인의 성취와 삶의 방향성에 대한 고민에 이르렀다. 끝으로 가을 산에 낙엽이 지고 가지만 남은 황량하고 쇠락한 경물을 바라보며, 자신의 노쇠한 모습과 동일시하는 물아일체物我一體의 경지를 통해 더욱 의미심장한 여운을 남겼다. 다음은 심상규의 차운시이다.

가을의 심사 날마다 더 심오해지니	秋思日窅冥
흰 구름 뜬 창공으로 내달릴 듯 해	白雲馳碧宙
머리 들어 문득 먼 곳 바라보니	翹首忽遐竚
찬 바람이 소맷자락을 떨치는구나	寒風振襟袖
빽빽한 가지 노란 뽕잎 떨어지고	薿條隕黃桑
마른 꼬투리 흰 콩알도 텅 비었네	枯莢零素荳
서산의 서늘한 풍경 창망히 바라보매	悵睎西山爽
송백나무 은은한 빼어남 아름답구나	松栢窈隱秀
노년으로 접어든 길 갈 길은 먼데	歲暮道云遠
나는 장차 어디를 향해 갈까	余懷將焉就
하릴없이 그저 탁주 잔을 든 채	濁醪聊自持
사람이 국화와 함께 여위어갈 뿐이로다.[186]	人比黃花瘦

이 시는 김조순의 원시에서 가을 정원에서 무르익어가는 열매를 바라보며 인생의 끝과 성취를 떠올린 의식을 그대로 이어받았다. 그는 5~8구에서 결실을 이룬 뒤 쇠락해가는 식물의 모습을 포착하여 한층 서글픈 의상意象을 이루었다. 봄에 돋아났던 뽕나무 잎은 여름에 열매를 맺은 뒤 노란 낙엽이 되었고, 콩꼬투리도 여물은 콩알을 털어낸 뒤에는, 마른 껍질로 남을 뿐이다. 서쪽 산등성이의 쇠잔하고 소슬한 가을 풍경 가운데서도 묵묵히 푸르른 본모습을 잃지 않는 소

186 심상규, 『斗室存稿』 권2, 〈次韻楓皐秋思〉.

나무를 통해 대조적 상황을 함께 제시함으로써, 더욱 복합적인 의경意境을 이루었다. 그 역시 이러한 가을의 자연물을 통해 만물의 이치를 떠올리며, 자연의 일부인 한 인간으로서 자신은 어떠한 삶의 마무리와 결실을 향해 나아가야 할지 고민하는 태도를 보인다. 이에 대한 해답을 내리지 못한 채, 그는 마지막 구절에서 수심을 그저 술로 달래보며 끝을 맺었다. 그리고 가을의 상징인 국화꽃과 함께 파리해져 갈 뿐이라며, 시들어가는 국화의 형상을 노쇠의 길로 접어든 인간의 모습과 동일시하였다.

보통 국화는 가을에 접어들어 쇠락하는 낙엽과 달리 가을 추위 속에 만발하여 그 매력을 발산하는 꽃으로, 지조와 절개 및 강인함의 상징으로 선비들의 사랑을 받았다. 도잠이 〈귀거래사〉에서 국화를 읊은 까닭에 귀거래의 지향을 노래하던 문사들에게 유독 사랑받는 꽃이었다. 심상규도 국화를 애호하여 온갖 다양하고 희귀한 품종의 국화를 수집하고 가꾼 것으로 유명했다. 다만 그는 국화꽃이 활짝 핀 아름다운 순간과 찬 서리를 견디는 지조만을 시의 주제로 삼지 않았다. 위 시에서 특징적인 것은 심상규가 국화 꽃잎이 하나둘씩 떨어져 흩어져가는 순간을 조명하여 노쇠한 인간의 모습과 동일시하였다는 점이다.

이러한 시각은 이만수와 김조순의 시에서도 유사하게 포착된다. 김조순은 한 의고시擬古詩에서 가을의 쇠락한 풍경을 읊으며, "모든 초목 영락하는 가운데, 국화 다발 홀로 활짝 피었다만, 그 찬란함 기뻐할 것 뭐 있겠나, 시들면 또 대신 슬퍼할 것을."[187]이라며, 가을

187 김조순, 『楓皐集』 권3, 〈擬古, 次張曲江感遇詩韻〉 8首 중 마지막 수. "霜露滿天地, 渺然增所思, 衆艸正零落, 叢菊獨葳蕤, 葳蕤亦何喜, 零落足代悲."

에 만발하는 아름다운 국화도 결국에는 시들게 될 것이라는 달관적 태도를 보였다. 또 그는 궁궐에서 숙직하던 가을밤 찬 서리에 시름을 겪고 있는 국화의 모습을 통해 선비의 고뇌를 형상화하기도 하였다.[188]

이만수는 1817년 66세에 신진申縉·신작申綽·신순申絢 형제 등과 홍천사紅泉社란 시회를 결성하여 다수의 시를 창작하였는데, 그 가운데 시들어가는 국화를 제재로 한 작품도 보인다.

누가 서리 이겨내는 지조라 했던가	誰謂凌霜操
잎 떨어지는 때에 외려 시름 더하니	還愁落木時
꺾인 줄기 보는 사람 마음도 서글픈데	摧枝人共惜
남은 향기 나비만은 알고 찾아오는구려	殘馥蝶應知
영고성쇠는 본디 변함없는 이치요	榮槁元常理
색色과 공空도 모두가 다 나의 스승이라	色空揚我師
그대 위한 몇 송이 아직 남아있으니	爲君留數朶
몽롱하게 우리 한껏 취해보세나.[189]	一醉共迷離

도잠이 〈귀거래사〉에서, "세 갈래 길 황폐해져 가도, 소나무 국화만은 남았구나.[三徑就荒, 松菊猶存.]"라고 하였듯이, 국화는 늦가을 서리를 이겨내는 강인한 절개를 상징하는 꽃이다. 그러나 이만수는 시의 첫 구절부터 이러한 기존의 인식에 반론을 제기하고, 오히려 그 상징성으로 인해 국화가 시들 때에는 한층 더 시름겹다며 탄식하였다. 그 뒤 시들어가는 국화를 통해 다시금 영고성쇠의 이치를 떠올리

188 김조순, 『楓皐集』 권3, 〈摛院直夜, 偶賦秋懷〉. "瞿然四聽盡秋聲, 畫屋無人睡不成, 霜重黃花空自苦, 夜深孤月爲誰明."

189 이만수, 『屐園遺稿』 권14, 「泉社集」, 〈松下示衰菊韻戲和〉 2首 중 첫 번째 수.

고, 불교 교리인 물질적 현상[色]과 실체 없음[空]의 개념을 떠올리며 국화의 쇠락 또한 겸허히 받아들이는 태도를 보인다. 후반부에서는 몇 송이 남지 않은 국화꽃이라도 즐길 수 있음을 위안 삼아 한바탕 아득하게 취해 꿈과 현실을 구분할 수 없는 지경에 이르게 되는 것으로 마무리한다. 시드는 국화를 바라보며 이는 특유의 슬픔을 표출하되, 이에 침잠되지 않고 낙관적인 태도를 통해 삶의 의미를 찾으려 노력하는 면모도 찾아볼 수 있다.

이만수의 같은 시 두 번째 수에서는 다시 젊고 빛나던 시절로 시간을 되돌릴 수는 없고, 결국은 죽음을 향해 가고 있는 현실이지만, 국화꽃이 다 떨어져도 그 줄기와 꽃받침은 남아 다음 가을을 기약하듯이, 자신의 신체는 죽어 사라지더라도 정신만은 어떠한 형태로든 남아 계승될 수 있다는 희망적인 메시지로 끝을 맺는다.[190] 시들어가는 국화를 관조하며 나타나는 낙관적 태도는 심상규의 시에서도 보인다. 다음은 심상규가 조종영과 김조순 두 사람에게 시들어가는 국화를 제재로 지어준 시이다.

서리 맞아 떨어지는 모습 흡사 노인 같아	霜菊離披似老身
굳세던 줄기마저 쇠락해 먼지가 되겠지만	强支衰落向烟塵
홀로 이 기상에 훗날 부응할 자 있을 테니	獨將氣味遙相付
매화꽃 눈 속에 피어나는 봄날을 고대하세.	苦待梅花雪裡春
[북해 조종영에게 보여주다]	[示北海]

동쪽 울 높은 정취 그대의 본체요	東籬高致認前身

190 이만수, 『屐園遺稿』 권14, 「泉社集」, 〈松下示衰菊韻戲和〉 2首 중 두 번째 수. "吾已衰如許, 爾寧長盛時, 蕭條風雨感, 牢落歲年知, 非復新粧女, 端宜老畵師, 芳心猶抵死, 莖蕚不相離."

옛 동산의 맑은 향기 후진에도 가득하리	老圃淸香滿後塵
봄바람이 우리와 상관없다 말하지 말게	莫道東風非我事
힘껏 복사꽃을 피워 푸른 봄을 보아야지.	力培桃李看靑春
[풍고 김조순에게 보여주다][191]	[示楓皐]

심상규는 시들어가는 국화꽃을 시적 제재로 삼아 노년의 외형적 모습과 내면의 정신에 대하여 논하였다. 조종영은 1817년 오태사가 각신 출신 문인들과 긴밀하고 교유를 지속하며 활발한 시회를 갖던 시기에 참여하였던 일원이다. 심상규는 조종영에게 준 시에서 서리를 이겨내고 피어난다는 불굴의 의지의 상징인 국화꽃도 결국에는 그 강한 줄기가 꺾이고 이내 먼지 속에 사라지겠지만, 후일 같은 도와 정신적 지향을 지닌 존재는 분명히 또 나타날 것이라는 확신을 말하였다. 그는 이러한 희망을 겨울 눈 속에서 가장 먼저 피어나 봄을 알리는 매화에 빗대어 제시하였다.

한편 김조순에게 준 시에서는 먼저 등쪽 울에 피어있는 국화의 고상한 정취를 김조순에 비유하며 그의 높은 정신적 지향과 인품을 칭찬하였다. 그리고 국화가 시들어가듯 결국 모두가 외형은 노쇠하여 한 줌의 먼지로 돌아가겠지만, 그 내면 정신인 여향餘香만은 남아 후배들에게 영향을 미칠 것이라는 의미를 담았다. 국구이자 문사로서 조정에서 힘쓴 김조순의 도가 그의 죽음으로 끝나는 것이 아니라, 후진後進을 통해 계승되리라는 가능성을 제시한 것이다. 마치 매번 가을의 감개를 읊으며 노쇠함을 한탄하고, 국화를 감상하면서도 그 쇠락을 근심해 허무감에 젖는 김조순을 위로하는 듯하다. 연로하다

191 심상규, 『斗室存稿』 권3, 〈詠院中衰菊〉.

는 이유로 고독과 허무 속에 의지를 잃지 말고, 뒷세대에 기대를 걸며 선배이자 선임 관료로서 자신들이 앞에서 끌어주는 역할을 하는 것이 무엇보다 중요하다는 동기를 부여하였다. 국화가 시들가는 모습을 바라보며, 그저 쇠락의 슬픔을 한탄하기 보다는 오히려 다음 봄의 찬란한 복사꽃을 피울 수 있도록 분발해야 한다고 사기를 진작시켰다. 겨울이 지나고 피어나는 봄날의 찬란한 복사꽃은 이들의 역할을 잘 수행한 뒤 얻게 되는 결실을 의미하는 셈이다. 후일의 기약과 기대감이 느껴진다.

이만수와 심상규의 시에 드러난 낙관적 의지의 표현은 서영보와 김이교의 시에서도 동일하게 나타난다. 두 사람은 김조순의 〈추사시〉에 차운하여 그의 감흥에 공감하되, 변함없이 힘써야 할 근본이념과 지향을 통해 이성적인 해결책을 제시하기도 하였다. 다음은 서영보의 시이다.

…(전략)…
날쌔던 새 새장 속에 게을러졌고 逸翮倦羈籠
늙은 말은 구유에 든 콩만 집착하다가 老馬戀棧荳
관각의 여러 문사 사이에 끼어서 蘭省廁群彦
출중한 인재들과 시문을 다툴 줄이야 摛藻競標秀
교유의 정 노년에도 돈독하리니 交契敦衰暮
품은 뜻 변함은 부끄러운 일이지 持操愧遷就
도의道義는 굳게 흠모해야 할 바이니 道義固所欣
맑고 텅 빈 정경도 희미해질 것이라네.[192] 淸虛亦能瘦

192 서영보, 『竹石館遺集』 책2, 〈用楓翁韻, 書荳溪扇〉. 이 시는 『東省校餘集』 권1, 22b에도 수록되어 있다.

서영보는 5~6구에서 세월이 지나 노숙老熟한 관료가 된 자화상을 새장에 갇힌 새매와 늙은 말을 통해 묘사하였다. 날개를 펴고 하늘 높이 날아갈 큰 뜻과 잠재력을 지녔던 젊은 시절의 문사는 새장 속에 오래도록 지내며 나는 법조차 잊게 되었다. 늙은 말은 어느새 기력이 다하여 그저 마구간에 있는 먹이만 찾을 뿐이다. 이러한 비유에는 오랜 기간의 관료 생활로 타성에 젖은 자신을 성찰하는 뜻도 담겨있다.

그는 7~8구에서 관각의 빼어난 인재들과 함께 시문을 짓는 즐거움을 말하며 초심初心을 되새겼다. 그 초심에 대해 11구에서 언급하고 있으니, 바로 인간이 지녀야 할 근본 원리인 도의道義이다. 그는 가을의 허무한 심상[淸虛] 또한 한 때의 일시적인 감상에 지나지 않으니, 앞으로도 모두가 변함없이 한마음 한뜻으로 나아가자며 미래지향적인 바람을 드러내었다. 김이교의 차운시도 이와 유사한 방향성을 제시하고 있다. 김이교도 김조순보다 한 살 많은 비슷한 연배의 관료로서 심상규만큼이나 김조순의 가을 시에 공감하고 위로하였다. 그러면서도 한결같이 명덕明德에 힘쓰되, 지나치면 뒤집힐 수 있다는 경계를 잊지 말자며 방향성을 되짚었다. 그동안 근본으로 삼았던 이념을 되새기며, 앞으로도 변함없이 나아가자고 권면한 것이라 볼 수 있다. 또 비록 현실은 관직에 매여 있지만, 정신적 지향은 모두가 청정하고 자유로운 호해湖海에 있음을 '맑은 꿈[淸夢]'이라는 요소를 통해 드러내었다.[193]

김조순과 김이교 · 서영보 · 심상규 · 이만수가 가을이라는 계절감

193 『東省校餘集』 권1, 12a. 이 시는 김이교가 김조순의 〈山齋夜坐, 次李供奉紫極宮感秋韻, 今年正四十九也〉에 차운하여 지은 시이다. "相期勗明德, 引杯戒盈覆, 因之發淸夢, 湖海路猶熟."

을 통해 드러낸 심사는 대체로 노년으로 접어드는 길목에서 쇠락이라는 가을의 심상과 맞물려 슬픈 시상을 형성하였다. 김조순은 이백의 〈심양자극궁감추작〉에 차운하여 『홍재전서』 교인에 참여한 각신들에게 차운을 구하였다. 그는 이백이 49세 가을을 맞이하여 지난날을 성찰한 시상을 수용하여, 노년으로 접어든 관료로서의 성찰과 고민을 공유하였다. 이에 화답하여 심상규·서영보·김이교 등 『홍재전서』 교인에 참여한 각신들은 관료로서 지나온 길을 돌아보며 느끼는 회한의 정감에 서로 깊이 공감하였다. 이어서 김조순은 〈추사시〉를 지어 가을 정원과 텃밭의 경물을 통해 촉발하는 감흥을 시로 표출하여 거듭 동료 관원들의 차운을 이끌었다. 봄·여름 찬란하던 꽃과 잎사귀가 지며 씨앗이 맺히고, 가을에는 텃밭의 곡식과 열매가 익어가는 경물을 관찰하며, 이들은 자연스럽게 인간으로서 삶의 성취와 유종의 미를 진지하게 고민하였다. 김조순에 의해 시작하게 된 가을의 느낌과 관료로서의 성찰을 담은 차운시는 오태사와 『홍재전서』 편찬 관료들 사이에 특별한 동인 의식을 형성하는 시제가 되었다.

가을의 정서는 예로부터 문사들의 주된 시적 소재였다. 그러나 19세기에는 이전보다 다양한 가을의 경물을 시적 소재로 삼아 더욱 다채로운 시상이 출현하게 되었고, 연작시 형태를 통해 더욱 집중적으로 창작되었다. 이러한 19세기 문예 창작 경향과 맞물려 오태사도 가을의 채소와 화훼에 높은 관심을 지니고 있었다. 그리고 이들은 가을의 대표적 화훼인 국화를 형상화하면서 기존의 관념만을 수용하지 않았다. 추위 속에도 찬란하게 피어난 국화의 아름다움과 지조를 찬양하면서도, 결국에는 서리의 고충을 겪으며 시들어가는 꽃잎을 바라보며 노쇠해지는 자신들과 동일시하였다. 이는 젊은 시절의 포부와 열정이 시련과 좌절을 겪으며 노쇠해가는 한 문사이자 관료로서의 자화상이다. 그러나 이들은 가을의 경물을 통해 허무의 정조에만 침잠되지 않고, 결국에는 꽃이 다 져 사라져버릴지라도 씨앗이라는 결실을 통해 그 정신을 이어가게 될 것이라는 희망적인 메시지도 함께 표출하였다. 『동성교여집』에 수록된 김조순과 각신들의 가을시는 19세기 초에 유행한 추제시 창작 경향에 관각문인의 색채가 가미된 결과라 볼 수 있다.

3부

경화사족京華士族의 삶과 문예 취향 공유

1. 개인 별서別墅·누정樓亭의 경영과 시은市隱의 삶 추구

경화사족은 조선 후기 서울에 세거世居 하면서 성장한 가문을 일컫는다. 경화사족은 교목세신喬木世臣을 숭상하던 조선의 정치적 분위기에 힘입어 정계에서 입지를 확고히 하였고, 서울의 도시화라는 사회적 배경 속에서 더욱 성장할 수 있었다.[194] 조선 후기 서울은 상업의 발전으로 경제적 성장을 이루었으며, 인구의 증가와 공간의 확장 등 다방면으로 도시화가 이루어졌다. 더하여 19세기 초에도 여전히 지속된 청나라와의 교역을 통해 서울에는 다채로운 해외 문물이 유입되었다. 서울의 성장과 더불어 경화사족도 함께 성장하였고, 정치·경제적 측면뿐 아니라 서울의 다양한 문화를 향유하고 유행을 주도하는 주역이 되었다.

오태사는 모두 당대를 대표하는 경화사족이다. 이들이 일상 속에

194 예컨대 김조순의 안동 김문은 대표적인 서울의 世族이다. 이경구(2007)는 안동 김문의 형성 배경과 관련하여 서울이 그들이 형성되고 번성할 수 있었던 배경이었고, 서울의 성장은 서울의 유력 가문들의 정치·경제적 지위 상승과 깊은 관련성을 지녔다고 하였다. (이경구, 『조선후기 安東 金門 연구』, 일지사, 2007, 81~88쪽 참조)

서 읊은 한시는 19세기 초 경화사족의 문예 취향과 밀접한 연관을 지니고 있으며, 그들의 심미 의식을 가장 잘 담고 있는 결정체이다. 제3부에서는 오태사의 한시에 다분한 경화사족의 생활 모습과 문예적 취향을 살펴보고, 이들이 한시라는 문학 장르를 통해 표현하고자 한 정신적 지향과 미의식을 밝히고자 한다.

우선 19세기 경화사족의 문예 향유 양상 가운데 가장 활기를 띠었던 개인 별서別墅·누정樓亭 경영 및 원예園藝 취향이라는 두 문화 현상에 각각 초점을 맞추어 이와 관련된 시편들을 집중적으로 살펴본다.

18세기부터 유행하기 시작한 개인 별서와 누정에 대한 관심은 오태사가 활동하던 19세기 초반에도 여전히 성행하였다. 특히 여러 대에 걸쳐 도성에 터전을 잡고 살아온 경화사족은 도성 안 혹은 인근 교외에 별서를 마련하거나, 거주지에 누정과 원림을 경영하여 개인적 시간을 즐기는 시은市隱의 삶을 향유하려는 욕구가 매우 강하였다. 오태사는 이러한 경화사족의 문화적 경향을 가장 분명하게 보여주는 문인들이다. 이와 관련하여 김조순의 옥호정사는 이미 잘 알려졌지만 정작 이들이 개인 별서와 누정을 통해 지향한 의식과 시 창작 면모에 대해 살핀 연구는 드물다. 본 장에서는 오태사가 별서와 누정을 경영하며 지은 시편을 분석하여 그 안에 담긴 정신적 지향과 시적 형상화를 밝혀본다.

심상규는 어느 가을날 이만수와 직각 홍석주洪奭周, 대교 박종훈朴宗薰과 함께 인왕산에 올라 단풍을 구경하였다.[195] 그는 인왕산의 울

195 박종훈은 1804년 2월에 대교가 되었고, 홍석주는 같은 해 11월에 규장각 직각이 되었다. 당시 대교와 직각을 內閣에서 會圈을 통해 선발하였는데, 김조순과 이만수가 검교 제학이었고, 서영보와 심상규는 검교 직각으로서 회권에 참여하였다. 그러

긋불긋한 가을 경치를 감상하며 4수의 시를 지었는데, 그중 마지막 수에서 각신이라는 인연으로 함께 모인 이들의 공통된 정신적 지향을 말하였다.

우리들의 모임으로 말할 것 같으면	欲識吾輩契
산수 향한 애착으로 저냥 통하지	煙霞意自通
산림에선 족히 혜강과 완적이요	嵇阮足林下
궁중에선 염파와 이목이라네.	頗牧在禁中
[이날 풍고는 이문원에서 숙직 중이었다.][196]	[時楓皐直摛文院]

혜강과 완적은 죽림칠현竹林七賢의 일원으로, 산수 자연 속의 삶을 선택한 은사隱士의 대명사이며, 염파와 이목은 전국시대戰國時代 조趙나라의 재상이자 장군으로, 문무文武를 겸비하고 재략才略이 탁월한 시종신侍從臣의 표본으로 일컬어진다. 혜강과 완적, 염파와 이목 두 부류는 삶의 궤적이 매우 대조적인 성격을 지니고 있어, 하나의 유형으로 묶기 어렵다. 그런데 심상규가 자신들을 서로 다른 두 유형의 인물에 모두 비교하여 정의 내린 점이 눈여겨볼 만하다. 이 시는 낮에는 조정에 출근하여 임금을 보좌하는 중대한 임무를 수행하고, 퇴근하여서는 정원과 서재에서 세속을 벗어나 맑고 깨끗한 정취를 즐기던 이들의 삶의 지향이 반영된 것으로 볼 수 있다. 심상규가 말하는 '우리들[吾輩]'이란 함께 인왕산에 오른 각신 이만수·홍석주·박종훈을 비롯하여, 규장각에서 숙직 중이던 김조순까지 아울러 지칭한 것

므로 위 시는 적어도 1804년 이후에 지은 작품이다. (『純祖實錄』 권6, 「순조 4년(1804) 2월 14일 첫 번째 기사」 참조.)

196 심상규, 『斗室存稿』 권1, 〈同屐翁·淵泉[洪奭伯直閣]·石坨[朴舜可待敎], 於岳西吳氏園老楓樹下, 以泉竇石刻楓林甘泉四字, 分韻各賦〉 四首 중 네 번째 수.

이다. 이 시에는 각신이라는 동질감을 비롯해, 세속적인 범인凡人들의 삶과는 구별되는 고아高雅한 취향과 경지를 누리는 그들의 삶에 대한 자부심도 엿보인다.

실제로 오태사는 조정의 요직을 맡아 국가 업무를 담당하는 바쁘고 현달한 관리의 삶을 살면서도, 퇴근 후 개인 공간에서는 누구보다 청아淸雅와 절속絶俗의 시간을 영유하였다. 얼핏 보면 매우 양면적이고 대조적인 삶의 형태처럼 느껴질 수 있지만, 이는 전형적인 19세기 경화사족의 삶의 모습이었다.

오태사는 조정의 주요 요직을 두루 역임하며 남부럽지 않을 듯한 영예를 누렸지만, 조정에 얽매인 관료로서 현실에서 오는 갑갑함과 피로감을 종종 호소하였다. 이들은 홀로 사색하는 과정에서, 혹은 서로에게 보내는 시를 통해 관료 생활과 한가로운 삶 사이에서 갈등하는 마음을 표출하였고, 귀거래의 지향을 강하게 드러내기도 하였다. 다음은 서영보가 작은 닭장에 갇힌 닭을 보고 지은 시이다.

[1]

묶인 닭이 든 닭장 지고 가는 사람 있어　　縛鷄置籠人負去
닭장 안의 닭이 때때로 또 울어 대네　　鷄在籠中時復鳴
어찌하면 너를 조롱 밖으로 나오게 해　　安得放爾出籠外
즉시 담장 위에 올라 한바탕 통쾌히 울게 할까.　　直上墻頭快一聲

[2]

묶인 닭이 든 닭장 앞에 모이 놓아두니　　縛鷄置籠前置粒
몸이 묶여 급박한데 쪼아먹기 바쁘구나　　鷄被縛急猶啄爭
형체 왕성해진대도 신명에는 좋지 않아　　政使形旺神不善
수척해야만 삶기는 일 면할 수 있는 것을.[197]　　須知肉瘠免遭烹

이 시는 표면적으로는 묶인 채로 닭장에 갇혀 팔려 가는 닭의 신세를 안타깝게 여긴 시처럼 보이지만, 닭의 모습을 묘사하면서 자신의 처지를 한탄한 우의적寓意的인 시이다. 서영보는 비좁은 닭장에 갇힌 채 울고 있는 닭을 바라보며 닭을 관료 생활에 얽매인 자신의 처지와 동일시하였다. 닭에 대한 연민은 곧 자신에 대한 연민이며, 닭을 자유롭게 풀어 마음껏 소리치게 해주고 싶다는 마음은 곧 고된 조정의 업무와 책임에서 벗어나 자유롭고 싶은 자신의 마음을 대변한 것으로 볼 수 있다.

두 번째 수에서는 더욱 적극적으로 불편한 심사를 드러내었다. 닭이 비좁은 조롱 속에 갇힌 급박한 신세에 처했음에도 이를 깨닫지 못한 채 눈앞의 먹이에만 정신이 팔려있는 모습을 보고는, 3·4구에서 장자莊子의 말을 떠올리며 풍자하였다. 『장자』 「양생주養生主」에 "늪지대에 사는 꿩은 열 걸음 간 뒤에 한 번 쪼아 먹고 백 걸음 간 뒤에 한 번 물을 마시지만, 새장 속에서 길러지는 것은 원하지 않는다. 그 이유는 비록 잘 먹어서 생명력은 왕성해질지 몰라도 자기 마음대로 살 수가 없기 때문이다.[澤雉, 十步一啄, 百步一飮, 不蘄畜乎樊中, 神雖王, 不善也.]"라는 말이 있는데, 서영보는 이를 변용하여 '형체는 왕성하나 신명에는 좋지 않다.[形旺神不善]'라고 하였다. 한 입이라도 먹이를 더 먹고자 애쓰면 그만큼 겉모습은 그럴듯해 보일 수 있지만, 끝내는 살진 닭부터 먼저 삶기고 마는 지경에 이르게 될 것이니, 스스로 신명에 좋지 못한 일을 자초하고 있음을 경계한 것이다.

고관대작의 삶이 뭇 사람들에게는 동경의 대상일 수는 있지만, 이 삶도 평온하지만은 않다. 특히 정치 권력을 두고 이어지는 파벌 간의

197 서영보, 『竹石館遺集』 책1, 〈人有縛鷄去者〉.

견제와 공격은 조정의 관료생활을 더욱 각박하게 만든다. 서영보를 비롯한 오태사가 활동하던 순조 즉위 초 조정의 상황도 시파와 벽파 사이에 집권을 위한 갈등이 존재하였기에, 이로 인한 피로감이 있었을 것이다.

일상생활에서 흔히 볼 수 있는 광경을 소재로 하여 읊은 시이지만, 그 안에는 자신의 삶에 대한 성찰과 풍자가 함께 담겨있다. 명문가의 자제로 비교적 순탄하게 요직에 이르렀지만, 그 와중에서 느끼는 갑갑함과 정신적 피로감을 알 수 있다.

특히 김조순은 순조 즉위 이후, 훈련대장 및 호위대장이 되어 무관武官을 다스리는 역할을 수행하였는데, 각신으로 문신文臣의 임무를 수행하던 그에게는 이 직분이 자신에게 맞지 않는 것과 같이 느껴졌던 것으로 보인다. 더구나 매번 왕을 호위하며 동행해야 하는 호위대장의 역할은 쉬이 도성 밖 유람을 떠나기도 어렵게 만들었다. 그는 옛 각신 동료들과 다른 성격의 직무를 맡은 탓에 공식 행사에서도 함께 자리에 있을 수 없음을 종종 아쉬워하였고, 훈련대장직을 사직하는 소疏를 몇 차례 올리기도 하였다. 그리고 마침내 훈련대장직을 그만두게 되자 그 후련함을 다음과 같이 읊었다.

쉴 때가 일할 때보다 더 영화로워	休時更比做時榮
간절히 아뢴 뜻이 끝내 이루어졌네	敢道區區志竟成
이전에 어린 아이처럼 기어들어 왔건만	向也嬰兒匍匐入
지금은 외려 달리던 놈이 날개까지 생긴 격	今猶走者羽翰生
부절 인끈 풀어 놓자 이 마음에 흡족하고	解還符印心如得
활과 칼을 걸어두니 두 손 절로 가볍구나	韜掛弓刀手自輕
내일 나귀 타고 떠난들 누가 다시 막으랴	來日騎驢誰復禁
팔 년이나 도성 밖을 벗어나지 못했으니.[198]	八年端不出王城

김조순은 1801년(순조 1)에 어영대장에 임명되고, 1802년(순조 2) 10월 훈련대장과 호위대장에 임명되었다. 그 후 1809년(순조 9) 4월에 훈련대장의 직임을 면직시켜 달라고 상소하여 윤허를 받았다. 마지막 구절에서 '팔 년 동안 도성 밖을 나서지 못하였다.'라고 한 것은 이 기간을 말한 것이다. 수련에서는 관직을 내려놓고 떠날 때를 아는 것이 진정 영예로운 것임을 말하며, 드디어 간절하게 바라던 훈련대장직을 내려놓게 되었다고 시를 읊게 된 배경을 말하였다. 경련에서는 장수將帥의 권한을 상징하는 '부절'과 '인끈', '활'과 '칼'을 내려놓아 손이 한결 가볍다는 표현을 통해, 비로소 느끼는 육체적 · 정신적 후련함을 드러내었다. 미련에서는 내일 당장이라도 훌쩍 떠난들 거리낄 것이 무엇이 있겠냐며 자유를 누릴 수 있게 된 기쁨을 표현하였다.

이처럼 훈련대장의 직임에서 풀려난 뒤 해방감을 느끼기도 하였지만, 그 또한 조정의 관료 생활을 완전히 버리고 떠날 생각을 한 것은 아니었으며, 스스로 진정한 귀거래를 실현할 수 없음을 인지하고 있었다.[199] 그는 선영이 있는 여강驪江 인근을 매번 그리워하고 왕래하며 귀거래의 지향을 읊었고, 실제로 노년에 경기도 이천으로 거처를 옮겨 귀향을 실천하기도 하였지만, 도성과의 관계를 완전히 놓을 수는 없었다.

---

198 김조순, 『楓皐集』 권3, 〈蒙恩解將任志喜爲賦〉.

199 김조순은 외숙에게 화답한 시에서 出處에 관한 자신의 가치관을 드러낸 바 있다. 그는 이 시에서 자신이 별서를 마련하여 옥호정에서 지내는 것과 관련하여, 『孟子』 「滕文公」의 '志士不忘在溝壑'이라는 구절을 차용해 설명하였다. 그저 의리에 맞지 않는 관직에 나아가지 않는다는 원칙을 지키려는 것일 뿐임을 말한 것이다. 그리고 세상과의 영원한 단절에 뜻을 둔 것은 아니라고 밝혔다. 언제든 의리에 합당한 직분이라면 수행할 의향이 있다는 가능성을 열어둔 것이다. (김조순, 『풍고집』 권2, 〈謹次內舅寄示韻〉. "小亭茅結澗之濱, 朝暮奇峰恰對人, 只恐餘生忘在壑, 非關浪跡欲離塵, 高松落落留霜操, 虛籟泠泠養谷神, 幾日眞能歸去得, 故山猿鶴與爲隣.")

이만수·서영보도 한때 관직을 그만두고 잠깐 은거의 시간을 갖기도 하였지만, 사실상 이들이 진정한 귀거래를 실현했다고 보기는 어렵다. 서영보는 1805년 탄핵을 받아 일정 기간 별장에 머무르며 두문불출하였을 뿐이고, 이만수도 경주에 유배되어 있던 때 화도시和陶詩를 지어 귀거래의 뜻을 드러내었으나, 금방 해배되어 몇 년 후 다시 관직 생활을 하였기 때문이다.[200] 엄밀히 따지자면 이들의 경우는 정치적 타격을 입고 타의에 의해 휴식기를 갖던 기간이라고 보는 것이 더욱 합당하다. 이들이 귀거래의 표본으로 삼았던 도잠과 장한張翰은 미련 없이 관직을 버리고 고향으로 돌아가 여생을 보낸 인물들이다. 그에 비해 오태사가 시에서 노래한 귀거래는 지향 정도에서 그쳤으며, 적극적인 실천에까지 나아갔다고 볼 수는 없다.

결국 이들은 지속적으로 귀거래의 지향을 노래하였지만, 조정 관료의 생활을 포기하지 않았다. 이러한 지향과 현실 사이의 괴리에서 대안이 될 수 있었던 것이 바로 별서 혹은 누정을 마련하는 것이었다. 오태사는 모두 도성 안 혹은 도성 인근에 별서를 두고 전원생활과 같은 한가로움을 누리거나, 거처에 개인의 취향을 한껏 반영한 원림과 누정을 조성하여 오로지 자신만을 위한 호젓한 즐거움을 누렸다.

특히 김조순은 도성 안에 거주지와 별서를 모두 소유하여 수시로

200 실제 이만수가 유배 기간 동안 지은 화도시는 기본적으로 귀거래에 대한 소회가 담겨있기는 하지만, 관료이자 학자로서의 인식이 여전히 드러난다는 점에서 완전한 은일과 달관의 경지에 올랐다고 보기는 어렵다. 이영숙(2012)은 이만수가 4개월의 경주 유배 기간 동안 지은 화도시 150수를 대상으로 연구하였다. 그는 이만수의 화도시에 귀거래에 대한 소회가 드러나기도 하지만, 다른 화도시와 비교하여 聖恩과 樂歲에 대한 감흥이 두드러지는 점에 주목하였다. 이만수가 유배기 시에서 선왕의 은혜와 태평성세를 노래한 점은 경화사족이자 지도층으로서의 인식이 확인되는 부분이다. (이영숙, 「展園 李晩秀의 和陶詩 硏究」, 『동양한문학연구』 35, 동양한문학회, 2012 참조.)

왕래하였다는 점에서 '성시산림城市山林'을 추구하였던 18·19세기 경화사족의 거주 형태와 원림 문화의 경향을 가장 뚜렷하게 보여준다.[201] 김조순의 옥호정사는 1804년부터 1813년 사이에 삼청동三淸洞 계곡 근처에 마련된 것으로 추정되는 그의 별서이다. 김조순의 거처는 죽동竹東(현 서울 중구 장교동長橋洞 일대)에 있었는데, 그는 도성 안에 거처와 별서를 갖추어 수시로 넘나들며 한거閑居를 누렸다. 다음 시는 김조순이 늦봄에 옥호정사에 들렀다가 숲속에 핀 진달래를 보고 읊은 것이다. 같은 도성 안에 존재하는 공간임에도, 번잡한 도회지都會地와 달리 그윽하고 깊숙한 곳에 위치하여 계절감마저 다른 삼청동 옥호정의 경개景槪를 느낄 수 있다.

시내에는 복사꽃 붉은 빛깔 만발한데	紫陌桃花已破紅
옥호 숲엔 이제 겨우 진달래 꽃 피었으니	亭林纔吐杜鵑叢
산 깊어서 그런 것을 봄이 늦다 비교 말라	山深莫較春光晚
가을 오면 단풍 먼저 볼 수 있어 좋을 테니.[202]	差喜秋來早見楓

도성 안 거리에는 이미 다양한 봄꽃들이 차례대로 피고 진 뒤, 복사꽃이 한창 흐드러지게 피어나고 있었다. 이러한 성시城市의 봄 풍경을 바라보며 옥호정에서도 봄 경치를 만끽할 수 있을 거라 생각했던

201 김동현·최종희는 18·19세기 경화사족의 원림을 대상으로 조선 후기 원림문화의 특성을 살핀 연구에서 경화사족이 원림의 입지 선정에 있어 공통적으로 한양도성 내부 혹은 도성 인근의 경치가 빼어난 장소를 점유하고자 하였음을 밝혔다. 이는 도성에서의 문화 혜택을 유지하기 위한 주거와 원림 향유에 대한 의도가 동시적으로 나타난 것이다.(김동현·최종희, 「시(詩)·서(書)·화(畵)를 통해 본 18·19세기 한양(漢陽)의 원림 향유문화」, 『한국전통조경학회지』 33, 한국전통조경학회, 2015, 41~42쪽 참조.)

202 김조순, 『楓皐集』 권2, 〈晚春到玉壺巖上杜鵑始開〉.

그는 옥호정의 사뭇 다른 풍경에 잠깐 놀란 듯하다. 시내 풍경과 다르게 옥호정이 있는 숲속은 이제서야 진달래가 꽃을 피웠기 때문이었다. 도심보다 더디게 봄이 찾아올 정도로 옥호정이 성내城內의 깊숙한 곳에 위치하였음을 알 수 있다. 북악산 자락에 위치한 옥호정은 상대적으로 시간이 더디게 흘러가는 것처럼 느껴지고, 깊고 아늑한 공간이라는 느낌을 준다. 이는 옥호정을 복잡하고 정신없이 흘러가는 성시의 시공간과 분리된 별세계와 같은 공간으로 여기게 한다. 옥호정에 도착해 진달래가 핀 모습을 본 후에야, 비로소 김조순은 자신이 복잡한 세상에서 벗어난 듯한 기분이 들었고, 오히려 가을에는 가장 먼저 단풍을 즐길 수 있다며 만족감을 드러내었다.

김조순에게 있어 옥호정사는 전적으로 그윽한 한적의 즐거움을 누리기 위한 공간이었고, 정신적 자유와 기쁨을 마음껏 누리기 위해 조성된 매우 특별한 공간이었다.[203] 그는 도성 안에 제대로 된 거처가 있음에도 불구하고 옥호정사에 머무는 시간을 더 좋아하여, 죽동의 집으로 돌아가기 위해 옥호정사를 떠나면서 아쉬운 감정을 시로 읊기도 하였다.[204]

김조순이 옥호정을 짓던 초기에는 비교적 소략한 규모만 갖추었는데, 자주 왕래하면서 차츰 정원과 누각을 증설하며 옥호정도玉壺亭圖에서 확인할 수 있는 규모의 옥호정사가 완성되었다.[205] 그는 옥호정

203 심상규, 『斗室存稿』 권2, 〈復拈東坡韻共賦〉. "多公小築專幽賞, 問取氷心在玉壺."

204 김조순, 『楓皐集』 권3, 〈暮歸竹東怊悵有感〉. "昔向壺中來, 歡喜如已疾, 今辭壺中去, 蒼茫若有失, 壺中雖吾築, 竹東亦吾室, 諒吾身所安, 於彼此乎一, 矧彼完且美, 非比此荒率."

205 옛 옥호정사의 규모와 구성을 알 수 있는 「옥호정도」에 대해서는 김형석 · 심우경(2014), 황정연(2015), 정진아(2017) 등의 연구를 참조할 수 있다.(김형석 · 심우경, 「풍고 김조순의 옥호정사(玉壺精舍) 경영과 의미경관 해석」, 『한국조경학회 학술발표논문집』 2014년 1호, 한국조경학회, 2014; 황정연, 앞의 논문(2015); 정진아, 「국

의 터를 마련하던 초반부 그의 옥호정을 '띠풀 집[茅堂]'이라는 담박한 느낌을 지닌 명칭으로 불렀으며, 애초부터 이곳을 한적한 교외 전원처럼 만들고자 계획하였다.[206] 그리고 옥호정 주변의 경관을 경영하여 자신이 원하는 공간으로 만들어갔다.

집 앞 가린 살구나무 두 그루	遮堂兩杏樹
도끼 찾아 가지를 베어내네	尋斧伐其頑
바람 타고 쩡쩡 소리 울리고 나니	風便丁丁盡
하늘 빛이 막힘없이 돌아왔구나	天光落落還
창가에서 환한 달을 볼 수 있겠고	櫳前應得月
주렴 밖 산세를 오래도록 감상할 터	簾外久思山
좋은 기운 막히는 때 없게 됐으니	佳氣無時歇
비로소 멋진 면면 마주하며 시를 읊겠네.[207]	哦詩始好顔

당실 앞을 가리는 두 그루 살구나무를 베어내 막힘없이 트인 시야를 확보함으로써, 원하는 경관을 누리고자 하는 모습이다. 경련에서는 살구나무를 베어내는 작업을 청각적으로 제시한 뒤, 비로소 온전히 드러나게 된 하늘빛을 시각적으로 제시하였다.

살구나무를 베어내는 소리 '정정丁丁'은 실제 상황을 보여준 것이기도 하지만, 깊은 산중의 적막 속에 느껴지는 운치를 대변하기도 한다. 그는 옥호정에 이를 때마다 깊고 그윽한 산중에 온 느낌을 종종 '벌목정정伐木丁丁'이라는 시어로 표현하였다. '벌목정정'은 『시경詩經』 소아小雅 〈벌목伐木〉에 나오는 표현으로, 주희朱熹의 집전集傳에 의하

립중앙박물관 소장 〈玉壺亭圖〉에 대하여」, 『미술자료』 91, 국립중앙박물관, 2017.)

206 김조순, 『楓皐集』 권3, 〈茅堂〉. "不瓦爲堂代以茅, 秖思居處倣閒郊."

207 김조순, 『楓皐集』 권3, 〈伐杏〉.

면 오랜 벗을 찾는 행위의 하나로 볼 수 있으며, 이후 친구 간의 우정을 뜻하는 표현으로 사용되었다. 두보杜甫는 산속에 은거한 벗을 방문한 시에서 이 표현을 활용하여 친구를 찾는 정감을 드러내는 한편, 적막한 심산深山에 울려 퍼지는 나무 찍는 소리를 통해 세속과 단절된 산중 경개를 더욱 부각하는 효과를 불러일으켰다.[208] 김조순은 평소 고운 햇살이 내리쬐는 숲속 집에 있노라면 언제나 두보의 〈제장씨은거題張氏隱居〉가 생각난다며 이 구절을 차용하였다.[209] 또 그는 눈 오는 날 옥호정으로 들어가는 길에 경이로운 별세계와 같은 경치를 둘러보면서도 두보의 이 시를 떠올렸다. 그가 옥호정에 머물 때마다 〈제장씨은거〉의 시적 정취를 떠올린 것은 그만큼 옥호정이 그에게 은사들이 살 만한 절속絶俗의 공간으로 인식되었기 때문이다. 위 시에서 살구나무를 베어내며 울려 퍼지는 쩡쩡 소리도 실제 상황이면서 동시에 두보의 시와 유사한 의경意境을 형성하는 요소이다.

이밖에도 김조순은 소목素木을 깎아 남쪽 창 아래 난간을 만들어 전경을 조망할 수 있는 전망대로 삼았다. 채색을 하지 않아 소박하면서도 자연과 조화를 이루는 자신만의 감각에 맞춘 난간과 주변 풍광을 둘러보며 흐뭇한 마음에 시를 읊었다.[210] 또 그는 산속에 소박하게 꾸며놓은 집을 제재로 시를 읊으며, 그곳에 머무는 동안 도잠이 누렸던 전원생활과 같은 정취를 느꼈다. 산사山寺처럼 고요한 산 속에 솔숲이 사립문처럼 늘어섰고 계곡물이 울타리처럼 집을 두르고 있었다.[211] 그 가운데 진흙을 발라 벽을 만들고 그 위에 띠풀을 얹은 뒤,

208 두보, 『杜少陵詩集』 권1, 〈題張氏隱居〉. “春山無伴獨相求, 伐木丁丁山更幽.”

209 김조순, 『楓皐集』 권3, 〈林扃〉. “佳句每懷張氏隱, 春山伐木又丁丁.”

210 김조순, 『楓皐集』 권3, 〈斲欄〉. “小軒南牖下, 素木斲爲欄, 限抵仍檐短, 傍通得室寬, 暎花朱已美, 點筆石猶寒, 倚久心無厭, 新晴月正團.”

대나무를 잘라 소박한 집을 만드니 '한적한 교외[閑郊]'를 방불케 하였다.[212] 그는 오두막의 좁지만 아늑한 방에 누워서 일찍이 오두막에서 자득自得한 즐거움을 읊었던 도잠과 자신을 동일시하였다.[213]

이와 같은 경향은 심상규의 시에서도 보인다. 심상규의 저택은 큰 규모와 화려하면서도 이국적인 법식을 자랑하며, 4만 권의 서적을 보관한 가성각嘉聲閣으로 특히 유명하였다.[214] 그리고 심상규는 가성각 동쪽에 따로 역애오려亦愛吾廬와 우정隅亭를 마련하여 도잠의 〈귀거래사歸去來辭〉에 나오는 전원의 정경과 유사한 정취를 구현하고자 하였다. 역애오려는 도잠의 시 가운데 '초여름에 풀과 나무 무성하게 자라나서, 집을 에워싸고 나뭇가지 우거졌네. 새들도 깃들 곳이 있어서 좋겠지만, 나도 내 오두막을 사랑한다오.'[215]라는 구절에서 가져온 이름이다. 띠 풀을 얽어 만든 소박한 우정의 주위에는 다섯 그루의 버드나무가 있어, 오류선생五柳先生을 자호自號하였던 도잠의 정취에 매우 흡사한 공간을 형성하고 있었다. 담장 하나를 사이에 두고 큰 규모와 이국적인 화려함을 자랑하는 가성각과는 사뭇 다른 분위기이다. 자하 신위도 심상규의 우정에 대해, 도잠이 머물던 집과 똑같은 정취를 지녀, 가끔 이곳에 들러 소나무와 국화를 완상하면 자연스레 자신도 도잠과 함께 창화하던 방참군龐參軍이 되는 듯하다며, 그 누정이 전반

211 김조순, 『楓皐集』 권3, 〈山房〉. "山房似山寺, 仄徑到雲巒, 門對千松靜, 籬迴一水寒."

212 김조순, 『楓皐集』 권3, 〈茅堂〉. "不瓦爲堂代以茅, 秪思居處倣閒郊, 築成小銼均泥粉, 揷得疎籬斬竹梢."

213 김조순, 『楓皐集』 권3, 〈所廬〉. "一尋室猶過, 七尺身無餘, 坐臥周旋得, 東西南北虛, 達觀如是故, 君子不嫌居, 嘗喜淵明氏, 欣然愛所廬."

214 심상규의 중국풍 저택과 서재인 嘉聲閣에 대해서는 박철상(2014)의 논저에 상세하다.(박철상, 앞의 책(2014), 174~182쪽 참조.)

215 陶潛, 『陶淵明集』 권4, 〈讀山海經〉. "孟夏草木長, 繞屋樹扶疎, 衆鳥欣有托, 吾亦愛吾廬."

적으로 도잠의 소박한 전원 풍경을 연상시키는 공간임을 말하였다.[216] 다음은 심상규가 역애오려를 제재로 지은 시이다.

민머리 두실斗室의 한 노쇠한 늙은이	髡然斗室一衰翁
이 몸을 언덕 골짝 안에 두었다네	合寘此身邱壑中
집을 우러러 거하면서 바깥일을 잊었고	仰屋居嘗忘戶外
담장 뚫고 애오라지 다시 동쪽 울로 피신했네	鑿坏聊復避墻東
처마 덮은 잎새는 세 칸도 채 못 된다만	周遮檐葉未三架
우거진 숲 난간의 꽃 열 떨기는 되는 듯해	蒙密欄花可十叢
내 오두막 제일 좋은데 다른 무얼 바라리오	亦愛吾廬亦何事
눈앞의 다섯 버드나무에 또 맑은 바람 부네.[217]	眼前五柳又淸風

그는 시의 제목에서 역애오려에 대해 부연하기를, 가성각 동쪽 담장에 작은 구멍을 내어 창호窓戶를 설치하고 이곳을 통해 왕래하였으며, 우정 근처에는 다섯 그루의 버드나무가 있다고 설명하였다. 그는 함련에서 노魯 나라 임금이 안합顔闔에게 정승 벼슬을 주려하자 안합이 집 뒤의 담에 구멍을 뚫고 도망갔다는 '착배이둔鑿坏而遁'의 고사를 말하며, 자신도 그와 같이 담을 뚫고 동쪽으로 피신한 것이라 하였다. '동쪽'이라는 방향은 실제로 가성각 동쪽에 위치한 역애오려의 위치를 의미함과 동시에, 도잠이 국화를 심어놓고 감상했던 동쪽 울타리[東籬]를 연상시킨다. 담장에 뚫은 작은 문 하나를 경계로 가성각과 역애오려라는 전혀 다른 분위기의 공간 구성이 시를 통해 확연히 드

216 신위, 『警修堂全藁』 책5, 「貊錄」 1, 〈斗室先生, 嘉聲閣之東, 垣爲門, 樹屋兩架, 取陶吾亦愛吾廬句顔之, 前有隙地. 又縛一茅曰隅亭, 余嘗謂改以柯亭, 先生曰不如仍舊. 戱述問答,遙作是亭之小記〉.

217 심상규, 『斗室存稿』 권2, 〈題亦愛吾廬〉[廬在嘉聲閣東, 穴垣寘牖, 以通來往, 其南爲隅亭, 亭外有五柳樹].

러난다. 또한 담장을 뚫고 도망친 안합의 고사를 통해 역애오려가 심상규에게 어떤 공간으로 인식되었는지를 볼 수 있다. 그에게 역애오려와 우정은 속세의 번뇌를 피해 쉴 수 있는 그만의 도피처이자 은거 공간이었다. 비록 심상규는 진정 은자隱者의 삶을 실현한 이는 아니었지만, 이는 평소 귀거래를 노래하던 그의 지향이 한껏 반영된 것이다.

경련에서 건물 자체는 세 칸 짜리 초가에 불과할 정도로 소략하지만, 주변에는 꽃나무가 무성하여 더할 나위 없이 아름다운 풍경으로 묘사되고 있다. 미련에서는 자신만의 은신처에 대한 만족감을 표출하며 다섯 그루 버드나무가 맑은 바람에 흩날리는 정경 묘사로 여운을 남겼다. 마지막 구절에 묘사된 우정 인근의 풍경과 그곳에서 만끽하는 정신적 자유로움은 도잠의 전원 풍경 및 정신적 만족감과 유사하다. 적어도 그는 역애오려에 있는 동안 만큼은 도잠과 같은 귀거래의 정서를 향유하였다.

심상규가 역애오려와 우정의 정경 묘사를 통해 절속絶俗의 경지와 자득自得함을 시로 읊은 것은 김조순이 오두막과 띠풀 정자를 짓고 그 안에서 안온安穩함을 누리는 자신의 모습을 도잠과 동일시한 양상과 매우 닮았다. 다만 김조순이 거주지와 조금 떨어진 삼청동에 별서의 형식으로 옥호정사를 경영하였다면, 심상규는 아예 본인의 거주지 내부 공간을 구획하여, 독특한 정취를 지닌 별도의 공간을 마련한 것에서 차이가 있을 뿐이다. 그는 담장에 문을 설치하여 자유롭게 가성각과 역애오려를 드나들었다.

관직의 무게를 잠시 내려놓고 거처 혹은 별서 인근의 자연 속에서 한가로움을 누리는 경우는 김조순과 심상규 외 다른 문인에게서도 공통적으로 나타난다. 남공철은 경기도 광주에 옥경산장玉磬山莊을 마련하고, 강정江亭의 여러 풍경을 글과 그림으로 남겼다.[218] 서영보는 선조 서지수가 처음 마련한 뒤 대대로 물려받은 유서 깊은 북한산 별서를 소유하고 있었다. 서영보는 부친의 명으로 이곳을 재단장하며 일어나는 감회를 시로 남겼다.[219] 그는 깨끗한 우물을 바라보며 마음의 탁함이 씻기는 듯한 상쾌함을 느끼고,[220] 서재의 책들을 햇볕에 말리고,[221] 근처에서 들려오는 계곡물 소리를 들으며 맑고 시원한 자연 속에서 한가로움을 누리는 정경을 표현하였다.[222] 간혹 이만수·김조순 등 가까운 지인들과 함께 이곳에서 시주詩酒를 즐기기도 하였다.[223]

이처럼 오태사는 산과 강의 멋진 자연에 둘러싸인 개인의 공간에서 혼자 시간을 보내는 것을 좋아하였으며, 아늑하고 한가로운 정취와 만족감을 종종 시로 표현하였다. 다음은 옥호정을 제재로 한 김조순의 시이다.

푸른 산속 나의 집 저냥 좋으니	自愛青山宅
무엇하러 녹야당을 굳이 찾겠나	何煩綠野堂

218 남공철, 『金陵集』 권12, 「遁村諸勝記」; 『金陵集』 권13, 「遁村四景圖跋」.

219 서영보, 『竹石館遺集』 책1, 〈記丁亥余童穉, 隨先王考, 來嘯臯別墅, 距今丁未爲二十年餘, 以家君命葺理室廬, 復來此, 聊述抒感〉.

220 서영보, 『竹石館遺集』 책1, 〈賦床書井泉〉. " 秖是一瓢吾有分, 寒泉聊可瑩心神."

221 서영보, 『竹石館遺集』 책1, 〈偶成〉. "背窓林館淨, 晒帙墨香殘."

222 서영보, 『竹石館遺集』 책1, 〈復次曾王考韻〉. "此地元昭曠, 初非離世寰, 欄干氷瀑響, 牕牖圖書閒."

223 일례로 어느 가을날 서영보·김조순·이만수가 함께 서영보의 별장에서 즐거운 시간을 보낸 뒤, 이를 기념하여 세 사람이 같은 운자로 각자 10수씩 시를 지었다. 개별 문집에 작품이 수록되어 있다. (서영보, 『竹石館遺集』 책2, 〈閣僚共會杞菊園, 楓翁追賦其事, 寄示求和〉; 이만수, 『屐園遺稿』 권1, 「原集」, 〈呈竹石〉; 김조순, 『楓臯集』 권3, 〈絶句寄呈竹石〉[幷序].)

이내 덮인 산봉우리 천고의 빛을 띠고	烟巒千古色
안개 낀 골짜기 사시사철 청량하며	雲峽四時涼
돌길 따라 단풍 숲이 어우러지고	石徑林楓合
솔 문 앞엔 계곡물 쉬지 않고 흘러가니	松門澗水長
쇠약하고 병든 이 몸 바깥세상 일 없어	衰病無外事
종일토록 맑은 책 향 속에 빠져있다네.[224]	終日淨書香

위 시는 옥호정을 둘러싼 주변의 경관과 그 안에서 지내는 김조순의 모습을 그림처럼 묘사하여 보여주고 있다. 수련에 언급된 '녹야당綠野堂'은 중국 당唐 나라 헌종憲宗 대의 명재상名宰相이었던 배도裴度가 은퇴 후 낙양洛陽 근교에 지은 별장이다. 배도는 이곳에서 백거이白居易, 유우석劉禹錫 등과 함께 시와 술을 즐기고 금서琴書를 일삼으며 만년을 보냈다. 당시 명사들이 모두 배도와 종유하여, 이들이 낙양에서 도성으로 돌아올 때마다 문종이 반드시 먼저 묻기를 '경은 배도를 만나 보았는가?'라고 할 정도였다고 한다. 이후 녹야당이라는 명칭은 조정에서 물러나 은거하는 이의 거처를 상징하는 대명사로 많이 사용되었다. 그러나 김조순은 굳이 배도의 녹야당을 부러워할 것 없이, 자신의 옥호정에서 보내는 시간이 그 무엇보다 좋다는 만족감을 드러내었다. 그리고 함련과 경련에서 옥호정의 아름다운 주변 경관을 묘사하였으니, 녹야당이 부럽지 않을 만큼 아름다운 경관에 대한 자부심이 엿보인다. 함련에서는 옥호정이 위치한 곳에서 바라다 보이는 산의 전경全景을 묘사하였다. 옥호정사 내에 산반루山半樓를 세우고 지은 시에 의하면, 옥호정사 터에서는 북악산 동쪽 봉우리인 응봉鷹峯이 바라보이고, 그 앞으로는 삼청동 계곡인 용폭龍瀑이 흐르고 있

224 김조순, 『楓皐集』 권2, 〈壺亭〉.

었다.[225] 오랜 세월 적막한 산중에 피어오르는 이내와 골짝마다 덮여 있는 운무雲霧는 깊숙하고 아늑하며 신비스럽기까지 한 경개景槪를 이룬다. 경련에서는 시야를 좁혀 옥호정의 근경近景을 묘사하였는데, 오솔길을 따라 우거진 무성한 단풍나무 숲과 솔숲 사이로 흐르는 계곡물의 풍광을 통해 옥호정이 산수 자연의 그윽한 공간에 위치하였음을 알 수 있다. 배도는 녹야당을 지을 때 그 주변에 꽃과 나무 만 그루를 심고, 감로수를 끌어와 물길을 조성하여 띠처럼 둘러 흐르게 하였다고 한다.[226] 위 시에 묘사된 가을의 옥호정은 단풍나무가 절경을 이루고 앞에는 삼청동 계곡물이 흘러가니 배도의 녹야당과 다를 바 없었다. 또 봄날 꽃이 성대하게 피어난 때면 꽃구경을 하러 손님들이 찾아와 함께 시냇가에서 노닐기도 하는 더할 나위 없이 좋은 공간이었다.[227] 그는 손님이 없을 때는 홀로 정자에 앉아 한가함을 즐기거나 서책을 읽었는데, 책 향기야말로 그 어떤 평범한 꽃향기보다 뛰어나며 고금을 막론하고 그 아름다운 향기에 마음과 정신이 흠뻑 젖어드는 즐거움이 있다고 말한 바 있다.[228]

옥호정사는 세상만사를 잊은 채 홀로 독서에 전념할 수 있는 개인적 공간이었으며, 피폐해진 정신을 청량한 자연 속에서 다시 맑게 하는 휴식의 공간이었다. 그러니 옥호정사에서 아름다운 자연을 벗

---

225 김조순, 『楓皐集』 권2, 〈山半樓成〉. "鷹峯出迅平看挹, 龍瀑流低不聞喧."

226 『舊唐書』 권170, 「裴度列傳」. "又於午橋創別墅, 花木萬株, 中起涼臺暑館, 名曰綠野堂. 引甘水, 貫其中, 釃引脈分, 映帶左右."

227 김조순, 『楓皐集』 권3, 詩, 〈林扃〉. "浮嵐麗旭擁林扃, 日見繁紅間四青, 有客相携臨小澗, 無人孤坐愛荒亭."

228 김조순, 『楓皐集』 권2, 〈書香〉. "晝靜繙古書, 幽幽聞紙香, 此香非沈麝, 亦異燒都梁, 鷄舌與藿納, 瑣俗那足方, 惟有滋畹蘭, 其臭殊凡常, 我思紙載墨, 歲久尙吐芳, 況乃讀書人, 英華漬肺腸, 勸君試細嗅, 古書不可忘."

삼고 책을 통해 옛 사람들의 생각을 읽다보면, 옛 중국의 유명한 녹야당이 부러울 것 없었다. 이 시는 이러한 즐거움과 만족감이 함축된 작품이라 할 수 있다.

오태사가 별서 혹은 개인의 서재와 누정에서 창작한 시를 살펴보면 그 안에서 음미한 다양한 문화생활을 엿볼 수 있는 것들이 많다. 또 개인 공간에서 접하는 모든 사물이 이들에게는 시적 영감을 불러일으키는 소재가 되었다.

김조순은 옥호정사 내부에 장서실藏書室을 갖춰두고 선대로부터 물려받은 서책과 그림을 소장하였다.[229] 그는 독서 외에도 정원에 다양한 종의 꽃과 나무를 심고, 꽃 화분을 서재에 들여 곁에 두고 감상하였다. 옥호정사에 흐르는 깨끗한 샘물로 차를 끓여 음미하고,[230] 밤에는 환한 달빛을 감상하면서 명상에 잠기기도 하였다.[231] 심상규와 남공철은 진귀한 고동서화를 수집해 자신의 서재에 간직하고, 때때로 이를 감상하며 품평하기를 즐겼다.[232] 오태사의 문집에 서화 및 자기

229 황정연(2015)은 김조순이 옥호정사에 따로 藏書室을 마련해둔 정황을 소개하고, 그가 소장했던 서책과 골동서화 내역을 정리하였다. 이를 통해 옥호정사가 김조순의 심미적 · 지적 취미 공간이었음을 알 수 있다. (황정연, 「金祖淳을 통해 본 19세기 安東金門의 골동서화애호와 감상 풍조」, 『대동한문학』 43, 대동한문학회, 2015, 76~81쪽 참조.)

230 김조순, 『楓皐集』 권2, 〈自到壺舍, 便不作詩, 已過旬餘, 午日偶聽黃鸝, 率爾效放翁體〉. "巖泉試茗韻於酒, 谷籟入松諧似琴."

231 김조순, 『楓皐集』 권2, 〈竹椽對月, 次王守仁絶句〉. "光陰悠忽醉醒中, 幾得冰輪掛太空, 上下弦間纔十日, 請君除却雨兼風."

232 경화사족의 저택 경영과 관련하여 그 안에 장서처와 고동서화의 소장처를 두고 품평하던 18세기 이래 경화사족의 독특한 생활과 문화의 실상에 대해서는 강명관(1999)의 연구를 참조할 수 있다. 강명관은 이 시기의 공통적인 현상을 설명하는 과정에서 대표적인 경화사족이자 벌열인 김조순과 남공철 · 심상규도 종종 언급하였다. (강명관, 『조선시대 문학 예술의 생성 공간』, 소명출판, 1999, 253~340쪽 참조.)

瓷器・괴석怪石을 비롯하여 희귀한 문구류를 제재題材로 한 시문들은 경화사족의 예술품 소장과 감상의 문예 취향을 보여준다.[233]

더욱이 김조순은 앞서 보았듯이, 순조 즉위 후 훈련대장을 지내는 8년 동안 도성 밖을 벗어나지 못했다고 하였다. 그는 훈련대장직을 내려놓은 이후에도 먼 지방 명산名山을 유람할 겨를이 없었으며, 아들 김유근金逌根・김원근金元根과 김조순의 벗 김조金照가 함께 평양平壤에서 만나 유람遊覽할 때에도 홀로 옥호정에 남아 서글픈 마음을 토로하기도 하였다.[234] 남공철과 서영보・이만수는 모두 조선의 명산名山인 금강산을 한 차례씩 유람하였지만, 김조순은 금강산 유람도 해보지 못하였다. 그는 대신 옥호정사에 있으며 기물奇物 완상과 와유臥遊를 즐겼다. 다음은 김조순이 돌을 쌓아 만든 가산假山을 감상하며 정원용에게 보낸 시이다.

---

233 이와 관련하여 황이숙은 대표적인 文房器物 가운데 하나인 硯滴의 계보와 변천을 추적하였다. 그는 18세기 이후 경화사족이 주도한 문예취향 가운데 문방류 골동품을 수집・완호하는 문화가 文房諸具의 발달에도 영향을 미쳤다고 하였다. 오태사의 문집에서도 이러한 경화사족의 문방류 수집・완상 취향을 엿볼 수 있다. 예컨대 심상규는 자기 필통에 매화를 심어 함께 완상하고, 오이밭에서 우연히 얻게 된 오이로 瓜紋硯을 제작하고, 그 기이한 형상을 노래하였다. 남공철은 자신이 아끼는 옥필통과 30년 된 사기 연적의 형상과 유래를 기록으로 남겼으며, 토끼털 붓을 보내준 지인에게 사례한 시에서는 그 붓의 훌륭함을 칭찬하기도 하였다. 김조순의 문집에도 소장하고 있던 왜국의 붓과 호랑이털 붓에 대해 기록한 글이 보이며, 유득공의 아들 유본학과 저자에서 구입한 벼루 두 장을 나눠 가지고 완상하며 지은 시가 있다. (황이숙, 「朝鮮後期 白磁硯滴 硏究」, 이화여자대학교 미술사학과 석사학위논문, 2003, 26~27쪽 참조; 심상규, 『斗室存稿』 권1, 〈小梅不能盈尺, 植之磁筆筒, 使朴生善性賦之, 仍次其韻〉; 『斗室存稿』 권2, 〈瓜紋硯歌〉; 남공철, 『金陵集卷』 권13, 「玉筆筒銘」; 같은 책 「磁硏滴銘」; 『金陵集』 권2, 〈謝人送兎毛筆〉; 김조순, 『楓皐集』 권15, 「倭筆銘」; 『楓皐集』 권16, 「虎毛筆說」; 『楓皐集』 권6, 〈澄泥硯詩〉[幷序] 참조.)

234 김조순, 『楓皐集』 권4, 〈四月十三夕宿壺舍〉[幷序]. "蓋石開隨逌根遊平壤, 而元根自海西, 往會其兄計, 大家跌宕. 歡讌於名勝之地, 惟我獨不能致身也. 於是磨墨, 伸紙信筆步韻, 爲序其實."

돌을 쌓아 실제 산 형상을 본떠	累石像眞山
뜰 한가운데 우뚝하게 일으켰네	却向庭心起
쌓아가며 점차 형태 이뤄가더니	隨累隨爲形
암벽 골짝 잠깐 사이에 생겨났구나	巖洞生造次
비유컨대 사물을 그리는 자가	譬如畵物者
처음에는 그저 빈 종이만 펴 놓은 채	初但臨空紙
붓을 잡고 그 형태를 상상하다가	執毫想其態
눈에 떠오르면 곧장 그려내는 것과 같네	現眼卽成指
아름다운 꽃 심으니 곧 피어나고	佳卉種便生
작은 소나무를 옮겨 심자 잘 자라니	小松移不死
그윽한 곳에서 이는 황홀한 구름 기운	幽處怳雲氣
푸르름이 나의 궤안으로 들어오네	蒼翠入隱几
자연을 그리는 나의 마음 의탁한 채	我方托膏肓
아침저녁으로 기쁘게 마주하는데	朝暮對之喜
어떤 객이 너무 졸렬하다며	有客謂太拙
어서 헐어버리라 재촉하기를,	火速還剗毁
“저것이 높은들 처마에도 닿지 못하니	峻極不及檐
명산이 어찌 저와 같으랴.”하기에	名山焉用彼
내가 못 들은 척 웃으며 말했다네	我笑如不聞
“그대는 이치에 밝지 못한 자로구나	君自未明理
한 번 보시게 남산의 산빛이	試見南山色
바로 지금 이 창안에 있지 않은가.”[235]	不在此窓裏

이 시에서 김조순은 돌을 쌓아 가산을 만드는 과정을 언급하고, 석가산石假山을 마주하여 바라보니 평소 자연을 사랑하고 그리워하는 자신의 마음을 충족시켜준다는 만족감을 드러내었다. 가산을 보고

235 김조순, 『楓皐集』 권4, 〈石假山五古書贈經山直閣〉.

명산의 진경眞景에 비하여 보잘것없다며 헐어버리라고 말하는 객에게는 그 사람의 이치가 밝지 못함을 비판하고, 가산을 통해 향유하는 자신의 정신적 지향에 대해 말하였다. 남산의 풍경이 바로 내 집 앞 창가의 가산에 온전히 다 담겨있다는 말은 곧 눈앞에 놓인 가산이 실제 산만큼 높고 아름다운 경관을 지니지 못하였을지라도, 그 안에는 모든 우주 만물의 지극한 이치가 깃들어 있으니, 그것을 완상함으로써 심신 수양이 가능함을 말한다. 이는 산수를 즐기는 목적을 정신적 수양에 두는 그의 심미 의식이 포착되는 부분이다.

그는 영변 부사 정원용이 보내준 묘향산妙香山 그림과 시를 와유臥遊의 대상으로 삼기도 하고,[236] 정원용이 강원도 관찰사로 떠날 때에 그를 전송하면서 금강산의 풍경에 대한 시를 지어주기도 하였다. 그는 금강산에 직접 가본 적은 없으나 평소 금강산의 명소에 대해 두루 알고 있었고 이러한 지식을 바탕으로 금강산의 절경을 묘사할 수 있었다.[237] 도성 밖의 명산을 두루 유람할 수 있는 자유로운 몸이 아니었기에, 도성 안의 서재에서 산수유기山水遊記나 산수화山水畵 및 석가산을 통해 와유와 미감을 향유하며 유람의 갈증을 해소하였음을 짐작할 수 있다.[238]

---

236 정원용의 『수향편』에 정원용이 영변에 있을 때 묘향산 그림과 長短句를 지어 풍고에게 보낸 일화가 나온다. 김조순이 침실에 이 시를 걸어두고, "새 집에 경산의 시를 걸어두니 충분하다."라고 말했다. 당시 정원용이 그림과 함께 보낸 시가 그의 문집에 수록되어 있다. 그 시에는 묘향산의 겹겹이 쌓인 봉우리와 아름다운 사찰·누대, 묘향산 비로봉으로 이어지는 그윽한 산길과 우렁찬 폭포 등 묘향산 명소 곳곳을 간결한 필치로 제시하였다. 관직에 매여 명산을 유람하지 못하지만 옥호정에 앉아 명산의 그림을 감상하며 정신적 臥遊를 즐기는 김조순의 모습을 상상하여 묘사하였다. (신익철·조융희 외 역주, 『수향편』, 한국학중앙연구원출판부, 2018, 230쪽; 정원용, 『經山集』 권2, 〈賦香山圖, 呈楓皐太史〉 참조.)

237 김조순, 『楓皐集』 권6, 〈贈關東伯鄭善之〉.

이 밖에도 김조순은 별서의 정원과 서재에서 지내며 접하는 소소한 일상의 감흥을 종종 시로 읊었는데, 이는 세상의 이치를 깨닫는 사유의 확장으로 이어졌다. 어느 날은 옥호정의 석류나무 잎이 가을이 되어 누렇게 시들어가자, 옆집에 살던 서생書生이 미관상 좋지 않다며 떼어냈다. 이를 본 김조순은 장난 섞인 시를 지어 서생에게 세상만사가 어찌 늘 마음에 드는 일만 있을 수 있겠냐며, 가을에 잎이 시드는 것은 누구도 막을 수 없는 일이므로 이를 거스르려 괜히 수고하지 말라는 뜻을 읊었다.[239] 옥호정에서 맑은 밤 환한 달을 바라보면서는 조금도 가려짐 없이 찬란하게 세상을 비추는 달처럼, 높은 정신적 지향을 지닌 존재로서 세상에 좋은 영향력을 발휘하고 싶은 뜻을 드러내기도 하였다.[240] 옥호정이라는 한정된 공간 안에 있으면서 주변의 사물을 통해 사유하고 세상을 관조하는 의식이 존재하였음을 알 수 있다.

이처럼 오태사는 자신의 귀거래 지향을 담아 각자의 취향에 맞춰 개인 공간을 마련하여, 서책을 읽고 정원을 가꾸며 개인적인 시간을 보내기도 하였지만, 때로는 마음이 맞는 지인을 초대하여 화락한 시간을 보내기도 하였다. 김조순은 담정薄庭 김려金鑢, 석한石閒 김조金照와 옥호정사에서 자주 만나 시를 읊었으며, 오태사도 종종 이곳에 들렀다. 김조순의 〈옥호정사에서 봄날 밤 극옹·두실과 운자를 뽑아 함

238 석가산과 산수화는 조선시대 문인들이 애용한 대표적인 臥遊의 수단이었다. 조선시대의 와유문화에 대해서는 이종묵(2004)의 연구를 참조할 수 있다. (이종묵, 「조선시대 臥遊 文化 硏究」, 『진단학보』 98권, 진단학회, 2004.)

239 김조순, 『楓皐集』 권3, 〈盆榴稍有萎葉, 金生思皓摘去之, 戲賦自廣〉.

240 김조순, 『楓皐集』 권2, 〈夜深對月〉. "碧宇無雲列宿殘, 一輪高照五更寒, 人生磊落應如是, 留與光輝萬古看."

께 짓다〉라는 시에서는 이만수・심상규와 함께 물고기를 잡아 국을 끓이고, 술을 마시며 시를 짓고 바둑을 둔 정황을 확인할 수 있다.[241]

이만수는 〈옥호정사의 꽃 아래에서 술을 마시며〉라는 제목으로 총 네 수의 시를 지었는데, 모든 시에서 옥호정사를 신선이 사는 선경仙境으로 설정하였다. 봄철 꽃이 만발한 한강 변의 경치를 제시한 뒤, 김조순의 별서를 달빛과 산에 에워싸인 소박한 신선의 집이라 표현해, 옥호정사가 실제로는 도성 안에 위치하였지만 번잡한 저잣거리의 먼지가 차단된 별세계로 형상화되었다.[242] 또 꽃가지들이 무성하여 절로 문을 이루고, 커다란 소나무 숲이 그늘을 이루어 그 아래에서 노닐기 딱 좋다며 아름답고 그윽한 산장의 풍경을 묘사하기도 하였다.[243] 다음은 이만수가 봄날 옥호정사에서 꽃놀이를 하며 지은 네 수의 시 가운데 하나이다.

근래 꽃 이야기로 혀에 침이 절로 나니	談花近日舌生津
잠깐 사이 도성에서 서너 번 노닐었네	一瞬神遊再四闉
숲과 골짝은 절로 왕유의 그림을 이루었고	林壑眞成摩詰畵
의관은 유공의 티끌에 물들지 않으니	衣冠不汚庾公塵
넘치는 술 잔 해질 무렵까지 힘써 권하며	深樽强喜留斜景
고운 구절 옛사람을 넘어서 번번이 놀라네	佳句頻驚犯古人
대은大隱을 잘 아는 이 오직 동파 옹이라	惟有坡翁知大隱

241 김조순, 『楓皐集』 권3, 〈壺舍春夜與屐翁斗室拈韻共賦〉. “晩食新羹吹浪魚, 深樽漾綠澹春湖, 山花繞屋籬松間, 石溜懸槽覓竹孤, 吾事方知今日有, 公詩不可此間無, 觀碁較似行碁苦, 多馬還須慶哨壺.”

242 이만수, 『屐園遺稿』 권1, 「原集」, 〈玉壺花下飮〉 二首 중 두 번째 수. “花氣浮搖絳漢津, 月圍山繞敞仙闉.”

243 이만수, 『屐園遺稿』 권1, 「原集」, 〈玉壺花下飮〉 첫 번째 수. “花枝偃亞仍成戶, 松影交加恰覆人.”

바다 같은 도성 실로 은거하기 딱 좋다네.[244] 王城如海好藏身

위 시는 이만수가 옥호정사에서 한가로운 시간을 보낸 뒤 느낀 만족과 흥취를 위주로 시상이 전개된다. 이만수는 이를 '정신적 유람[神遊]'이라 지칭하였다. 멀리 도성 밖을 벗어난 거창한 유람은 아니지만, 옥호정사에서 세속의 번잡함을 벗어나 한가로움을 누렸으니, 오히려 많은 시간과 체력을 들이지 않고도 정신적 해방감을 느낄 수 있었다는 만족감이 함축된 표현이다. 또 이단수는 옥호정사라는 공간과 이곳에서의 흥취를 중국의 옛 시인 왕유王維의 정취에 견주었다. 함련의 '마힐摩詰'은 성당盛唐 시인 왕유의 자字로, 산수화에도 능하여 소식이, "마힐의 시를 음미해 보면 시 가운데 그림이 있고, 마힐의 그림을 관찰해보면 그림 가운데 시가 있다."라고 평하기도 하였다.

미련에서 언급한 '대은大隱'이란, 산림에 은거하는 것이 아닌 조시朝市에 몸을 숨기는 것을 말하는 것으로, '시은市隱'과도 그 의미가 일맥상통한다. 중국 진晉 나라 왕강거王康琚는 〈반초은시反招隱詩〉에서, '작은 은자는 산림에 숨고, 큰 은자는 조정과 도시에 숨으니, 백이는 수양산에 숨었고, 노자는 주하사柱下史 벼슬에 숨었다네.'[245]라고 한 바 있다. 이만수는 왕강거의 시에서 말한 대은을 가장 잘 실천한 사람으로 소식을 꼽았다. 소식은 고려시대부터 많은 문사들이 흠모의 대상으로 삼았는데, 19세기의 오태사도 소식을 가장 흠모하여 그의 문학뿐만 아니라 삶의 모습까지 본받고자 하였다. 이만수의 위 시구는 소식에 대한 흠모와 대은에의 지향을 한 구절에 담은 것이라 볼 수 있다.

244 이만수, 『屐園遺稿』 권1, 「原集」, 〈玉壺花下飮 二首〉 중 첫 번째 수.

245 蕭統, 『文選』 권22, 〈反招隱詩〉(王康琚), "小隱隱陵藪, 大隱隱朝市, 伯夷竄首陽, 老聃伏柱史."

결국 이들이 추구했던 것은 도회지에서 한적한 정취를 즐기는 '시은' 혹은 '대은'과 유사한 삶의 형태로, 이는 만명晩明 시대의 '성시城市 속의 산림山林'이라는 문화에서 영향을 받은 것으로 볼 수 있다. 중국 명말明末의 문인들은 왕조 교체기의 당쟁과 전란에 염증을 느꼈고, 자신의 도덕성을 지키기 위하여 자신의 저택이나 도시 근교에 서재와 정원을 마련하고 은둔 생활과 예술에 전념하는 시은을 구가하였다. 이런 명대 문인의 시은 생활에서 빠질 수 없는 작업이 정원과 원림의 조성이었다.[246] 조선 후기 원림 문화는 기본적으로 명말부터 시작된 원림 문화와 시은의 삶에서 영향을 받았다. 청대淸代로 이어진 중국과의 문화 교류를 통하여 19세기 경화사족들은 더욱 다양한 원림 문화를 수용하고 발전시킬 수 있었으며,[247] 대대로 도성에 터를 마련하고 축적한 자산을 기반으로 자신만의 취향과 지향을 담은 공간으로 구성하였다.

김조순과 심상규·이만수는 서로의 원림과 누정에 제시를 남김으로써, 시은에 대한 동일한 지향과 고아高雅한 경계의 추구를 드러냈다.

〈표 11〉 김조순·심상규·이만수의 누정樓亭 제시題詩 현황

소유자	장소	작품명[248]	題詩 작자	출처
김조순	玉壺精舍	〈惠泉亭〉	이만수	『屐園遺稿』 권1
		〈題玉壺澗壁〉	심상규	『斗室存稿』 권1
		〈會玉壺〉 二首	심상규	『斗室存稿』 권1

246 송희경, 『조선후기 아회도』, 다홀미디어, 1999, 85~87쪽.

247 이와 관련하여 김동현은 중국의 원림 문화 유입이 조선 후기 경화사족의 원림 향유 문화에 영향을 미쳤다고 하였다.(김동현, 위의 논문(2015), 45쪽 참조.)

심상규	偶亭	**〈偶亭〉**	이만수	『屐園遺稿』 권1
이만수	夾澗亭	**〈夾澗亭〉**	이만수	『屐園遺稿』 권1
		〈復會屐園〉	심상규	『斗室存稿』 권1

당시 이들은 김조순의 옥호정사–심상규의 두실斗室–이만수의 극원屐園의 순서로 자리를 옮겨가며 모임을 가졌던 것으로 보인다. 위 표에서 진한 글씨로 표기된 작품은 모두 같은 운자를 사용하였다. 이만수는 김조순의 옥호정사에 위치한 누정인 혜천정惠泉亭에 제하여 시를 지었으며, 심상규의 우정과 자신의 협간정에도 같은 운자를 써서 제시를 지었다. 심상규는 옥호정사를 에워싸고 흐르는 시냇가 벽에 제시를 지었으며, 이만수의 제시와 같은 운자를 사용하여 김조순의 옥호정과 이만수의 극원이 갖춘 절속의 경지와 그 안에서 누리는 풍류를 노래하였다. 심상규는 따로 '題○○詩'라는 형식으로 제목을 달지는 않았지만, 시에서 드러내고자 한 지향점은 이만수의 제시와 매우 유사하다. 위 표에 제시된 작품 중 심상규의 우정에 제한 이만수의 시를 살펴본다.

누대를 세우는 일 나무 심기와 같아	爲亭如種樹
재배하며 버리는 땅 없어야 하니	栽培無棄地
도랑에 버린 토막은 거문고를 만들고	琴用溝中斷
담장 위엔 붓을 놓아둘 수 있겠구나	筆可墻上置
공의 몇 칸짜리 띠풀 정자 사랑스러워	愛公數椽茅
유독 푸른 산봉우리 정면을 차지했네	獨占前峰翠
마치 묘한 경계에 들어온 듯 경영하여	經營入玅境

248 작품명의 진한 글씨는 모두 같은 韻字를 사용한 시이다.

굽이굽이 그윽한 정취에 딱 맞구나	曲折愜幽致
왕유의 별장에도 이런 장면 없을테고	輞川無此圖
왕세정도 기록하지 못한 바라네	弇園所未記
길쭉하지도 뾰족하지도 않은 모양새나	非橢亦非銳
먹줄과 먹으로 저냥 곧게 맞췄으니	繩墨自直遂
이따금 평소 마음 터놓은 사람만 허락하여	時許素心人
기이한 문장으로 함께 의리를 논하네	奇文共析義
한가운데 평안하고 네 모서리는 바둑판같아	中安四角棋
문 밖에는 신발 두 짝만 있을 뿐이라	戶外屨有二
두실과 우정이 모두	斗室與偶亭
그 이름에 걸맞아 부끄럽지 않으니	名言兩不媿
물어보세 화려한 수레 탄 사람들	借問珂馬子
누가 이 깊은 뜻을 함께할 수 있을까	疇能契深意
위의로 단속하고 덕을 향해 짝할 뿐	攝儀觀德偶
많은 작위 경계하여 신경 쓰지 않는다네	多爵戒不識
한 부분을 들추어 나머지를 헤아릴 수 있으니	擧一三可反
우리의 도를 이렇게 부쳐 보네.[249]	吾道此焉寄

전반부에서는 아름다운 조경과 특이한 법식을 지닌 우정이라는 공간 묘사에 집중하였다. 우정은 역애오려 앞에 있던 자투리땅을 활용하여 지은 누정으로, 지세도 바르지 않아 본래 누정을 짓기에 적합한 공간은 아니었다. 그래도 심상규는 포기하지 않고 건축물을 땅의 형상에 맞추되 산을 정면으로 바라볼 수 있는 구조를 고안하였다.[250]

249 이만수, 『展園遺稿』 권1, 「原集」, 〈偶亭〉.

250 신위가 심상규의 우정에 대해 小記 형식으로 지은 시에 우정을 지은 과정에 대해 설명하고 있어 참고가 된다. 또 심상규가 우정에서 李潞와 수창한 시에서도 누정의 方位를 정할 때 오직 산을 마주하는 것에 주안점을 두었음을 밝혔다. (신위, 위의 작품. "隙地量笏綽有裕, 面勢不正棄則那, 因形會意縛一架, 樣作口字字橫斜."; 심상규,

이러한 사연이 있었기에 이만수가 1·2구에서 심상규의 누정 건축을 식목植木에 비유하며 버리는 땅이 없도록 하였음을 말한 것이다. 덕분에 우정은 매우 독특한 형상을 지니게 되었다. 신위는 심상규의 우정에 대해 마치 '구口'자字를 기울여 쓴 듯한 모양새라고 하였고, 이만수는 길쭉하지만 그렇다고 뾰족한 정도까지는 아니라고 하였다. 이들의 묘사에 의하면 분명 우정이 일반적인 정방형正方形의 누정은 아니었음을 짐작케 한다. 지형과 공간의 한계를 극복하고 새로운 정취를 형성한 심상규의 우정에 대해 이만수는 중국 문사 왕유의 별장 그림과 왕세정의 정원 기문記文에서도 찾아볼 수 없었던 특별한 경관이라며 극찬하였다. 망천輞川은 당나라 시인 왕유의 별장이 있던 곳으로, 그가 직접 주변의 경관을 그린 망천도輞川圖가 유명하다. 명나라 문장가 왕세정은 강소성江蘇省에 위치한 원림 감산원弇山園의 기문을 지어 그 아름다움을 기록하였다.

시의 후반부에서는 부귀영화에 연연하지 않는 심상규의 정신적 지향을 말하였다. 높은 관작을 두루 지냈음에도 이러한 것에 연연하지 않고, 그저 자연을 벗 삼아 누정에서 마음의 안온을 누리며, 덕德으로써 뜻을 함께하는 진정한 벗과의 시간을 유의미하게 여긴다는 것을 알 수 있다. 끝으로 『논어論語』「술이述而」편의 구절을 활용하여, 부귀영화보다 온전한 정신적 경지를 중시하는 심상규의 지향이 곧 자신들의 지향과 같다는 뜻을 드러내 세 사람의 동질감을 강조하였다.

여기서 눈여겨볼 점은 세 사람의 동질적 지향을 보여주는 한편 화려한 수레를 타며 영달에 이른 자들 가운데에도 높은 정신적 경지를 지닌 사람은 극히 드물다는 견해를 통해 자신들만의 차별성과 우월

『斗室存稿』 권3, 〈偶亭酬李可用[李潞]用玉壺舊韻〉[戊寅]. "但令山相對, 方位漫不記.")

감을 드러냈다는 것이다. 이는 19세기 전반기 문예의 특징인 고아高雅한 정취와 일맥상통한다. 평범하고 속됨에서 탈피하여 그들만의 고급스럽고 우아한 미의식을 형성한다는 의식이 반영된 것이다.[251]

오태사는 평소에 중앙 관리로서 세속에 몸을 담고 있지만, 자신들의 개인 별서와 누정에서 지내는 시간만큼은 절속과 청절이라는 정신적 경지를 누리고자 하였다. 이들은 그러한 지향을 담아 누정을 조성하였다. 그리고 이러한 공통된 지향점이 시를 통해 드러나게 되는데, 서로의 누정에 소지小識 형태의 제시를 지어 그 가치관을 공유함으로써 동질감을 형성하였음을 알 수 있다.

지금까지 살펴본 내용을 정리하자면 김조순을 비롯한 오태사는 긴 관직 생활로 인한 고충을 시로 토로하고 지속적으로 귀거래에 대한 지향을 노래하였다. 다만 끊임없이 귀거래의 지향을 시에서 드러냈음에도 불구하고, 실제로 귀거래를 실천하지는 않았다. 대신 현실과 이상 사이의 괴리에 대한 대안이자 합의점으로, 도성 안 혹은 근교에 별서를 조성하거나, 거주지에 특별한 정취를 지닌 누정을 마련하는 방식으로 귀거래에 대한 지향을 충족하였다. 특히 김조순과 심상규는 도잠의 전원 풍경을 재현한 듯한 정경을 이루고자 공력을 기울였으며, 그 안에서 보내는 동안만큼은 정신적인 자유를 마음껏 누렸다. 이는 성시에서의 한적을 지향하고, 다양한 골동서화의 완상과 같은 취미생활을 향유하는 만명晩明의 문화 풍조 유입과 더불어 도성의 경화사족을 중심으로 유행하였던 당시 문화적 경향과 일맥상통한다.

251 19세기 전반기 경화사족을 중심으로 한 한문학은 雅趣에 가까운 경향을 지녔다. 雅는 俗과 상대적 개념으로, 근본적으로는 脫俗性을 내재하고 있다. (안순태, 위의 논문, 2017, 175~176쪽 참조.)

오태사는 도성 안에 자신들이 꿈꾸던 공간을 구성하기 위해 많은 노고를 들였고, 도성 안에 있지만 속세와 단절된 듯 이색적이고 별세계와 같은 경개를 실현하였다. 이들이 별서와 누정에서 지은 시에서 포착되는 절속의 경지와 한가로운 정취는 19세기 전반기를 대표하는 경화사족으로서 누구보다 당대 문인들이 추구하였던 시은의 문화 향유 양상을 잘 보여주고 있다.

또한 오태사가 별서와 누정에서 생활하며 지은 시는 이들이 개인 공간 경영을 통해 추구하였던 정신적 지향과 그 안에서 즐겼던 다양한 취미생활 방식을 보여준다. 김조순과 심상규는 도연명의 전원을 연상시키는 소박한 정취를 자신들의 공간에 재현하고자 하였고, 누대와 원림을 지어 한가로운 삶을 구가하였던 중국의 명사에 자신들을 견주며 시를 통해 만족감을 표출하였다.

김조순과 심상규 · 이만수는 별서와 누정에서 즐기는 문화를 개인적 차원의 향유에서 그치지 않고 소수의 특정 지인들과 함께 공유하였는데, 대표적으로 서로의 누정에 제시를 지어 시은에 대한 공통된 정신적 지향을 드러내기도 하였다.

한편 이들이 개인 공간 안에서 향유하는 다양한 문화생활과 소소한 사물들이 단순한 현상의 인식에 그치지 않고, 다양한 사유가 담긴 시로 확장되는 것을 발견할 수 있다. 이 가운데 유독 많은 비중을 차지하는 시적 제재가 바로 '화훼花卉'인데, 누정과 함께 원림을 형성하는 과정에서 각종 희귀한 화훼에 대한 관심이 높아졌기 때문이다. 이들의 개인 공간에서 이루어진 화훼 완상과 시 창작 및 화훼를 매개로 한 아회雅會에 관해서는 2장에서 집중적으로 다룬다.

2. 다양한 화훼·수목의 재배와 수선화 완상

오태사가 활동하던 19세기 초는 18세기에 성행하던 원림에 대한 관심을 이어 다양한 종의 화훼 수집과 완상에 열을 올리던 시기였다. 이러한 문화적 분위기 속에서 원림 조성에 누구보다 적극적이었던 다섯 문인은 다양한 종류의 화훼를 정원 혹은 서재에 심어두고 완상하기를 즐겼다. 이들이 소유하고 애호하였던 화훼 중에는 민간에서 쉽게 구할 수 없었던 희귀 품종도 많았다. 화훼·원예취미가 당대 도성 문인들의 최대 관심사였던 만큼, 화훼 재배에 대한 정보를 공유하고 함께 모여 완상하는 등 화훼를 매개로 한 교유도 활발히 이루어졌다. 오태사의 문집에는 당대 화훼에 대한 관심과 원예 취미를 고스란히 보여주는 시문들이 상당하다. 이들의 화훼완상 취미는 분재盆栽·병화花瓶·분지盆池 등 다양하고 전문적인 방식으로 향유되었으며, 개인을 넘어 관청에서도 동료 관원들과 화훼를 완상하고 그 미감을 시를 통해 공유하였다. 또한 화훼애호 풍조와 더불어 중국에서 유입된 화훼화花卉畵는 자연스럽게 조선에서도 화훼화에 대한 관심을 불러일으켰고, 화훼를 소재로 한 그림 활동과 완상 및 제시 창작으로 이어졌다. 본 장에서는 오태사의 원예 취향을 두루 살핀 뒤, 이들의 화훼 수집과 재배, 완상 문화가 교유관계 속에서 더욱 발전되는 양상을 살핀다. 그리고 이 과정에서 창작된 화훼 관련 시편을 분석하여, 그 안에 담긴 미의식을 밝히고자 한다.

1) 원림園林 조성과 이국적異國的 화훼의 완상

〈죽석이 생전에 소고 별장의 검은 앵두를 해마다 항상 보내주었다. 소고 별장에 있는 앵두는 그 품종이 매우 훌륭하다. 이번 여름에는 때늦은 서리가 내려 정원의 앵두가 많이 열리지 않았다. 소갈증으로 시름하며 냇가 정자[澗亭]에 앉아 있는데, 문득 전노田奴가 앵두 한 광주리를 갖다주었다. 이 열매를 보자 그 사람이 그리워져 시로 정을 읊었다.〉

검은 앵두 열매로 눈물을 떨구니	涙落玄櫻子
대광주리 냇가 정자에서 또 받게 됐구려	筠筐又澗亭
옛 벗은 지금 적막에 들어갔건만	故人今寂寞
시절 사물만 여전히 향기로울 뿐	時物自芳馨
원림에서 맛보기를 함께 하지 못하고	未共林園味
초목에서 나이 듦만 속절없이 슬퍼하는데	空悲草木齡
일꾼만이 해마다 하던 과업 기억하고	田奴知歲課
주인 영감 깊은 정을 보여주었네.[252]	深見主翁情

위 시의 제목에서 간정澗亭은 낙산駱山 아래에 있던 이만수의 협간정夾澗亭을 지칭한 것으로 보인다. 이만수의 절친한 벗이자 동료였던 서영보는 이미 1816년(순조 16)에 세상을 떠나고 없었다. 어느 여름날 홀로 정자에 앉아 있던 이만수는 매년 이맘때면 서영보가 별장에서 수확한 검은 앵두 열매[玄櫻子]를 보내주었던 일을 회상하였다. 더욱이 이 당시 이만수의 정원 앵두나무는 늦서리 피해로 여름에 열매를 많이 맺지 못하였고, 소갈증으로 고생하던 이만수는 갈수록 노쇠해져만 가는 자신을 바라보며 그지없이 한탄하고 있었다. 그러던 중 서영보 집안의 밭에서 일하던 일꾼이 검은 앵두 열매 한 광주리를 그에게 가져왔다. 그 일꾼은 해마다 주인 서영보가 으레 앵두를 수확하면 이만수에게 보냈던 것을 기억하고 있었던 것이다. 이만수는 서

252 이만수, 『屐園遺稿』 권1, 「原集」, 〈竹石在時, 贈饋嘯皐玄櫻, 歲以爲常, 盖嘯皐之櫻, 絶佳品也, 今夏晩霜, 園櫻不蕃, 病渴愁坐澗亭, 田奴忽以一筐見饋, 睹物思人, 情見于辭〉.

글프던 차에 이 앵두 열매를 보곤 먼저 떠난 옛 벗이 더욱 그리워졌다. 아름다운 화훼와 수목이 어우러진 별장에 모여 화락한 시간을 보내고 수확한 열매를 함께 맛보던 그들의 추억으로 인해, 훗날 시간이 흘러 사람은 떠났지만 열매가 그 사람을 떠올리는 매개체가 되어 그리움의 정회를 담은 하나의 시상으로 이어졌다.

서영보의 소고嘯皐 별장은 그의 선조 서지수徐志修 대부터 북한산 우이동牛耳洞 인근에 소유하였던 것이다. 서영보는 부친의 명을 받들어 직접 소고 별장을 재단장하기도 하였다.[253] 현재 전해지는 서영보의 문집이 소략하여 그 별장의 규모를 짐작하기 어려우나, 서영보는 화훼와 원예에 상당한 관심을 지녔던 것으로 보이며, 틈틈이 소고 별장에 아름다운 화훼와 수목을 들여와 가꾸었다.

서영보는 이만수가 연행을 떠날 때 송서送序를 지어주며, 청나라에 가면 무화과無花果 종자를 구해달라는 부탁을 하기도 하였는데,[254] 국내에서 구하기 어려운 외국 수목 품종에 대한 관심이 지대했음을 짐작할 수 있는 부분이다. 심상규가 광주부 유수로 남한산성에 있을 때에도 서영보는 심상규에게 편지를 보내 남한산성의 능금나무를 소고 별장에 옮겨 심고 싶다며 청하기도 하였다. 그러자 심상규는 서영보에게 시를 지어주며 내년 능금나무 열매를 먹을 때면 자신을 생각하게 될 것이라며, 화훼·수목을 매개로 서로에 대한 정을 표현하였다.[255]

253 서영보, 『竹石館遺集』 책1, 〈記丁亥余童穉, 隨先王考, 來嘯皐別墅, 距今丁未爲二十年餘, 以家君命葺理室廬, 復來此, 聊述抒感〉.

254 서영보, 『竹石館遺集』 책2, 〈送屐翁赴燕序〉. "不花亦有實, 折枝旋種生, 前修域中致, 佳菓利皤嬰, 發揮得李老, 湯液證陽平, 明年便對噉, 佇企今公行."

255 심상규, 『斗室存稿』 권2, 〈竹石書乞南漢林檎移栽於其嘯皐別業〉. "南漢林檎美絶倫, 東皐花果待芳鄰, 明年食實應思我, 此日移根得主人, 千橘視奴寧與伍, 三槐多客許相親, 不須囊盛函封字, 尺牘藏爲筆苑珍."

이렇듯 단편적인 자취만 보더라도, 그의 화훼와 원림 조성에 대한 의욕이 꽤 열정적이었음을 알 수 있다. 이는 비단 서영보뿐만 아니라, 오태사를 비롯한 당대 도성 문사들의 공통적인 관심사였다. 다음은 김조순이 옥호정사에 만개한 영산홍暎山紅을 감상하며 읊은 시이다.

홀연 한 무더기 불꽃 피어나	忽看一堆火
푸른 솔밭을 태울 듯하니	欲燒青松林
대낮에도 광채가 활활 타는 듯하고	白日光猶燄
황혼녘엔 석양 비춰 더욱 선명해	黃昏暎更深
동산 가득 피었다면 무심히 보았겠지만	滿園當賤目
오직 한 그루 있어 마음을 감동시키네	獨樹故驚心
옥호정사에 여러 꽃나무 많다만	壺舍多花品
오직 이 나무만은 천금과도 안 바꾸리.[256]	玆惟不換金

영산홍은 진달래과에 속하는 철쭉으로, 원산지가 일본이기 때문에 왜철쭉[倭躑躅]으로도 불린다. 조선 세종 23년(1441) 봄에 일본국에서 철쭉 두어 분을 공물貢物로 보내 대궐 안뜰에 심었다는 기록이 나오며, 이후 궁궐 정원수로 애용되던 대표적인 꽃 가운데 하나이다.[257] 김조순은 4~5월경 정원의 솔숲 가운데 피어난 붉은 색의 영산홍 한

256 김조순, 『楓皐集』 권6, 〈壺舍暎山紅盛開〉.

257 김승민(2014)은 조선시대의 정원관련 고문헌 및 옛 그림을 중심으로 당대 화훼식물의 이용과 상징성을 고찰함으로써, 전통공간의 조성에 활용하기 위한 기초자료를 제공하고자 하였다. 이 과정에서 영산홍이 권위와 화려함을 표출하는 식물로서 왕들이 선호했고, 품격 있는 樹種으로서 외국에서 수입하여 애용되었음을 밝혔다. 김승민의 연구를 근거로 하였을 때, 김조순의 옥호산장에는 영산홍을 비롯하여 민간에서는 구하기 힘든 외래종 및 귀한 수목을 소유하고 있었음을 짐작할 수 있다. (김승민, 「조선시대 화훼식물의 이용과 상징성에 관한 연구」, 『한국전통조경학회지』 32, 한국전통조경학회, 2014, 144쪽 참조.)

그루를 바라보며, 그 강렬한 색채가 솔밭을 불태우는 듯하다고 표현하였다. 위 시에 의하면 그의 정원에는 영산홍이 딱 한 그루 있었던 것으로 보이며, 그래서 더욱 사랑스럽다며 뭇 나무들 가운데 이 나무만은 절대 팔지 않겠다는 애정을 드러내었다. 훗날 김조순이 세상을 떠난 뒤, 그의 외손자 남병철南秉哲이 봄날 옥호정사에 들러 읊은 시에는 앞마당에 선 채로 붉은 꽃을 찬란하게 피운 영산홍 한 그루가 등장한다.[258] 이 나무만은 절대 팔지 않겠다며 중히 여기던 김조순의 마음처럼 영산홍은 여전히 그곳을 지키고 있었다. 김조순의 시 미련에서 '많은 품종의 화훼[多花品]'라고 말하였듯이, 옥호정사에는 여러 품종의 화훼 및 수목이 있었고, 『풍고집』에는 그의 원림 조성에 대한 애정과 원예 취향을 확인할 수 있는 작품들이 다수 보인다. 『풍고집』에 수록된 화훼 관련 시를 토대로 그가 정원 및 서실에 들여놓았을 것으로 추정되는 화훼 및 수목의 목록을 정리하면 다음과 같다.

〈표 12〉 김조순의 한시에 보이는 화훼 품목

번호	화훼품목	번호	화훼품목
1	감귤 화분	9	석창포(石菖蒲)
2	대나무[竹, 烏竹]	10	수선화(水仙花)
3	두견화[杜鵑花, 白杜鵑]	11	연꽃[荷花]
4	매화	12	영산홍
5	반린송(斑鱗松)	13	파초(芭蕉)
6	홍·벽도[紅·碧桃]	14	패랭이꽃[石竹花]
7	살구나무[杏]	15	해당화
8	석류	16	홰나무[槐]

258 남병철, 『圭齋遺藁』 권1, 〈玉壺感懷六言雜絶〉 5首 중 두 번째 수. "惠生泉五月凉, 映山花三春紫.[庭前有映山紫一樹, 花時一屋通紅.]"

이 가운데 국내에서는 보기 힘든 희귀 품종과 해외에서 수입한 이국적 화훼 품목이 눈에 띈다. 반린송斑鱗松은 김조순이 서장관으로 연행燕行을 갔을 때, 호승胡僧이 조선으로 돌아오는 그를 전송해주며 선물로 준 것이다.[259] 이 소나무는 외견상 국내에 서식하는 소나무와 큰 차이는 없는 것으로 보이나, 그가 해외 체험을 통해 취득한 수목이라는 점에서 의미가 있다.

위 목록 가운데 가장 눈여겨볼 만한 화훼는 수선화水仙花와 감귤柑橘 화분이다. 두 품종 다 외국外國에서 들여온 것으로, 당시 도성에서 유행하던 화훼에 대한 지대한 관심과 완상 문화가 외국의 꽃과 나무의 활발한 수입으로 이어진 시대적 현상을 확인할 수 있다.

중국 왕조가 명에서 청나라로 바뀐 이후에도 지속적이고 정기적인 연행이 이루어지고, 18세기 후반에는 중국과의 교역이 더욱 확대됨에 따라 다양한 문물이 유입되었다. 서적과 그림을 비롯하여, 중국의 화훼 품종도 그중 하나였다.[260] 오태사가 활동하던 19세기 초반은 18세기 후반 왕성해진 원예와 정원 조성에 대한 관심을 이어받았으며, 한韓·중中 문화 교류가 더욱 활발하던 시기이다. 덕분에 이들은 이전보다 더욱 다양한 외래 품종을 접할 수 있었고, 그간 축적된 지식과 발달된 원예기술을 바탕으로 다양한 화훼 관련 서적이 출간됨으

259 김조순, 『楓皐集』 권1, 〈松生〉. “尙憶胡僧送我行, 慇懃拾子作人情, 縱饒五鬣吾鄕產, 頗喜斑鱗異域名.”

260 이종묵(2013)은 18,19세기 조선 문인들의 燕行錄에서 중국의 꽃과 나무에 대한 관심이 매우 높다는 점에서 착안하여, 화훼에 대한 관심이라는 조선 후기 문화 현상과 燕行을 통한 해외 품종의 수입이 지니는 문화사적 의미를 논하였다. 그는 18세기 노가재 김창업의 연행록에서 화훼를 자세히 다룬 이래, 19세기 연행록에 화훼에 대한 기록이 많아졌으며, 연행을 통하여 水仙花를 위시한 많은 꽃을 수입한 과정에 대해 살폈다. (이종묵, 「조선 후기 燕行과 花卉의 文化史」, 『한국문화』 62, 서울대학교 규장각한국학연구원, 2013.)

로써, 원예에 관한 보다 전문화된 지식에 접근이 가능했다.[261] 서영보가 연행을 떠나는 이만수에게 무화과를 구해달라고 부탁했던 것도 이러한 경향을 확인할 수 있는 단서이다.

한편 19세기 초 청나라 연행을 통해 다양한 외래종의 유입이 있었다면, 김조순이 소유한 외래종 화훼 가운데에는 일본 통신사를 통해 들여온 경우도 확인된다. 김조순의 족숙 김이교는 순조 연간에 신미통신사辛未通信使의 임무를 수행하며 일본을 왕래한 바 있다.[262] 김조순은 중국과 일본으로 사신의 임무를 수행한 친척 및 지인을 통해 비교적 쉽게 외국의 물품을 소유할 수 있었다. 그의 숙부 김이교가 통신사로 일본에 다녀오면서 감귤 화분 한 그루를 선물로 가져온 것이 대표적인 예이다.

〈죽리 숙부께서 작년 가을에 대마도에서 분재한 감귤나무를 가져다주셔서 서실에 두었는데, 올봄에 잎이 나고 꽃이 맺혔다. 꽃이 피었으니 열매가 맺힐 것도 기대할 수 있기에, 이 시를 지어 기쁜 마음을 드러내고 아울러 죽리 숙부께도 보여드린다.〉

261 고연희는 정약용의 화훼에 대한 관심을 중점적으로 다루면서 식물에 대한 박물적 지식과 방대한 화훼서적류가 화훼시 창작의 기반이 되었음을 말한 바 있다. 이 밖에도 18세기 이후 축적된 화훼서적에 관한 연구가 이루어졌다. (고연희, 「정약용의 花卉에 대한 관심과 花卉詩 고찰」, 『동방학』 제7집, 2001; 강민구, 「유서(類書)에 나타난 조선 지식인의 화훼(花卉)에 대한 인식」, 『동방한문학』 56, 동방한문학회, 2013.)

262 김이교는 1811년(순조 11) 2월 12일 통신사의 사명을 띠고 출발해 5월 22일 副使 李勉求와 함께 對馬島府中의 客館에서 東武上使 미나모토[源忠岡]와 부사 후지야스[藤安薰]에게 國書傳命을 거행하고 公私禮單을 전달하였다. 김이교의 당시 통신사 경험을 기록한 『辛未通信日錄』이 전해진다. 그는 임무를 마치고 7월 3일 대마도를 떠나 부산에 도착했고, 7월 26일 왕에게 보고서를 올렸다. 이 통신사는 조선의 마지막 통신사였다.

만 리 길 큰 파도 지나온 줄 모르겠나니 萬里鯨濤過不知
화분 속 푸른 산호 가지 아무 탈이 없었군요 盆中無恙綠珊枝
매화 핀 창에서 온기 빌려 찬 서리 멀리하고 梅窓煖借冰霜遠
계수 난간에서 한기 녹이며 이슬비에 적시며 桂檻寒銷雨露滋
흰 꽃 보자 여름 맺힐 과실 벌써 기대되니 已喜白花迎夏結
드리워진 노란 열매 가을 되면 보게 되리 應看黃實及秋垂
백 년 동안 덕 쌓는 일에 늘 마음 애쓰나니 百年來德心長苦
비단과 바꾼 형주荊州의 바보와는 비교 마십시오.[263] 莫擬荊州博絹癡

김조순은 시 제목에서 감귤 화분을 죽리 김이교를 통해 얻게 되었음을 밝히고 있다. 수련에서 '만 리의 고래 파도'를 건너왔다는 표현을 통해 바다 건너 타국에서 국내로 들어왔다는 것을 알 수 있으며, 감귤 나무를 '푸른 산호'에 비유하여 고급스럽고 신비한 이국적 느낌을 주었다. 함련에서는 감귤나무 화분을 집에 들인 뒤, 겨울과 봄을 보낸 과정을 읊었다. 겨울엔 찬 서리에 얼지 않도록 집안에 들여 매화 화분 옆에 놓아두었다가, 봄비가 내릴 때는 뿌리가 양분을 빨아들일 수 있도록 난간에 두어 보살피는 과정을 보여주었다. 꽃과 열매를 보기 위해 얼마나 많은 정성을 쏟았는지 느껴지는 부분이다.

예로부터 감귤나무는 천명에 순응하여 본 서식지를 떠나지 못한다는 기록이 있어, 서식지를 옮겨 심을 수 없다는 인식이 있었다.[264]

263 김조순, 『楓皐集』 권3, 〈竹里叔去秋, 自馬島, 携贈盆柑, 置書室中, 今春發葉結花, 有花結實亦可期, 賦此志喜, 兼奉示竹里〉.

264 『周禮』「考工記」에, "귤나무는 淮水를 건너가면 탱자가 된다.[橘渡淮則爲枳.]"는 구절이 있는데, 원산지를 벗어나 다른 토양과 환경에 노출되어 성질이 변하는 것을 의미한다. 이러한 감귤의 특성에 기인하여, 굴원은 『楚辭』「橘頌」에서, "천성에 따라 터를 옮기지 않고, 남국에서 살아가네.[受命不遷, 生南國兮]"라고 읊어, 자신의 굳은 절개를 귤에 비유하기도 하였다.

이러한 인식 때문인지 김조순은 감귤 화분이 일본에서 먼 바다를 건너왔음에도 불구하고, 손상 없이 겨울을 무사히 보내고 봄에 꽃을 피우게 된 놀라움과 기쁨을 표현하였다. 또 앞으로 여름에 열매를 맺고 가을에는 황금빛의 잘 익은 감귤을 볼 수 있게 되리라는 기대감을 드러내었다. 김이교와 함께 일본 통신사행에 참여하였던 박옹泊翁 이명오李明五도 김조순의 위 시에 차운하여, 김조순의 왜감倭柑 나무가 본래 서식지를 벗어나 환경이 다른 타지他地에서 꽃을 피우게 된 것을 축하하였다.[265]

감귤나무는 주로 남방에 서식하여 국내에서는 제주도를 비롯한 남쪽 지방에서만 재배한다. 19세기 문인 이학규는 1824년 지은 시에서 남쪽 지방의 감귤나무를 귀족 집에서 종종 가져다 정원을 꾸민다는 사실을 각주로 언급하였다.[266] 이 기록을 통해 감귤나무 역시 당대 경화사족의 원림에 심는 관상용 수목으로 애호되었다는 것을 알 수 있다. 그리고 김조순의 감귤 화분은 정말로 열매를 맺게 되는데, 이는 심상규의 문집에서 확인할 수 있다. 다음은 감귤과 관련하여 심상규가 쓴 시의 제목이다.

> 〈풍고옹이 일찍이 화분에 심은 왜국의 작은 귤나무 한 그루를 얻었는데, 금년이 되자 비로소 결실을 이루었다. 모임을 마련하고 초대하여 감상하기로 약속하였는데, 아직까지도 자리를 마련하지 못하였기에, 이전의 운자를 써서 농담 삼아 보내 재촉하였다.〉[267]

---

265 李明五, 『泊翁詩鈔』 권7, 「白雲山行錄」, 〈陪楓閣賦盆柑〉. "不覺滄溟南渡遠, 多憐雨露北來滋."

266 李學逵, 『洛下生集』 책18, 「觚不觚詩集」, 〈感事三十四章〉. "貴家輩, 致南方橘柚小樹, 爲園池美觀, 亦能結子."

267 심상규, 『斗室存稿』 권2, 〈楓翁曾得盆種倭柑一小樹, 今年始能結實, 已約設會招賞, 今

김조순은 심상규에게도 감귤 화분이 꽃을 피웠다는 기쁜 소식을 알리며 열매가 맺힐 무렵 모임 자리를 마련하겠다고 하였던 것으로 보인다. 심상규의 『두실존고』에 김조순의 감귤 화분과 관련된 시가 남아있어 그 정황을 파악할 수 있다.[268] 감귤 열매가 익었다는 소식을 들은 심상규는 김조순에게 두 수의 시를 보내 어서 모임을 열라 재촉하였다. 그는 첫 번째 수에서 김조순의 감귤 화분이 본래의 서식지를 벗어나 열매를 맺게 된 것에 매우 감탄하고, '홀로 달콤한 온윤[감귤] 볼 날 애타게 기다리니, 날을 정해 감귤 나눠 좋은 시구 겨뤄야 하리. [獨憐溫尹甘相待, 剋日分金賭好詩.]'라며 애타는 마음을 표현하였다. '온윤溫尹'은 소식蘇軾의 「황감육길전黃甘陸吉傳」에서 감귤을 의인화하여 붙인 관직명官職名이다. 심상규는 소식의 표현을 빌려 김조순의 감귤을 높은 직위를 지닌 귀한 신분에 비유한 것이다.

이어서 두 번째 수에서는 '글 읽은 뒤 3백 편 시 지을 필요 없으니, 두 교신校臣의 시 한 수 씩이면 충분하다네.[不要書後題三百, 只許雙校每一詩.]'라며, 재촉의 뜻을 더욱 강하게 드러내었다. '3백 편의 시'는 중국 송宋 나라 소백온邵伯溫의 〈황감黃柑〉에 나오는 표현으로, 감귤이 완전히 익을 때까지 기다리며 수백 편의 시를 짓는다는 뜻이 담겨 있다. 그러나 심상규는 이를 변용하여 3백 편의 시를 짓는 기다림은 더 이

尙未設, 用前韻戲柬促之〉[二首].

268 『두실존고』 권2에 수록된 심상규의 〈次韻楓皐〉에 따르면, 김조순이 공무로 바쁜 나날을 보내던 중 옥호산장에 들렀는데, 어느새 매화꽃이 피고 감귤 열매도 황금빛이 되어 있었다. 이에 김조순은 심상규에게 시를 지어 보내며, '매화 피고 귤이 금빛이 된 것 전혀 모른 채, 쉼 없이 굴러가는 수레바퀴 신세여 난 어찌해야 하는가.[梅白柑黃了不知, 車輪逐逐我胡爲.]'라며 한탄하였다. 그러자 심상규가 화답시를 지어 위로하며, '매화와 노란 감귤 앞에 함께 하는 날, 기쁜 얼굴 이젠 모두 백발 노인이겠지.[絳梅花並黃柑日, 青眼人皆白髮時.]'라는 시구를 통해 매화와 감귤을 함께 완상하는 모임을 암시하였다.

상 필요 없으니, 그저 시회詩會를 알리는 시 한 수씩만 주고받으면 된다며 시간을 더 끌지 말라는 유머와 재치를 보였다. 그러나 이와 같은 재촉에도 불구하고, 김조순으로부터 모임을 뒤로 미루자는 답을 듣게 되자 심상규는 굴하지 않고 또 시를 지어 김조순을 재차 재촉하였다.

이번 생 달고 쓴 것 다 맛보아서 알고 있으니	此生甘苦兩相知
한 번 모임 차라리 변변치 못해도 괜찮다네	一會寧如毳飯爲
차후 금빛 과실 시들었다 한탄하지 말고	向後休歎金變絮
이제 마침 옷감에 실 더하기 좋은 때라	卽今恰好繡添絲
사자 머리 반가운 얼굴로 만날 날을 고대하니	獅頭政待開顔地
부처의 손 어찌 손꼽아 날을 세게 하려는가	佛手那堪屈指時
일곱 중 남은 세 개 끝내 금방 없어질 텐데	其七其三終易盡
그대 향해 〈떨어지는 매실〉 노래 불러보는 수밖에.[269]	對君聊誦標梅詩

이미 이 세상 감고甘苦는 다 맛보았으니, 굳이 격식을 갖추고 珍味를 차리느라 모임을 미룰 필요 없다는 수련의 말을 통해 보아, 아마도 김조순이 아직 모임을 위한 준비가 되지 않았다는 핑계를 댔던 것으로 보인다. 2구의 모반毳飯은 소식과 전협錢勰의 일화에서 온 말로, 소식이 전협에게 편지를 보내 취반을 대접하겠다고 하였는데, 가보니 아무것도 없었다고 한다. 이는 파자破字를 통한 언어유희로, '취毳'의 '삼모三毛'는 곧 '삼무三無'와 음이 유사하니, '밥 · 무 · 탕'이 없는 극히 보잘것없는 음식을 말한다. 심상규는 소식의 전고典故를 취하여, 수련에서부터 모임을 빨리 추진하라는 재촉의 뜻을 익살스러운 표현

269 심상규, 『斗室存稿』 권2, 〈翌日長至, 與楓皐晤於閣中, 楓皐有詩欲遷延會期, 輒復和之〉.

을 통해 적극 드러내었다. 함련에서는 중국 원말명초元末明初의 문인 류기劉基가 정치를 풍자한 소품小品인 「매감자언賣柑者言」의 내용을 차용하였다. 작자가 금빛 옥처럼 반질반질한 감귤을 샀지만 막상 껍질을 까보니 과육이 말라비틀어져 '낡은 솜[敗絮]'과 같았다는 부분이다.[270] 심상규는 김조순에게 시간을 끌다 감귤이 싱그러운 때를 놓치게 될 수 있다며, 감귤을 제대로 감상하고 맛보기 위해서는 무엇보다 '시기'가 중요함을 강조하였다. 그리고 마침 동지를 앞두고 있던 시점이라, 곧 모임을 즐기기 좋은 때가 다가오고 있었다. 넷째 구의 '수첨사繡添絲'는 동지 이틀 뒤인 '소지小至'를 읊은 두보의 시 구절을 인용한 것으로, 동지 이후 낮이 길어져 자수를 놓는 궁중 여인들의 하루 업무량이 조금씩 더 늘어남을 의미한다.[271] 심상규는 동지 직후에 연회를 열어 감귤을 완상하며 아름다운 시를 읊기에 안성맞춤이라는 말을 하고 싶었다. 그래도 그는 김조순을 설득하기에 모자라다 여겼던지, 경련에서는 감귤을 의인화하여 감귤의 입장을 대변하기에 이르렀다. '사자 머리'와 '부처의 손'은 감귤류에 속하는 품종명이다. '사두감獅頭柑'은 일반 감귤보다 조금 크고 울퉁불퉁하여 동양화에 등장하는 사자 얼굴과 유사하다하여 붙은 이름이다.[272] '불수감佛手柑'은 과실이 손가락처럼 생겨서 붙은 이름이다.[273] 둘 다 일반적인 감귤과

270 劉基, 『誠意伯文集』 권20, 「賣柑者言」. "杭有賣果者, 善藏柑, 涉寒暑不潰, 出之燁然, 玉質而金色, 置于市, 賈十倍, 人爭鬻之, 予貿得其一剖之, 如有烟撲口鼻, 視其中, 則乾若敗絮."

271 두보, 『杜少陵詩集』 권18, 〈小至〉. "刺繡五紋添弱線, 吹葭六琯動飛灰."

272 陳耀文, 『天中記』 권52, 「柑」. "獅頭, 雲南北勝州, 有獅頭柑, 狀如獅頭而色黃, 有大如椀, 其味最甘.[雲南志]."

273 陳淏子, 『花鏡』 권3, 「佛手柑」. "佛手柑, 一名飛穰, 產閩廣間, 樹似柑而葉尖長, 枝間有刺, 植之近水, 乃生結實, 形如人手指, 長者有五六寸者, 其皮生綠熟黃色, 若橙而光澤, 內肉白而無子, 雖味短而香馥最久, 置之室內笥中, 其香不散, 南人以此雕鏤花鳥, 作蜜

는 외형이 사뭇 다르지만, 위 시에서는 감귤의 미칭美稱으로 사용하였다. 그는 감귤류 과실과 관련된 상서로운 이름을 동원하여, 자신의 기다림과 애타는 마음을 더욱 효과적으로 표현하였다. 감귤이 사자 같은 머리를 들어 반가운 손님들을 만날 날을 고대하고 있는데, 어찌 귀하신 부처의 손이 손가락을 구부려 날짜를 세게 할 수 있겠냐며, 감귤마저도 우리의 모임을 고대하고 있는데 그대는 무얼 하느냐며 독촉하는 듯하다. 심상규는 이 시의 주석을 통해 김조순의 감귤나무에 7개의 열매가 맺혔는데, 4개는 이미 궁에 바치고 3개만 남은 상황임을 설명하였다.[274] 그는 이 3개마저 없어질까 초조하다며 자신의 시를 『시경詩經』의 〈표유매摽有梅〉에 비유하였다. 시의 처음부터 끝까지 일관하여 감귤 시회詩會를 재촉하는 뜻을 표출하되, 감귤과 관련된 작품부터 감귤류의 다양한 품종명에 이르기까지 감귤에 관한 지식을 활용하고, 더하여 두보의 시와 『시경』의 작품을 운용하여 자신의 뜻을 절실하게 전달하는 효과를 이루었다.

감귤 모임을 재촉하는 심상규의 시 내용으로 추측해보건대, 이들이 계절마다 다채로운 화훼를 매개로 하여 지속적인 모임을 이루었을 것으로 예측할 수 있다. 겨울에서 봄으로 넘어가는 길목에는 매화와 수선화를 감상하고, 봄에는 야외에 흐드러지게 핀 온갖 종류의 봄꽃들을 감상하느라 바빴으며, 가을에는 가을 채소와 가을꽃을 시의 제재로 삼았다. 18세기에 매화를 중심으로 한 다양한 시 모임와 완상 방식이 성행하여 절정을 이루었다면,[275] 19세기 초는 더욱 다양

煎果, 食甚佳.”

274 심상규, 『斗室存稿』 권2, 〈翌日長至, 與楓皐晤於閣中, 楓皐有詩欲遷延會期, 輒復和之〉. “其柑始結七子, 先以其四獻內中, 今只餘三顆云.”

275 18세기는 매화를 매개로 한 詩社 모임이 활성화되었고, 매화를 심미적 대상으로

해진 화훼 품종의 유입과 원예 기술의 확산에 힘입어 그 완상의 대상 또한 이전보다 폭넓어진 것을 확인할 수 있다. 이러한 19세기 초의 문화 현상은 18세기 화훼에 대한 관심에서 시작하여 화훼 재배에 관한 다양한 저술이 활발히 창작된 것 또한 배경으로 작용하였을 것이다. 그리고 이러한 시대적 배경 속에서 청나라로부터 유입되어 19세기 서울과 근기를 중심으로 큰 유행을 일으켰던 대표적인 화훼가 바로 수선화였다.[276]

2) 청나라 수선화의 유입과 유행

19세기 이전에도 수선화를 중국에서 들여온 경우가 있었지만, 본격적으로 수선화가 문인들 사이에서 유행한 계기는 자하 신위가 1812년 연행 때에 수선화를 들여오면서인 것으로 알려져 있다.[277] 옥수玉

인식하면서 다양하고 기발한 매화 완상법이 생겨났다. 18세기 조선 문단에서 이루어진 매화시 창작 양상과 미의식에 대해서는 신익철의 연구를 참조할 수 있다. (신익철, 「梅社 동인의 매화시 창작과 비평: 18세기 한시 비평의 일단」, 『한국문학연구』 3, 고려대학교 민족문화연구원 한국문학연구소, 2002; 「18세기 매화시의 세 가지 양상」, 『한국시가학회』 15, 한국시가연구, 2004; 『조선의 매화시를 읽다』, 글항아리, 2015.)

276 정민(2005)은 18세기 중반 이후 서울 지역을 중심으로 원예문화가 갑작스레 성행한 문화 현상에 주목하여, 이 시기 화훼문화의 열풍 양상을 밝히고, 이것이 18세기 후반과 19세기 초를 특징지을 수 있는 특수한 현상이었음을 말하였다. 또 그는 19세기 수선화 붐이 갑작스레 일어난 점을 언급하며, 이에 대한 심화된 연구의 필요성을 제기하기도 하였다. (정민, 「18, 19세기 문인지식인층의 원예 취미」, 『한국한문학회』 35집, 한국한문학회, 2005.)

277 연행을 통한 수선화 유통 경로와 최초의 유입 및 성행에 대해서는 이종묵의 연구에서 체계적으로 밝혔다. 그는 金昌業이 처음 연행을 통해 수선화를 들여왔지만 꽃을 피우지 못하였고, 이후 1800년 李基讓이 수선화를 들여와 丁若鏞에게 선물하였지만, 널리 퍼지지는 못한 것으로 판단하였다. 그러다 본격적으로 도성 안에 수선화가 널리 유행하기 시작한 것은 1812년 申緯가 연행을 통해 청나라에서 수선화를 구매해온 무렵부터로 보았다. (이종묵, 위의 논문(2013), 120~122쪽 참조.)

垂 조면호趙冕鎬도 1813~1814년을 기점으로 수선화 재배 풍속이 일어났다고 하였으니,[278] 도성의 수선화 유행 문화가 시작된 시기를 대략 이즈음으로 추정할 수 있다. 이후 1834년 수선화 수입 금지령이 내릴 때까지 수선화는 계속 수입되었고, 1840년 추사 김정희가 제주도 유배지에서 자생하는 토종 수선화를 발견해 알리기 전까지는 수선화 구입을 오로지 청나라로부터의 수입에만 의존하였기에, 수선화는 특정 계층의 소수만이 구할 수 있는 '희소성'을 지녔다.[279] 이러한 유입 경로의 한계성 때문에 수선화를 재배한 주 향유층은 19세기 초 경화사족이 중심이었으며, 이는 한양의 도시화와 '경향분기京鄉分岐'라는 당시 사회문화 현상의 일면을 고스란히 보여준다. 다음은 김조순이 지방에 있는 지인을 생각하며 쓴 수선화 시이다.

기후 따라 피고 지는 꽃 절기를 나누는데	榮枯冷煖割天時
여러 꽃들 보던 끝에 기이한 자태 발견했네	閱盡羣芳見異姿
비단 버선 물결 위로 푸른 소매 흔들고	羅襪凌波搖翠袖
은 받침이 햇살 아래 노란 꽃술을 떠받드네	銀臺暎日捧黃彝
서리 앞서 핀 뜨락의 혜초 향기 나눠 갖고	氣分庭蕙霜前馥
눈 내린 강가에 핀 매화 영혼 돌아온 듯	魂返江梅雪後枝

278 조면호, 『玉垂集』 권31, 「詵水仙」. "水仙花産自大江以南, 鴨東人不備花目, 或從柵市而購, 間多停撤, 冕自童子時, 聞其名不見其花, 逮至癸酉・甲戌之歲, 花風始振."

279 조선에 수선화가 유입된 초반, 까다로운 수선화 재배 방식 때문에 당시 요령이 부족했던 조선 문인들은 자체적 대량 번식에 성공하지 못했고, 사실상 일년생 화훼로 소비하였으며, 계속해서 수선화 구근을 수입할 수밖에 없었다. 그러자 수선화의 과잉 수입을 경계한 조정이 수입금지 조치를 내린 것이다. 그러다 1840년 김정희가 제주도에 자생하는 수선화를 발견한 이후로, 제주도 수선화가 육지로 확산되었지만, 여전히 중국산 수선화를 더 선호하는 시각이 존재하였다. (윤지안, 「조선후기 수선화의 유행과 쇠퇴」, 『인문과학연구』 27, 덕성여자대학교 인문과학연구소, 2018.)

금년 서울에는 이 종자가 많이 들어왔건만　京國今年多種得
애처롭다 그대 남쪽 관사에서 홀로 시만 짓는구나.[280]　憐君南館獨裁詩

김조순이 차운한 호남 방백의 원시를 확인할 수 없어 당시의 정황을 구체적으로 알 수는 없지만, 김조순의 차운시 내용을 토대로 추정하건대, 호남의 지방관으로 도성 밖에 머물고 있던 지인이 수선화를 제재로 시를 지어 보냈던 것 같다.[281] 김조순은 시 전반부에서부터 다른 꽃들과는 다른 품격을 지닌 수선화에 대한 높은 평가를 내리고 있다. 또 수선화를 혜초의 향기와 매화의 정신에 비유하여 이들과 동일한 고고한 품격을 지닌 식물로 칭송하였다. 끝으로 금년 도성에서는 수선화 알뿌리를 많이 구할 수 있었다고 한 것으로 보아, 청나라로부터 수선화 알뿌리가 조선으로 활발히 유통되던 때였음을 짐작할 수 있다. 미련에서는 서울[京國]-호남 관사[南館], 많다[多]-홀로[獨]의 대조적 시어를 배치하여 극적인 효과를 불러일으켰다. 도성의 문인들이 수선화 알뿌리를 구매하여 수선화를 재배하고 모임을 열어 꽃을 감상하던 활기찬 분위기와 달리, 지방인 남쪽 호남 관사에 홀로

280 김조순, 『楓皐集』 권5, 〈次湖南伯水仙花韻〉.

281 김조순과 절친하였던 金鑢도 위 시에 차운하여 시를 지었는데, 김조순의 시처럼 수선화의 아름답고 고결한 이미지를 묘사한 뒤, 지방에 멀리 나간 채 홀로 시름겨워하는 벗에 대한 그리움을 표현하였다. 김려는 벗의 모습을 중국 송나라 때 四川과 荊南 일대에서 귀양생활을 하던 黃庭堅에 비유하였다. 황정견은 귀양 당시 자신의 불우한 신세를 수선화에 투영하여 시를 읊은 바 있다. 끝으로 김려는 어떻게 해야 그를 다시 불러 함께 시를 짓게 될까 한탄하였다. 김조순과 김려는 평생의 知己로 지내며 서로의 문학에 많은 영향을 주고받았으며, 두 사람은 지인들과 주기적으로 시모임을 가졌다. 위 시의 호남 방백은 아마도 그 시사의 일원이었을 것으로 추정된다.(김려, 『藫庭遺藁』 권12, 「補遺集」, 〈次楓翁水仙花韻〉. “記得橫波騎鯉時, 無端化作斷腸姿, 水中蘸體淸爲骨, 雪後還魂傲是彝, 金錢甕圍憐薤葉, 金錢甕圍憐薤葉, 惱殺闔門黃太史, 若爲携到共題詩.”)

있으며 그저 수선화와 도성을 생각하는 시를 지어 보내는 지인의 애처로운 모습이 상대적으로 부각 되어, 상대방을 향한 애틋함과 안쓰러움이 한층 효과적으로 표출된다. 한편으로는 당시 도성과 지방의 문화적 격차를 실감할 수 있는 부분이기도 하다.

이와 유사하게 정약용도 남쪽 지방에 있을 때, 서울에서 수선화를 완상하던 과거를 회상하며, 도성에 두고 온 수선화와 서울을 그리워하고 자신의 처지를 한탄한 시를 지은 바 있다.[282] 19세기 후반 경남 밀양에서 태어나 부산에서 활동하던 유학자 박필채朴苾采는 1898년 지인을 통해 수선화를 얻게 되자 고마움을 표하며 말하기를, '이 물건은 현달한 고관이나 부호, 그리고 고상한 사람이나 은사의 책상에서 기르는 종자인데, 어찌하여 이렇게 거칠고 한미하고 더러운 물가에 이르게 되었습니까.'[283]라고 하였다. 이를 통해 지방 문인들의 수선화 인식을 엿볼 수 있다. 정약용과 박필채가 남긴 글만 보더라도 수선화가 서울의 도시화 및 도성을 중심으로 유행하던 고급 화훼 완상 취향을 대표하는 상징적 존재였음을 알 수 있다. 서유구徐有榘도 연경에서 수선화를 구입하는 경로에 대하여 서술하면서, 이것이 매우 비싸서 경제적 여력이 있는 자들만이 재배할 수 있었다고 하였다.[284] 전적으로 해외 수입에 의존하였던 당시 수선화 유통 경로의 특성상 구할 수 있는 물량에 한계가 있어서, 연행사를 통해 수선화를 구매할 경제

282 丁若鏞, 『茶山詩文集』 권4, 〈水仙花歌, 復次蘇韻〉.

283 朴苾采, 『秋湖遺稿』 下, 「謝友人送水仙花」[戊戌]. "此物是達官豪客旅夫高人隱士几案上所養之種, 而胡爲乎到此荒翰湫隘之濱乎." 번역은 정경주 국역, 『추호유고』 하, 부산광역시편찬위원회, 2003, 103~105쪽을 참조하되 문맥을 고려하여 일부 수정하였다.

284 서유구, 『林園經濟志』, 「藝畹志」 卷1, 「水仙」. "我東舊無水仙, 近始有購諸燕市而來者, 好事者, 往往以畵盆分根, 置之几案, 詫爲奇玩, 然價重, 非有力者, 不能致也."

력을 지닌 특정 계층의 소수만 수선화를 소유하고 접할 수 있었다. 수선화는 이러한 유통의 한계 때문에 조선에서 한동안 '부富의 상징'이자 '도시적'이며 '귀족'을 상징하는 화훼였다.

사람들이 수선화를 애호하고 이를 구하기 위해 열을 올렸던 이유는 당시 국내에서 구할 수 없었던 희소성 때문도 있지만, 그 독특한 감상 방식도 한몫 하였다. 조선 문인들은 토양 없이 물을 담은 화분에 알뿌리를 심었고, 그 재배와 감상 방식은 문인들의 호기심을 자극하였다. 그리고 이는 한시에서 고결高潔하고 신비스러운 이미지로 형상화되었다.

중국에서는 일찍이 수선화을 가꾸고 애호하여, 송대宋代 황정견黃庭堅이 처음 수선화를 시로 읊은 이후, 이를 소재로 한 시화詩畵가 즐겨 창작되었다. 배다니엘은 중국 고전시에 나타난 중국 문인들의 수선화 인식을 '세속을 초월한 신녀의 이미지', '천연의 곱고 청아함을 소유한 자태', '남다른 기품과 절조를 지닌 의지의 투영체'로 나누어 그 미감을 살폈다.[285] 조선 후기 문인들의 시에 형상화된 수선화의 이미지 또한 대체로 이와 유사하며, 수선화를 지칭하는 '금잔옥대金盞玉臺', '능파선인凌波仙人' 등 선계의 꽃을 연상시키는 표현도 그대로 수용하였다. 이러한 수선화의 이미지는 고상하고 우아함을 추구하였던 당시 도성 문인들의 아취雅趣에도 부합하였다. 실학자였던 정약용이 수선화에 대하여 그 자태와 생리가 고결하지만 정작 실생활에 아무런 효용이 없다고 할 정도로,[286] 수선화는 철저히 '완상' 그 자체만을 위

285 배다니엘, 「중국 고전시에 나타난 水仙花 이미지」, 『한중언어문화연구』 35, 한국중국언어문화연구회, 2014.

286 정약용, 『與猶堂全書』 권18, 「答茯菴」. "水仙花別有一種風味, 非煙火食人所宜享, 用黃山谷詩比之凌波仙子, 眞善喩矣. 然究竟作何功用, 與買木綿攪車之志, 何逕庭不相入耶."

한 화훼였다.

원예에 유독 관심이 많았던 김조순과 심상규, 남공철도 당대 도성에서 유행하던 수선화 유행 문화에 편승하였던 것으로 보인다. 김조순과 심상규는 수선화 재배 방식에 대해 의견을 나누고, 그 과정에서 느끼는 감회를 시로 읊어 주고받았다. 김조순이 심상규에게 수선화 알뿌리 다섯 개를 구해주었는데, 때가 되었는데도 싹이 나지 않았다. 조급해진 심상규는 자신이 예전 연행사로 청나라에 갔을 때 12월에 이미 활짝 핀 수선화를 본 기억을 떠올리며, 이미 12월이 되어버린 지금 알뿌리를 심기에는 시기가 너무 늦은 것이 아닌가 불안해하였다. 이에 김조순은 그렇지 않다며 자신이 터득한 성공적인 수선화 재배법을 공유하였다. 그 결과 김조순과 심상규의 수선화 알뿌리 모두 싹이 돋아났고, 두 사람은 이에 대한 기쁨을 시로 지어 주고받았다.[287]

심상규는 수선화 싹이 자라나자 꽃이 피어나면 모임 날짜를 잡아 완상하리라는 계획을 세웠으며,[288] 이를 그림으로 남기기 위해 품질 좋은 종이를 구해야겠다는 뜻을 말하였다.[289] 다양하고 희귀한 화훼 수집 및 완상과 이를 매개로 이루어진 시회, 그리고 화훼를 화목畵目으로 한 회화 창작으로 이어지는 양상을 확인할 수 있는 부분이다. 심상규는 유독 원예에 관심이 많고 조예가 깊어 연행을 떠나면서도

287 심상규, 『斗室存稿』 권2, 〈次韻楓皐〉. "楓皐送水仙五顆使種之, 余曾在燕中, 見臘月已爛開, 今此墨魁如凍芋而無芽苗, 疑其種之已晚時. 楓皐又云: '向亦種於此時, 比二月輒能抽葉作花.' 余亦於瓷斗貯水, 倣其法種之, 數日便有小萌, 仍和其寄示韻."

288 심상규, 같은 작품. "君喜今朝根幸活, 我期他日種仍滋, 方教金琖玉臺飮, 不待江瑤膾雪絲."

289 심상규, 『斗室存稿』 권2, 〈楓皐詩有'八千里外來何遠, 十二月中種太遲'之句, 翌日又成一詩, 申寄求和, 兼反其語〉. "預商開日須描畫, 爲乞鮫人繡素絲."

집안사람들에게 꽃을 많이 심으라 당부할 정도였다.[290] 서영보에게 보낸 서찰 중 수선화를 언급하며 '고상한 감상에 참으로 부합한다.'라고 평한 바 있으며,[291] 남공철과 주고받은 시에서는 청나라 문인 오자吳鼒의 수선화 화첩畵帖을 보고 감상을 제시로 남기기도 하였다.[292]

조면호의 기록에 의하면, 『홍재전서』 편찬에 참여하여 오태사와 친분을 맺고, 『동성교여집』에 시를 남긴 각신들 중 이용수李龍秀와 박종훈朴宗薰이 특히 수선화 재배에 매우 조예가 깊었으며, 그들을 중심으로 한 아회雅會가 활발했다고 한다.

> 홍관 이용수 상서와 두계 박종훈 상국이 이(수선화)를 재배하는 방법을 터득하여서, 그들의 아회雅會에서 읊은 시에 뛰어난 구절이 많아 사람들 사이에서 회자 되었다. 이로 인해 시를 읊는 문인들의 집에 이 꽃이 없으면 시인이라 하기 민망할 정도였다.[293]

조면호의 언급은 1824년 서울 동촌東村에서 이용수·박종훈을 중심으로 수선화 완상 시회가 활발히 이루어진 정황을 보여준다. 신위가 1812년 청나라에서 수선화를 구입해 국내에 들여온 이후 크게 일었던 수선화 유행 풍조가 일회성으로 끝나지 않고, 한동안 지속되었

290 심상규, 『斗室存稿』 권1, 〈次韻楓皐竹里聯續郵寄〉. "但囑家人多種花, 歸日楓竹飮松安."

291 심상규, 『斗室存稿尺牘』, 〈竹石淸覽〉. "수선화는 고상한 감상에 참으로 좋을뿐더러 한가로움을 보낼 수 있으니 감사한 일입니다.[水仙極叶雅賞, 且爲閑消, 可荷可荷.]"

292 남공철에게 보낸 차운시에서 심상규는 청나라 吳鼒(1755~1821)의 수선화 그림첩을 감상한 소감을 이야기하며, 그의 그림 솜씨를 元나라의 저명한 화가 趙孟頫에 비유하였다. (심상규, 『斗室存稿』 권1, 〈次韻南元平送示兩帖〉. "吳南禺[鼒]焦墨水仙, 筆勢翩翩姸潔, 嗅之生香, 逼似趙松雪▣▣ …(후략)….")

293 조면호, 『玉垂集』 권31, 〈謔水仙〉. "李荘館[龍秀]尙書, 朴荳溪[宗薰]相國, 養之甚得其法, 其雅集也, 詩多名句, 膾炙人口, 自此詩家人無此花, 輒無色焉."

음을 알 수 있다. 비록 현재로서는 이용수와 박종훈의 수선화 시가 확인되지 않지만, 이 글은 『홍재전서』 교인에 참여하였던 각신들이 화훼 완상과 시화 창작에 경도되어 있었고, 이를 매개로 한 아회가 도성 내에서 활발히 이루어졌으며, 이들이 도성의 수선화 유행을 주도한 인물군에 속하였음을 알 수 있는 단서가 된다. 김조순과 심상규가 수선화 재배에 관한 정보를 공유한 것도 이와 같은 맥락으로 이해할 수 있다. 도성에서 이루어진 수선화 재배와 완상의 유행 중심에 오태사와 동시대 각신 출신 관료들이 있었음을 짐작할 수 있다.

정리하자면 조선 사대부에게 매화는 가장 품격 높은 화초였으며, 오랜 시간 조선 문인들이 가장 애호하였던 꽃이었다. 19세기 초반에도 매화 애호와 완상은 여전히 이어지고 있었다.[294] 이전부터 매화를 애호하고 완상하며 주요 심미 대상으로 삼았던 조선의 문인들은 19세기 초 중국으로부터 유입된 수선화라는 꽃에도 각별한 관심을 가졌다. 그리고 황정견과 중국 문인들의 시로만 접하던 수선화의 실물을 직접 소유하고 감상할 수 있게 되면서, 이를 모방하여 수선화를 매화와 함께 완상하는 새로운 경향이 생겼던 것으로 보인다. 18세기 주 애호의 대상으로 사랑받았던 매화 완상의 기풍을 그대로 계승하되, 19세기로 접어들며 다양하고 새로운 품종의 유입 및 유통으로 화

294 오태사의 경우 서영보가 매화꽃이 피어나는 모습을 완상하며 그 과정을 시로 짓자, 심상규가 이에 차운하기도 하였고, 김조순의 매화시에 서영보와 이만수가 각자 차운하기도 하였다. 이를 통해 19세기 초반에도 오태사를 비롯한 조선 문인들 사이에서 여전히 매화 완상과 시 창작이 활발히 이루어졌음을 알 수 있다. (서영보, 『竹石館遺集』 책1, 〈嘗見陳眉公題自寫梅花曰仙人萼綠華, 今余所藏梅, 甚似眉公所寫, 心異之書此〉외 9首; 심상규, 『斗室存稿』 권2, 〈次韻竹石梅花絶句〉 6首; 서영보, 『竹石館遺集』 책1, 〈立春日, 楓翁貽詠梅之詩〉; 이만수, 『屐園遺稿』 권1, 「原集」, 〈次金直閣[祖淳]梅花韻〉.)

훼 완상 대상의 편폭이 더욱 확장되었음을 '수선화 유행'을 통해 확인할 수 있다.

3) 수선화 완상과 시적 형상화

19세기 경화사족이 일상 속에서 즐겼던 화훼 수집과 완상 문화는 이들의 화훼시花卉詩 창작에도 변화를 가져왔다. 그동안 매화만을 중심으로 이루어졌던 시 창작에 수선화가 추가로 더해지면서, 한층 더 새로운 정취와 시상을 자아내게 된 것이다. 수선화는 매화처럼 고결한 이미지를 지녔으면서 동시에 매화와 같은 시기에 꽃을 감상할 수 있다는 점 때문에 매화와 함께 사랑을 받았다. 그리하여 19세기 경화사족의 수선화 한시에는 수선화와 매화를 동일한 품격을 지닌 꽃으로 바라보는 인식이 거듭 드러난다. 김조순이 수선화 시에서 매화를 함께 등장시켜 묘사한 것도 이러한 경향에서 배태된 일례이다. 국내 수선화 유행 풍조의 선도자인 신위와 김조순이 주고받은 수선화 시를 통해 두 사람이 수선화에 관한 미의식을 공유하고 담론談論을 형성하는 과정을 포착할 수 있다. 먼저 김조순의 수선화 시이다.

방장산의 신령한 꽃 무리 중에 빼어나니	方丈仙葩秀出羣
겨울철 돋아난 잎 녹색 빛이 분분한데	玄冬抽葉綠紛紛
여느 꽃들처럼 봄비를 다투기 부끄러워	羞從衆艶爭春雨
고상한 정취 간직한 채 물가에 의탁하였네	任是高情托水雲
물 위 걷는 버선 자태 조식을 놀라게 하고	羅襪凌波驚子建
눈처럼 흰 머리는 탁문군이 원망할 듯	白頭如雪怨文君
한밤 중 문득 피어 매화 형과 머무니	夜來却伴梅兄宿
향과 색을 도무지 구분할 수 없겠네.[295]	香色都無兩可分

김조순도 여타 문인들의 시처럼 위 시에서 수선화를 선계의 꽃으로 형상화하였다. 다른 꽃들과 봄비를 다투는 세속적인 행태가 싫어 겨울 추위를 견디고 먼저 피어나길 택했다며, 수선화를 여느 꽃들과 다른 고결하고 군센 절조를 지닌 꽃으로 높이 평가하였다. 경련에서는 비단 버선을 신고 물 위를 사뿐사뿐 건너오는 여신의 아름다운 자태를 '나말능파羅襪凌波'로 표현하였다. 이는 본래 조식曹植이 낙수洛水에서 여신을 만난 황홀함을 노래한 〈낙신부洛神賦〉에 나오는 표현이다. 황정견이 이 구절을 차용하여 수선화를 묘사한 이래로, 한시에서 수선화의 아름다움을 표현할 때 줄곧 사용되었다. 또 수선화의 노란 꽃술은 종종 아름다운 여인의 머리 장식에 비유되고는 한다. 김조순은 수선화의 새하얀 꽃잎까지 아울러 '머리 장식을 꽂은 흰 머리의 여인'으로 묘사한 뒤, 탁문군卓文君의 〈백두음白頭吟〉을 연상하였다. 수선화의 외형을 시각적으로 묘사하는 데 그치지 않고 조식과 탁문군의 작품을 언급함으로써, 전고에 담긴 정감까지 함께 이끌어냈다. 미련에서는 매화와 수선화가 함께 나란히 자리한 서재의 풍경을 묘사하였다. 둘은 엄연히 다른 꽃이나, 두 식물의 향과 색깔이 매우 닮아 구분하기 어렵다는 말은 결국, 두 꽃의 본질적인 성[性]과 정신[神]이 같다는 것을 의미한다. 이 때문에 수선화와 매화는 종종 형제에 비유되며, 수선화 시에서 이 두 꽃을 나란히 품평하는 내용은 흔히 보인다. 이는 일찍이 황정견이 시를 통해 종종 수선화를 다른 꽃들과 비교하고, 매화와 수선화를 형제에 비유하여 매화를 형으로, 수선화를 아우로 지칭하였던 일에서 비롯되었다.[296]

---

295 김조순, 『楓皐集』 권5, 〈水仙花〉.

296 황정견은 〈王充道送水仙花五十枝, 欣然會心, 爲之作詠〉에서 "山礬是弟梅是兄"이라

김조순은 위 시에서 황정견의 표현을 그대로 수용하여 매화를 '형'이라 지칭함으로써, 자연스레 수선화를 매화의 '아우'로 묘사하였는데, 흥미롭게도 신위는 수선화가 매화꽃의 아우가 되는 것에 이의를 제기하였다. 다음은 신위가 김조순의 시에 차운하여 수선화를 읊은 시이다.

한녀와 강비 같은 한 무리의 옥 떨기는	漢女江妃玉一羣
인간 세상 속된 곳에 여기저기 즐비하건만	人間麤俗漫紛紛
겨울 햇살 바위 기대 맑은 물을 머금으며	冬暾石斛含淸水
봄 눈 내린 창가에 얼어붙은 구름 조각 같으니	春雪吟窗凍片雲
홀로 고결함이 매화의 아우라면 서운하고	孤潔不堪梅覗弟
그윽하고 곧은 절개 어찌 군자가 대나무만 있으랴	幽貞何但竹稱君
공께서 지으신 '물 위 걷는 버선 자태' 시구는	我公羅襪凌波句
황초[建安 年間]의 문인들도 어려웠을 것입니다.[297]	難道黃初賦十分

한녀漢女와 강비江妃는 모두 아름다운 꽃을 여신의 이미지로 비유할 때 종종 쓰는 표현으로, 황정견은 수선화의 자태를 이들 물의 여신에 비유한 바 있다. 그러나 신위는 시의 첫 구절부터 황정견의 이러한 시각에 반대하는 의견을 표출하였다. 이러한 여신에 비유될 아름다운 꽃들은 이미 세상에 널리고 널렸으며, 수선화는 이와 구별되는 더 높은 경지의 꽃으로 분류되어야 한다는 뜻을 개진하였다. 이어서 그는 추운 겨울 동안 오로지 깨끗한 물만 마시며 꽃을 피우는 수선화

며 山礬은 수선화의 아우요, 매화는 수선화의 형이라 지칭하고, 〈次韻中玉水仙花〉 二首에서는 "暗香已壓酴醾倒, 只比寒梅無好枝."라며 '酴醾'라는 장미과 꽃과 매화를 두고 그 특성을 비교함으로써, 수선화의 특성을 드러내고자 하였다. 황정견의 수선화 시는 배다니엘의 연구를 참조할 수 있다. (배다니엘, 앞의 논문(2014).)

297 신위, 『警修堂全藁』 책 14, 「詩夢室小草」 2, 〈奉和楓皐公水仙花〉.

의 정신을 '얼어붙은 듯 맑고 투명한 한 조각의 흰 구름'에 비유하였다. 그리고 경련에서 본격적으로 수선화에 대한 자신의 견해를 드러냈다. 황정견과 김조순 모두 수선화를 매화의 아우로 칭하였는데, 신위는 수선화가 매번 매화의 아우로 지칭되는 것이 평소 아쉬웠던 듯하다. 그는 외로이 고결한 지조를 지키는 수선화의 정신력이 결코 매화에 뒤지지 않건만, 왜 꼭 아우라 불러야 하느냐며, 중국 문인들의 시를 통해 형성된 기존의 관념을 탈피하고자 하였다. 신위는 매화연작시를 남길 정도로 매화를 사랑한 문인이다.[298] 그런 신위가 수선화를 이토록 높이 평가한 것은 그만큼 당시 수선화에 대한 관심과 애호가 지대하였음을 보여준다. 또한 김조순과 신위 두 사람은 평소 묵죽墨竹에도 조예가 깊었던 것으로 잘 알려져 있는데, 신위는 수선화가 군자君子의 상징인 대나무와도 동등한 품격을 지녔다고 칭송하였다. 수선화에 대한 신위의 특별한 애호가 드러나는 부분이다.

심상규의 『두실척독』에도 수선화와 매화의 우열에 대해 의견을 피력한 부분이 확인되는데, 심상규는 김조순·신위와 달리, 그래도 아취雅趣의 측면에서 수선화가 매화보다는 부족하다고 평가하였다.

> 마침 나의 정원에 한 객이 와 있어, 작은 매화 가지를 잘라 바구니에 심으려던 참이었는데, 편지와 함께 수선화를 보내주시니, 그 기쁨이 어찌 옛날 도잠이 동쪽 울타리 아래 있으면서 강주江州의 벗이 보낸 술을 전해 받던 순간에 비할 뿐이겠습니까. 황정견이 수선화를 읊은 시에서, '어느 때에 옥신전에 가져가, 궁궐 매화와 함께 차등을 겨뤄볼까[何時持上玉宸殿, 乞與宮梅定等差].'라고 하였고, 이 꽃의 품격이 매화와 우열을 다툰다는

298 신위의 매화 연작시에 관해서는 신익철(2013)의 연구를 참조할 수 있다. (신익철, 「조선시대 매화시(梅花詩)의 전개와 특징」, 『동방한문학』 56, 동방한문학회, 2013.)

데, 저는 전혀 그렇게 생각하지 않습니다. 운치는 비슷하나 향기는 덜하고, 깨끗함은 같으나 강직함은 부족하니, 고아高雅한 감상에 있어 (매화와 비교하여) 무엇이 이를만 하겠습니까.[299]

심상규는 매화와 수선화의 우열을 가려보겠다는 황정견의 시를 인용하였다. 조선 문인들이 수선화와 매화를 비교하며 차등을 논하는 시각이 일차적으로는 황정견에게서 비롯된 것임을 알 수 있다. 심상규는 화훼에 대한 높은 관심을 바탕으로 당대 유행하던 수선화 재배에도 합류하였고, 서영보에게 수선화 감상이 고상한 아취에 부합한다 말한 바 있지만, 매화와의 우열을 논하는 부분에 있어서만큼은 냉철한 평가를 하였다. 김조순 · 신위의 수선화 차운시와 심상규의 척독은 19세기 전반 수선화에 대한 관심이 증폭되면서, 매화와 수선화의 우열을 두고 문인들 사이에 활발한 담론이 이루어졌음을 확인할 수 있는 사례들이다.

이처럼 매화와 수선화의 우열을 논하는 시각은 곧 시를 통해 수선화 고유의 이미지를 형성하고자 하는 시도로 이어졌다. 연행을 통한 청나라와의 지속적인 교류에 힘입어 그 실물을 곁에 두고 완상할 수 있게 되면서, 기존에 조선에 없던 새로운 꽃인 수선화 고유의 이미지와 미의식을 창안하려는 욕구가 있었던 것으로 보인다. 19세기 초 문인들이 수선화를 잠깐의 호기심을 자극하는 꽃으로만 대하지 않았음을 알 수 있다. 특히 이러한 고민은 김조순의 시에서 잘 드러난다.

299 심상규, 『斗室尺牘』(일본 동양문고 소장, Ⅶ-4-269), 15a. "方與一園客, 删科小梅爲籠蓄計, 崇札適枉, 兼蒙水仙之惠者, 其喜何啻東籬下得江州送酒. '何時持上紫宸殿, 乞與江梅令等差.' 此山谷咏水仙句, 此花品格, 固與梅家相軒輊, 弟則以爲煞有不然者, 韻齊而香則損, 潔均而介頗慊, 未知雅賞謂何耳."

아들 김유근에게 보여준 수선화 시에서 그는 수선화의 신비롭고 한없이 고결한 이미지를 시로 묘사하며, 이를 사람으로 치면 구체적으로 어떠한 인격을 지닌 인물로 형상화할 수 있을지 고민하는 모습을 보였다. 수선화가 어떤 인간상에 부합할 수 있을지, 혹은 인류 역사상 어떠한 인물에 비유될 수 있을지, 수선화의 특성과 매력을 잘 설명할 수 있는 이미지를 찾기 위해 고심하는 과정을 엿볼 수 있다.

모두가 좋은 사람 마주하면	恒情對好人
응당 좋은 꽃에 비유하니	却作好花視
좋은 꽃은 셀 수 없이 많다만	好花自無數
이 꽃에 비유될 사람은 누구일까	誰與玆花比
눈 속에 나온 잎은 혜초인가 싶고	雪抽疑蕙葉
섣달에 핀 꽃은 매화와 함께하지	臘垂並梅蘂
티끌 한 점 그 몸에 허용치 않고	點塵不留身
신령한 뿌리를 찬물에 씻으며	靈根濯寒水
외려 싫어한다네 푸른 연의 뿌리가	尙嫌靑蓮藕
진흙탕도 꺼리지 않고 뻗어나감을	淖泥蟠不已
물어보자 이 꽃을 사람에게 비유하면	借問將比人
예로부터 그 누구와 닮았을까	古來誰得似
부끄럽다 속세의 음식을 먹는 내가	余愧食烟火
노쇠한 얼굴로 뻔뻔스레 널 대함이여.[300]	衰顏强對爾

시의 초반에는 김조순이 수선화에 부합하는 이미지를 탐색하는 과정이 여실히 드러난다. 특히 다양한 이미지 중에서도 꽃의 특성에 잘 맞는 인간상人間像을 찾기 위해 고심하는 점이 눈여겨볼 만하다.

300 김조순, 『楓皐集』 권3, 〈栽水仙花, 賦示逌兒〉.

또 수선화의 화품花品을 매기기 위해 혜초와 연꽃 사이에 두고 견주어 보는 모습도 포착된다. 그는 당시 수선화를 수경재배하며 완상하던 방식을 두고 연꽃과 수선화를 비교하였다. 진흙탕 속에서도 잘 자라나는 연꽃과 달리 화분 속 깨끗한 물에 담긴 수선화를 바라보며, 수선화를 연꽃보다도 한 차원 더 높은 청정함의 극치에 이른 존재로 평가하였다. 앞서 본 시에서 김조순과 신위는 수선화를 거듭 '매화'와 '대나무' '연꽃', '혜초' 등 꽃 중에서도 상품上品으로 인식되던 꽃들과 비교하며 품평을 시도하였다. 이러한 과정은 이들이 수선화를 최상의 등급에 속하는 꽃으로 바라보고, 그 안에서 수선화의 위치를 가늠해보고자 한 것이다.

끝내 수선화에 부합하는 인물상을 찾지 못한 채, 김조순은 자신이 심은 수선화 화분을 마주하며 문득 세속의 번뇌에서 벗어나지 못한 자신을 부끄러워하였다. 그리고 어느 날 그는 '꿈'이라는 매개를 통해, 자신이 추구하던 정신적 지향과 수선화의 이미지에 모두 부합하는 이상적 의경意境을 이루었다.

꿈 속에서 어느 곳을 간 것인지	夢裏適何處
깨어난 뒤 얻은 시구 자랑하네	醒來詩句誇
봄 숲길을 말을 타고 가노라니	馬行春樹影
석양 비치는 집에 한 중이 서 있었네	僧立夕陽家
참된 경계 세밀하게 기억할 수 있고	眞境森猶記
훗날에도 족히 어긋남이 없을 터	他時恰不差
고요 속에 그윽한 향기 풍겨오니	寂然聞暗馥
바로 책상 위의 수선화였구나.[301]	床有水仙花

301 김조순, 『楓皐集』 권5, 〈夢得一聯, 朝起足成, 丙戌臘月小寒也〉.

1826년 음력 12월 소한小寒에 지은 시이다. 꿈속의 시・공간적 배경은 봄기운이 완연한 해질녘 숲속에 자리한 소박한 집이다. 그리고 석양 아래 한 노승老僧이 서 있는 모습을 마주하게 된다. 꿈에서 깨어나 보니 여전히 그 광경이 생생하여 가만히 생각에 잠겨있던 순간, 문득 수선화의 은은한 향기를 느끼게 되었다.

이러한 과정은 결국 김조순이 꿈속에서 마주한 존재가 수선화였음을 의미하는 것으로, 꿈이라는 매개를 통해 수선화와 정신적 교감을 이룬 것으로 볼 수 있다. 수선화의 담박하고 고결한 이미지를 한 폭의 그림 같은 장면으로 형상화한 시이다.

신위가 황정견 이래로 수선화가 여신女神의 이미지로 인식되는 점에 이견을 제기하며 그 고결하고 청정한 정신적 경지는 군자로도 일컬어질 수 있다고 본 시각과 일맥상통한다. 더구나 김조순은 불교佛教에 심취하여 그가 홍천사興天寺를 비롯한 여러 사찰에 시주施主한 사실은 잘 알려져 있다.[302] 정원용은 김조순의 맑은 풍모를 묘사하며 그를 불계의 사람에 비유하고 그가 전생에 선불禪佛이었을 것이라 하였는데, 김조순도 이 말에 공감했다고 한다.[303] 김조순이 꿈을 통해 수선화를 불자佛子로 묘사한 것은 평소 청정의 경지를 추구하였던 그의 정신적 지향이 십분 반영된 것이다. 김조순은 다른 수선화 시에서 수선화와 자신이 신교神交를 맺은 사이라며 그 정취를 닮고자 하는 지향을 드러내기도 하였다.[304]

302 손신영, 「조선후기 홍천사(興天寺)의 연혁과 시주」, 『강좌 미술사』 49권, 한국불교미술사학회, 2017, 156~158쪽 참조.

303 신익철・조융희 외 역주, 『수향편』, 한국학중앙연구원출판부, 2018, 224쪽 참조.

304 김조순, 『楓皐集』 권6, 〈水仙花〉, "我已息交君少侶, 秖宜心結歲寒緣."

정리하자면, 김조순과 심상규가 수선화와 감귤을 주제로 주고받은 시는 비록 그 편린片鱗을 통해 정황만을 추측할 수 있을 뿐이지만, 19세기 초반 도성에서 유행하던 화훼에 대한 높은 관심과 완상 문화, 그리고 이를 주제로 활발히 이루어진 그림과 시 창작의 배경을 확인하는 데 주요한 자료가 된다. 그들의 아회의 중심에는 '화훼'가 주요한 비중을 차지하고 있는데, 해외에서 들여온 이국적이고 희소성을 지닌 화훼를 중심으로 한다는 특징이 나타난다.

특히 수선화는 1812년 신위가 청나라에서 수선화를 구입해 들여온 이후, 1834년 수선화 수입이 금지되어 유통 경로가 막히게 되기까지, 19세기 초 문인들의 화훼 완상 욕구를 가장 자극하였던 꽃이었으며, 예술 창작의 새로운 뮤즈(Muse)였다. 수선화에 대한 지대한 관심과 애호 현상은 그간 독보적인 위치를 차지했던 매화와 수선화의 위상을 동등하게 여길 정도로 당대 화훼 취향과 완상 문화의 큰 부분을 차지하였다.

김조순과 심상규도 19세기 도성을 중심으로 유행하던 수선화 재배 열풍에 참여하였으며, 그 화품을 논하는 과정에서 여러 꽃과 비교하고 그중에서도 가장 유사한 특성을 지닌 매화와 우열을 논하는 담론을 벌였다. 이전에는 중국 문인의 시를 통해서, 혹은 사행단으로 중국을 방문했을 때나 목격할 수 있었던 수선화를 국내에서 직접 소유하고 완상할 수 있게 됨으로써, 적극적인 품평을 통해 새로운 시상과 이미지를 구현하려는 시도와 욕구가 당시 조선 문인들 사이에 있었음을 알 수 있다. 김조순의 수선화 시는 19세기 전반 문인들이 화훼를 완상하며 그에 부합하는 이미지, 혹은 인간상을 모색하는 과정을 보여준다. 또 화훼시 창작에 있어서 꽃의 품격을 상징화하고, 작가의 정신적 지향을 담아내고자 하였음을 확인할 수 있다.

이는 18세기 유박柳璞(1730~1787)의 저작으로 알려진 『화암수록華庵隨錄』에 수록된 〈화품평론花品評論〉과도 매우 유사한 양상을 띤다. 유박은 황해도에 백화암百花庵이라는 정원을 소유하였으며, 자신만의 원예 취향을 기준으로 하여 정원 화훼를 구품九品으로 재배치하고 〈화품평론〉을 통해 여덟 자 혹은 네 자로 이루어진 짤막한 평어評語를 남겼다. 그는 특정 꽃을 의인화하여 인격을 지닌 존재로 형상화한다거나, 사람의 형상에 비유하고는 하였다. 예컨대 배꽃[梨]을 '한가롭고 우아한 부인[閑雅婦人]'의 자태에 비유한다거나, 패랭이꽃[石竹]을 '울지 않는 어린아이[孩兒]'로, 옥잠화玉簪花를 '영리한 사미승[伶俐沙彌]'에 비유하는 등 친근하고도 재치 있게 재해석하였다.[305] 유박의 『화암수록』에 나타나는 꽃에 대한 인상비평은 18세기부터 활기를 띠기 시작한 원림 경영과 원예문화의 발달을 계기로 나타난 현상이며, 19세기 초 문인들에게서도 이와 같은 경향이 여전히 이어지고 있었다. 다만 유박의 『화암수록』에는 수선화가 포함되어 있지 않는데, 19세기 초 새로이 조선에 유입된 수선화를 대상으로 기존에 없던 꽃에 대한 인상비평이 활발히 이루어진 것이다.

3. 한양 인근 명소의 재발견과 경관의 향유

오태사는 모두 도성과 근교에 자신들의 거처와 별서를 소유하고 있었으며, 경내境內에 원림과 정자를 조성하여 지인들과 모임도 그곳

305 『화암수록』의 작가 유박에 대한 정보와 〈화암논평〉의 내용에 대해서는 정민의 연구를 참조하였다. (정민, 「〈花庵九曲〉의 작가 柳樸(1730~1787)과 『花庵隨錄』」, 『한국시가연구』 14, 한국시가학회, 2003.)

에서 이루어지는 경우가 많았다. 그러나 간혹 날을 잡아 명승名勝·명소名所를 방문하여 유흥을 즐기기도 하였는데, 이 또한 이들의 근거지인 한양 도성 인근을 멀리 벗어나지 않는다. 오태사가 일생의 대부분을 중앙의 요직要職에 있었기 때문이다. 다섯 문인의 개별 문집에는 도성의 동편 낙산駱山 아래의 동촌東村, 북악산과 인왕산 기슭을 중심으로 하는 북촌北村과 서촌西村의 주요 명소를 찾아 절기의 풍속風俗을 즐기고 술과 시를 즐긴 정황이 담긴 작품이 많다.

나아가 이들은 도성 밖을 조금 벗어난 근교에서도 새로운 경관을 향유하거나 자신들만의 풍류를 누렸다. 도성 남문을 통해 나가 한강에서 즐기는 선유船遊는 도성 인근에서 누리는 최고의 풍류였다. 또 간혹 지방관으로 부임할 경우, 그곳에서 누대와 정자를 개수改修하거나 새로운 누정 및 정원을 경영하기도 하였다. 그리고 이러한 작업에는 항상 오태사의 친분을 기반으로 한 기문記文과 제시題詩가 동반되었다는 점이 특징적이다. 평소 이들이 도성에서 누렸던 누정 문화와 풍류를 토대로 한 높은 안목을 발휘하여, 새로운 명소를 개척하고 후대에 전함으로써 경관의 재발견이라는 유의미한 작업이 이루어진 것이다. 다섯 문인이 경화사족이자 순조 대에 고관대작을 지낸 관리로서 정치·사회적 영향력을 지닌 인물들이었기에 가능했던 일이다.

본 장에서는 우선 이들이 도성 안과 인근에서 함께 유람하며 창작하였던 시 작품을 고찰하여, 이들의 주요 행락처行樂處와 작품 양상을 확인한다. 그리고 심상규가 지방관으로 부임했을 때, 특유의 심미안을 발휘해 남한산성의 누정을 개수·신축하여, 기존 경관에 대한 재발견을 이룬 사례를 기문과 시편을 통해 고찰한다.

1) 절기節氣에 따른 도성都城 인근의 행락行樂

3월 3일 티끌 없이 맑은 하늘	三月三日淸無埃
청명과 한식이 일시에 돌아오네	淸明寒食一時回
정원의 따스한 해 낮도 길어지고	庭院日暝午鷄長
처마에는 살랑 부는 바람에 제비 들어오니	簾閣風微社燕來
목련 · 철쭉 · 살구 · 복숭아 · 오얏꽃	辛夷躑躅杏桃李
수천만의 붉은 빛들 차례로 피어날 터	萬紫千紅次第開
노인은 아침부터 책 읽기도 멈추었으니	老夫朝來罷看書
칩거하던 벌레가 봄 천둥에 꿈틀대는 듯하네	忽如蟄虫初聞雷
물어보세 풍고옹은 병환이 좀 나았는가	借問楓翁昔疾瘳
어서 안채에 봄옷을 갖추라 하시게나	春服應成內屋裁
사방 산의 꽃 구경하며 날마다 노닐 것이니	四麓看花分日遊
지난 십 년도 한바탕 꿈처럼 훌쩍 가버렸다네	十年回頭一夢催
틈만 나면 소년처럼 노닌다 불평 말게나	莫嫌偸閒學少年
이 유상객 아직 기력 다하지 않았다네	及此筇屐未全衰
도성에 예로부터 이름난 정원 많으니	洛中從古名園地
석 달 봄을 어찌 하루라도 술잔 들지 않으랴.[306]	三春何日不宜盃

이 시는 이만수가 김조순에게 봄꽃 놀이를 예고하는 시이다. 도성 안에 꽃놀이 철이 다가오고 있으니, 이 시기를 놓치지 말고 즐기자는 내용이 담겨있다. 이만수는 하늘이 맑아진다[淸明]는 절기의 명칭 그대로 기후의 변화가 이루어짐을 묘사하며, 김조순에게 꽃놀이 차비를 하라는 기대감에 찬 시를 지어 보냈다. 그가 시에서 지칭한 '사록四麓'은 한양을 둘러싸고 있는 사방의 산을 지칭하는 것으로 볼 수 있다. 이만수는 맹춘孟春과 중춘仲春, 계춘季春으로 나뉘는 봄의 석 달 동안

306 이만수, 『屐園遺稿』 권1, 「原集」, 〈簡寄楓翁〉.

을 헛되이 보내서는 안 되니, 날마다 도성 안의 명소와 정원을 빼놓지 않고 두루 방문해야 한다며 꽃놀이에 대한 강한 의지를 드러내었다.

오태사와 그 주변 문인들의 문집에는 이렇게 명소에 함께 방문하여 봄날 꽃을 감상하고 시와 술을 즐기며 지은 시가 다수 있다. 이들은 한성부 동촌東村과 서촌西村 등지를 두루 돌아다녔으며, 특히 동촌의 송동宋洞과 북저동北渚洞, 도성의 북서쪽에 해당하는 인왕산仁王山 등 도성에서 손꼽히는 꽃놀이 명소를 방문하였다. 이만수의 시에서 언급되는 '사록四麓'과 '낙중종고명원지洛中從古名園地'는 결국 성 안팎에 있는 주요 꽃놀이 명소 및 도성 내 위치한 개인 원림을 두루 지칭한 것으로 볼 수 있다.

그중에서도 혜화문 밖에 위치한 북저동은 봄철 개화기가 되면 만개한 도화꽃의 절경을 구경하려는 관람객들로 가득하였다. 인왕산 필운대·육각현·세심대와 더불어 북저동은 당시 도성의 사람들이 꽃을 구경하기 위해 가장 많이 몰려드는 명소였다.[307] 인왕산의 필운대가 이미 오래전부터 꽃놀이 유상처로 잘 알려졌던 곳이라면, 북저동은 조선 후기 영·정조 대에 이르러 도성 사람들이 찾는 꽃놀이 명소로 새로이 부상하였다.

김조순은 여러 차례 그의 숙부 김이교, 김이양 등과 함께 봄철 꽃구경을 위해 북저동을 방문하였다. 그는 어느 봄날 숙부 김이교·김이양 및 아들 김유근 등 친척들과 북저동에 동행하여 함께 도화꽃을 구경하였는데, 이날 김이양도 합류하였다.[308] 김조순은 북저동에서

307 조수삼, 『秋齋集』 권8, 「歲時記」, 〈賞花〉. "地多春寒, 至三月初始作蓓蕾, 旬後乃爛漫, 京城內外, 種花百十區, 而弼雲臺·六角亭·桃花洞·城北屯, 爭擅甲乙, 士女紛集, 壺觴流衍, 終日如屯蜂簇曰花柳."

308 김조순, 『楓皐集』 권3, 〈同竹里·江右·滄濱[履會]三叔, 申仲立·兒子逌根, 賞北渚

구경한 도화꽃의 경치와 유흥에 다소 만족하였는지, 다음 해에도 또 북저동에서 도화꽃을 구경하였으며, 전년의 운자를 거듭 사용하여 시를 지었다.

시내 따라 익숙한 길 세속 먼지 한 톨 없어	沿溪路熟不飛塵
구름 골짝 아침에 활짝 열려 풍경도 새롭구나	雲壑朝開物色新
절로 도화꽃을 보러 다시 발걸음이 이끌렸으니	自有桃花重引步
옛날 어부처럼 어쩌다가 나루에서 길을 잃은 듯하네	如何漁子昔迷津
남은 생애 전원으로 돌아갈 계책이 어그러져	殘齡計謬歸田日
이 지역에 나무 심은 사람을 따르려 하네	此地思從種樹人
슬프도다 가만히 저물녘 붉은 꽃비 바라보니	怊悵坐看紅雨晚
흐르는 저 물처럼 아득히 무아지경에 드네.[309]	渺然流水嗒然身

혜화문 밖으로 조금 벗어났을 뿐인데도 번잡한 도성과는 전혀 다른 새로운 경개가 펼쳐지는 것이 도성 문인들에게는 하나의 매력으로 다가왔던 것 같다. 또 맑은 물이 흐르는 계곡 양쪽 가득 펼쳐진 복숭아나무 숲의 경관은 흡사 무릉도원을 찾아가는 듯하다. 김조순은 북저동에서 가만히 해가 질 무렵까지 흩날리는 붉은 꽃잎을 멍하니 바라보며 어느덧 물아物我를 모두 잊은 무심無心의 상태에 이르게 되었다. 이때 김조순이 숙부들과 함께 북저동에서 도화꽃을 구경하며 화락한 시간을 즐겼다는 소식을 전해 들었는지, 근처 동촌에 머물던 이만수도 같은 운자를 사용한 시를 지어 북저동의 빼어난 경치와 그곳에서 노니는 흥취에 공감하였다.[310]

桃花, 僕實初至, 淵泉叔忽追躡, 共宿倉舍〉.

309 김조순, 『楓皐集』 권3, 〈北屯賞桃, 用去年韻口占〉.

310 이만수, 『屐園遺稿』 권1, 「原集」, 〈敬步楓丈北渚韻〉.

꽃놀이가 한창 이루어진 뒤, 음력 4월이 되면 관등절觀燈節을 즐기는 모임이 기다리고 있었다.[311] 관등 행사는 이미 고려 시대부터 이루어진 오랜 전통을 지닌 풍속으로, 중국의 연등 행사와 매우 유사하나, 중국은 주로 상원上元에 성대하게 행하는 반면, 조선의 연등 행사는 음력 4월 초파일에 크게 열리는 것이 차이점이다.[312] 정조는 도성을 대표하는 명승 여덟 가지를 뽑아 읊은 시에서 한양의 등불 행사야말로 가장 화려하다고 말하며, 사람들이 장관을 구경하고자 무리 지어 남산에 오른 모습을 묘사하기도 하였다.[313] 앞서 꽃놀이를 재촉하던 이만수는 곧 다가올 4월 초파일도 함께 모여 등석燈夕을 구경하자며 김조순을 부추겼다.

…(전략)…

맑고 화평한 하늘 기운 관불灌佛하는 날이니	淸和天氣浴佛辰
남산 위서 한성부를 두루 구경하면	廣陵環觀終南釁
온 마을에 불나무들 은빛 바다에 넘실대고	萬家火樹漲銀海
하늘 가득 별과 달이 풍진세상 내려보겠지	一天星月瞰塵寰
지난날 골짝 그늘 꽃 아래서 말했으니	向者洞陰花下語
이번 밤은 남은 봄의 한가함을 이을 법한데	此夜可續餘春閒
공은 어찌 금쪽같은 약속을 행할 뜻이 없는가	公豈無意踐金約

311 조수삼의 「歲時記」에서도 〈賞花〉 다음 순서로 〈四月初八日〉의 관등을 노래하고 있어, 오태사 문인들이 꽃놀이를 시작으로 하여 매 절기 행사를 챙겨 모임을 가졌음을 알 수 있다.(조수삼, 『秋齋集』 권8, 「歲時記」)

312 尹愭, 『無名子集』 책3, 〈又記東俗〉. "東俗元宵不設燈, 淸光萬里一輪氷."; 〈觀燈賦長律〉, "東方自異中原俗, 四月還須八日期."

313 정조, 『弘齋全書』 권2, 「春邸錄」 2, 〈國都八詠〉. "四月繁華最漢京, 金吾放夜好占晴, 紅竿歷日燈爲市, 紫陌通宵火作城, 撲地烟花相照耀, 滿天星月不分明, 終南高眺人如霧, 幾處笙歌答泰平. [紫閣觀燈]"

내 마땅히 뒤에서 굼뜬 돌을 채찍질하리 我當隨後鞭石頑
…(후략)…[314]

청명과 한식을 맞이하여 꽃놀이를 예고하던 앞의 시와 같은 운자를 사용하되, 이번에는 꽃놀이가 아닌 연등 행사를 주제로 하고 있다. 위 시의 '욕불신浴佛辰'은 '관불灌佛'을 지칭하며, 불상佛像에 향수를 뿌리는 의식으로 석가모니의 탄일인 음력 4월 초파일에 진행한다. 이 구절을 통해 이만수가 시를 지은 시점이 음력 4월 초파일을 앞둔 때임을 알 수 있다. 그는 이어서 등불을 관람할 장소까지 구체적으로 언급하였으니, 바로 목멱산木覓山 즉 남산南山이다. 정조가 〈국도팔영國都八詠〉에서 남산에서 등불을 바라보기 위해 사람들이 모여든 당시 모습을 묘사한 것과 같다. 이때에도 남산이 도성의 야경을 바라보는 장소로 각광받고 있었음을 알 수 있다. 목멱산은 한성부 남쪽 경계에 위치한 남산의 다른 이름이며, 광릉廣陵은 수도인 한성부漢城府를 지칭하는 말이다. 한성부는 수도를 관할하는 관청의 명칭이기도 하지만, 한성부의 관할구역인 수도 그 자체를 의미하기도 한다. 이만수는 남산의 높은 지대에 올라 한양 도성의 시가지를 내려다보며, 등불을 구경하자는 계획을 말한 것이다. 그리고는 어두운 밤하늘 아래 등불이 휘황찬란하게 빛나는 황홀한 광경을 상상하며 기대감을 표시하였다. 그는 앞서 함께했던 꽃구경의 여흥을 이어, 이번 모임도 어김없이 이루어져야 함을 거듭 당부하였는데, 아마도 김조순의 반응이 만족스럽지 않았던 것 같다. 옛날 중국의 진 시황秦始皇이 바다 건너 해가 뜨는 곳을 향해 돌다리를 놓으려 하자, 신인神人이 나타나 굼뜬 돌들

314 이만수, 『屐園遺稿』 권1, 「原集」, 〈又次〉.

을 채찍질해 바다로 몰아주었다는 고사를 활용하여, 풍류에 소극적인 상대를 채찍질하겠다는 재치 있고 익살스러운 발상으로 김조순을 재촉하였다.

여름에 접어들어 더운 기후 속에도 이들은 특별한 절기 및 민속 풍습을 행하는 날이면, 어김없이 모임을 가졌다. 유두일은 음력 6월 15일에 행하는 우리 고유의 세속으로, 조수삼의 「세시기歲時記」에 의하면, 이날 사람들이 시냇가 및 계곡에서 종일토록 술과 음식을 즐겼다고 한다.[315]

오태사와 동료들도 여름의 유두절을 맞이하여 서대문 인근의 천연정天然亭에 모여 연꽃을 감상하였다. 천연정은 서대문 밖 경기감영에 자리한 연못과 정자로, 근처에는 본래 1407년(태종 7)부터 중국 사신을 영접하던 모화관慕華館과 서지西池라는 연꽃 완상지가 있었다. 김정희의 기록에 의하면 천연정은 1793년(정조 17)에 당시 경기도 관찰사였던 서유방徐有防이 신영新營에 지었다고 한다.[316] 강준흠은 '서지'에 대해 읊은 시에서 천연정을 언급하였는데, 옛날 사람들은 남쪽 숭례문 인근에 있던 남지南池에서 연꽃을 완상했지만, 지금 사람들은 남쪽이 아닌 서쪽의 천연정에서 연꽃을 감상한다고 하였다.[317] 조선 후기에 이르러 시대의 변천에 따라 연꽃 완상 명소도 바뀐 것이다.

315 조수삼, 『秋齋集』 권8, 「歲時記」, 〈六月十五日〉. "是日謂之流頭, 僧家沐髮剃頭故也. 人皆殺鷄烹狗, 臨溪澡浴, 盡日酣呼, 云滌暘."

316 金正喜, 『阮堂全集』 권6, 「天然亭重修記」는 김정희가 이곳에 부임하여 1836년(헌종 2) 황폐해진 천연정을 다시 중수하면서 쓴 기문으로, 畿輔의 新營 내 천연정의 위치 및 경관과 처음 조성된 시기에 대해 설명하였다.

317 姜浚欽, 『三溟詩集』 6편, 「漢京雜詠」, 〈西池〉. "昔人賞南池蓮, 今人賞西池蓮, 今人不見南池盛, 爭道西池蓮可憐.[在敦義門外盤松坊, 上有天然亭以賞蓮, 輿誌曰在慕華舘南, 天旱禱雨有應, 先朝畿伯徐有防始設中營, 建天然亭.]"

정조가 서지의 연꽃 감상을 도성의 여덟 명승에 포함시킨 것[318]과 18세기 이후 유행한 남승도覽勝圖에서 천연정이 확인되는 사실은 19세기 서울 도성의 연꽃 명소로 새로이 부상한 천연정의 입지를 짐작하게 한다.[319] 남공철도 이노익·이존수 등과 함께 천연정에서 연꽃을 완상하며 지은 시가 남아있다.[320] 1817년 유두일에 김조순과 심상규를 비롯한 지인들도 이곳 천연정에서 연꽃을 감상하며 즐겼다. 당시 오태사와 친분이 두터웠던 이노익李魯益이 경기도 관찰사로 재직 중 천연정을 재단장하고, 심상규를 비롯한 각신 동료들을 초대한 것이다. 심상규는 천연정을 새로 단장하느라 애쓴 이노익의 노고를 치하하고, 연못의 아름다움을 묘사하였다.

<천연정 연못이 근래 오래도록 잡초들만 무성하였는데, 탄초 이노익 관찰

318 정조의 시에는 '盤池'라고 지칭하였는데, 이는 곧 한성부 서부의 행정구역 중 하나였던 盤松坊을 의미하는 것이다. 서대문 밖 慕華館 인근에 盤松池가 있었던 것에서 유래된 명칭으로, 강준흠도 위 시에서 이곳을 '在敦義門外盤松坊'라고 지리적 위치를 설명한 것과 같다. 결국, 정조가 〈國都八詠〉에서 말한 盤池는 서지와 천연정을 가리키는 것이라 볼 수 있다. 조선시대 북경으로 떠나는 사행을 전별하는 공식 장소로도 활용되었던 慕華館 인근과 西郊에 대한 연구는 김지현의 연구를 참조할 수 있다. (정조, 『弘齋全書』 권2, 「春邸錄」 2, 〈國都八詠〉. "曲塘渟滀一泓然, 十里香生萬本蓮, 拌露聯珠渾絳粉, 抽絲結蔕抵青錢, 偏憐兒女開萍道, 誰訪仙人泛葉船, 恍似濂溪光霽夜, 靜硏無極欲成編[盤池賞蓮]."; 김지현, 「조선 北京使行의 漢陽 餞別 장소 고찰」, 『한문학보』 38, 우리한문학회, 2018.)

319 조선시대 한양 도성의 蓮池 조경과 공간적 특성 및 西池의 입지와 조성 과정에 대해 상세히 밝힌 연구는 길지혜·손용훈·황기원(2016)을 참조하였으며, 조선 후기 남승도에 등장하는 한성부의 명소와 시대적 의미에 대해서는 박정혜(2016)를 참조하였다. (길지혜·손용훈·황기원, 「조선시대 한양도성 연지(蓮池)의 입지 및 공간적 특성 고찰」, 『한국전통조경학회지』 33권 4호, 한국전통조경학회, 2015; 박정혜, 「남승도로 본 조선 명승」, 『조선의 명승』, 한국학중앙연구원출판부, 2016, 108~117쪽.)

320 남공철, 『金陵集』 권4, 〈西池, 與新老·性老·君受·子淵會飮. 李元汝[羲甲]亦至. 賦得蓮花〉.

사가 새로이 파내고 확장하였다. 연꽃이 바야흐로 성대하게 피어나니, 6월 15일에 여러 공들을 초대하여 정자에서 연회를 열었다. 나 또한 아픔을 무릅쓰고 가서 아침까지 매우 즐거운 시간을 보냈다. 마침내 시운詩韻을 따라 한 수는 탄초의 시에 수창하고, 다른 한 수는 연못의 경관을 읊었다.>

한 연못에 발 닳도록 누가 거듭 공 들였나	一池無足數誰功
맑은 경지 하나하나 절묘하게 들어맞네	須識澄淸事事中
넓어진 못 연꽃 위로 달빛도 훌륭하고	水濶芙蕖偏好月
트인 언덕 버드나무 저냥 긴 바람결 하늘거려	岸開楡柳自長風
나무 위로 솟은 누대 풀 향기에 감싸이고	高樓壓樹簾薰碧
산가지 꽃 위 오가는 술잔 붉은 물결 일렁이네	飛琖籌花酒漾紅
아마도 여러 공들 속으로 꽤 놀랐을걸세	頗意諸公應竊訝
어느새 주인 용모 이토록 쇠한 노인 되었음을.	主人忽致此衰翁
[이 시는 탄초(이노익)에게 준 것이다.][321]	[右屬灘樵]

심상규는 시에 앞서 먼저 이노익이 천연정을 재정비하고 지인들을 초대한 정황에 대해 간략하게 밝혔다. 당시 경기도 관찰사로 있던 이노익이 '파내고 확장[濬拓]'함으로써 천연정 연못 규모를 넓히는 공사를 시행하였음을 알 수 있다.

심상규는 먼저 새로이 단장한 천연정의 경관을 묘사하며, 이노익이 공을 들여 이전보다 한 차원 더 맑은 정취[澄淸]를 이루게 되었다고 평가하였다. 함련에서는 넓어진 연못 너머 버드나무가 하늘거리는 언덕까지 한눈에 들어오는 천연정의 밤 풍경을 묘사하였다. 확장공사를 통해 천연정이 이전보다 넓고 트인 조망권을 확보하게 되었음

321 심상규, 『斗室存稿』 권2, 〈流頭日集天然亭〉 二首. "天然亭荷池, 近久湮蕪, 灘樵按使新爲濬拓, 荷花方盛開, 以六月之望, 邀讌諸公亭上, 余亦强病赴之, 達朝甚歡, 遂依韻一以酬灘樵, 一以詠荷池."

을 짐작할 수 있다.

경련에서는 천연정을 전체적으로 조망하던 시선을 근거리로 좁혀, 아름다운 경관 속에서 노니는 자신들의 모습을 보여주었다. 미련에서 '주인主人'은 당시 경기도 관찰사로서 이곳을 관리하던 이노익을 지칭한다. 그가 갑자기 홀쩍 노쇠해버릴 정도로 천연정 개수에 많은 노고를 들였음을 유희적으로 표현함과 동시에, 연못의 아름답고 청정한 경계를 누리며 신선에 가까운 용모를 지니게 되었다는 의미까지 복합적으로 담아내었다. 김조순도 심상규의 시에 차운하여 이노익의 천연정을 신선들이 거주하는 곤륜산崑崙山 정상 현포玄圃에 비유하였으며, 연못 위를 수놓은 붉은 연꽃을 옛 초楚 나라의 도읍이었던 광릉의 성대한 등불놀이에 비유하였다.[322]

현재 서대문구 천연동에서 천연정의 원형原形을 찾아볼 수는 없게 되었지만, 정조 연간에 처음 천연정이 조성된 이래, 이노익과 김정희 등 해당 지역에 부임한 관원들의 재정비를 통해 계속 그 경관이 유지될 수 있었고, 조면호, 미산眉山 한장석韓章錫 등 이후 세대까지 한동안 천연정은 문인들이 즐겨 찾던 연꽃 명소의 역할을 유지하였다.[323]

앞서 살핀 것처럼 오태사 문인들은 좋은 계절과 한가로운 풍류를 즐기기 위해 자주 도성의 명산과 명소를 찾아 나섰다. 그러나 무엇보다 도성 남쪽에 있는 한강은 예로부터 도성 인근의 명소로서 빠질 수 없는 최고의 유상遊賞 공간이었다. 한강 변을 따라 위치한 수많은

322 김조순, 『楓皐集』 권4, 〈次斗室咏荷〉. "四出休論玄圃樹, 萬枝差擬廣陵燈."
김조순의 시는 심상규가 천연정의 연꽃을 읊은 또 다른 시 〈復用蒸韻詠荷花, 柬諸公要和〉 二首의 '蒸'韻에 차운한 작품이다.

323 김정희, 『阮堂全集』 제6권, 「天然亭重修記」; 조면호, 『玉垂集』 권2, 〈天然池閣, 與芎山・錦洲・迂山賞荷共賦〉; 한장석, 『眉山集』 권3, 〈天然亭賞荷, 與申白坡・尹蓮史同賦〉.

누정은 유유히 흐르는 한강수를 하염없이 바라보며 시와 술을 즐기기에 안성맞춤이었다. 또 한강 위에 배를 띄워 한가로운 정취를 누리고, 깊은 밤 배 위에서 환한 달을 구경하며 소식의 〈적벽부赤壁賦〉와 같은 흥취를 경험하는 것은 예로부터 도성에 거주하는 조선 문인들의 낭만이었다.

이만수와 이시수 형제는 노년에 한강 남쪽 금호琴湖 인근에 거처를 마련하여 한가로운 삶을 누렸다. 남공철은 용산의 심원정心遠亭과 서호西湖에서 자주 뱃놀이를 하였고, 노년에는 한강 이남 둔촌으로 거처를 옮겨 강정江亭을 마련하고 한적한 일상을 보냈으며, 강촌의 아름다운 풍경과 그윽한 정취를 읊은 시작을 다수 남겼다.[324] 남공철이 둔촌으로 거처를 옮긴 뒤, 김조순과 김이교 등 『홍재전서』 교인 임무를 함께하였던 동료 관원들이 찾아와 시간을 보내기도 하였다.[325]

김조순도 그의 숙부 및 지인들과 노량鷺梁 인근의 한강에서 뱃놀이를 즐긴 정황이 포착된다. 김조순의 문집에는 김이교·김이재·권상신權常愼 등이 함께 한강에 배를 띄워 노닐며 지은 시가 남아있다. 그는 권상신과 함께 뱃놀이를 하기로 약조한 날, 말을 타고 한강으로 가며 권상신의 시축에 차운하였다. 그는 청산靑山으로 귀거래를 실현하기는 어려우니, 소식의 적벽 흉내나 내볼까 한다며 한강으로 향하였다. 만조晩潮 이후 어둑해져 갈 무렵, 하늘에는 달이 뜨고 있었다.[326] 권상신과 김조순, 김이교가 함께 밤중에 한강에 배를 띄워 달

324 남공철, 『潁翁續藁』 권1, 〈記江居幽事〉; 남공철, 『金陵集』 권4, 〈遁村卽事〉 二首.

325 남공철, 『潁翁續藁』 권1, 〈國舅金領敦士源·金公世[履喬]·公厚[履載]·李子田[龍秀]·徐穉秀 [俊輔]·鄭善之[元容]·李子皐[鶴秀] 來訪江亭, 留宿共賦〉.

326 김조순, 『楓皐集』 권3, 〈同竹里叔, 赴西漁權侍郎娶好[常愼]泛舟之約, 馬上, 用西漁軸中韻, 口占〉 3首 중 두 번째 수. "謝朓靑山違卜宅, 蘇公赤壁謾登船, 江波不起晩潮後,

을 감상하며 소식의 적벽부와 같은 정취를 누리고자 계획하였음을 알 수 있다. 또 한 번은 김이교·권상신과 함께 아침 일찍부터 한강에 배를 띄우고, 그간의 고뇌와 번민이 사라지는 만족감을 7언 절구로 읊기도 하였다.[327] 다음 시는 김조순·김이교·이만수 등이 함께 한강 서호西湖에서 뱃놀이를 즐긴 것으로 추정되는 작품이다.

깎아지른 듯한 가을 산 먼지도 사라지고	秋山戍削塵埃遁
넘실넘실 가을 강엔 안개 파도 아득한데	秋水泱漭烟波遠
이 가운데 금호에 옛 신하 한 명 머무르며	中有琴湖一逋人
초야의 옷 쓸쓸하고 나귀는 절룩이네	野服蕭然匹驢蹇
용산 읍청루 아래에서 노 젓는 노래 부르다	挹靑樓下放櫂歌
족한정 앞에 배를 대고 식사하였지	足閑亭前停舟飯
밤섬 둘러 펼쳐진 농암巃巖은 우뚝한데	栗島環鋪巃巖峙
수면 점차 넓게 트여 하늘과 강 하나 되니	江面漸濶天水混
물결 따라 몇 리나 떠갔는지 모르지만	沿洄不知行幾里
하루 종일 강물에서 절로 안온한데	盡日中流自在穩
바둑알 튕기니 물고기도 뛰놀며 경청하네	有客彈棊魚出聽
풍악 연주 없어서 맑은 정취 덜하지만	不用絲管淸趣損
이번 노닒 참으로 우저牛渚의 풍월 같구려	此行端爲牛渚月
뱃머리서 해진 뒤의 만조를 기다리네	舷頭落日候潮晩
강과 하늘 어둑하고 강변 숲도 검은빛 되니	江天漠漠江樹黑
마을 불빛들이 숲 언덕서 번뜩이네	時見村火出林巘
동쪽 끝에 처음 빛이 새어 나오더니	東邊一線初放光
맑은 기운 뿌옇게 혼돈을 깨뜨리네	灝氣空濛破混沌

嶺月已生沈日前.”

327 김조순, 『楓皐集』 권4, 〈江游. 同竹里, 江右, 淵泉三叔, 北海趙侍郎[鐘永], 西漁, 賦〉. “水舍晨鷄喔喔鳴, 舟人共語早潮生, 此身已臥滄江上, 回笑從前坐羡情.”

문득 물결 위로 은빛 무지개 드리우니	忽驚波心倒銀虹
중천에 얼음같은 둥근 달이 떴구나	天半氷輪升宛宛
밝은 달빛 물과 같고 물은 달과 같아서	月明如水水如月
물과 달이 함께 그 근원으로 돌아가니	水月相受歸其本
어둠 속에 누가 우담화를 보냈는가	闇中誰送優曇華
인간 세상에 참된 낭풍원이 있었구려	世間眞有閬風苑
풍고 노인 볼품없이 늙은 나 애틋하게 여겨	楓老憐我老龍鍾
말년에도 정답게 힘써 끌고 당기누나	暮年惠好勤提挽
사씨 집안보다 세 자제의 훌륭함이 더하고	謝家寶樹更三益
바르고 우아한 풍류는 죽림칠현 능가하지	風流爾雅凌嵇阮
소식의 적벽처럼 지대 맑고 광활하니	蘇仙赤壁地淸曠
읍취헌 공[朴誾] 잠두봉의 명성 찬란하네	翠翁蠶頭名煒焜
우리들이 운 좋게 고인 자취 잇게 되어	吾輩幸躡古人跡
물고기 새 더불어 노닐며 마음껏 구경하네	樂與魚鳥恣仰偃
자리 가득 실컷 마셔 취한줄도 모른 채	四座轟飮不覺醉
늦은 밤 이슬 바람 휘장에 서늘함이 스미지만	夜久風露凉生幰
백사장과 푸른 벼랑 달빛 끌어 환하니	白沙翠磴携月色
죽리의 서관에 묵으며 돌아가지 않는다네.[328]	竹里書舘宿不返

위 시에는 이만수와 김조순을 비롯한 지인들이 함께 한강 서호 인근으로 배를 타고 가 밤이 되기를 기다렸다가, 달을 구경하며 소식의 〈적벽부〉와 같은 정취를 즐기는 과정이 담겨있다. 이들은 용산 읍청루에서 시간을 보낸 뒤, 서호로 이동하여 족한정 · 밤섬 · 농암을 두루 구경하며 밤이 되기를 기다렸다. 이후 달이 뜨자 환한 달빛이 강물을 비춰 찬란한 광경을 황홀하게 묘사하였다. 이만수는 이날의 풍류

328 이만수, 『屐園遺稿』 권1, 「原集」, 〈與諸公庄下西江, 共宿竹里舘〉.

와 흥취가 옛 죽림칠현과 동진東晉의 사상謝尙이 우저牛渚에서 노닐던 풍월보다 뛰어나다는 자신감을 내비쳤다. 신선의 동산인 낭풍원과 천화天花인 우담화가 다름아닌 한강에 존재한다며 달빛이 비치는 서호의 광경에 만족감을 표출하였다. 이들의 여정은 죽리 김이교의 한강 별서인 죽리관에 머무르는 것으로 끝난다.

정리하자면, 이들은 평소 도성과 가까운 한강에서 종종 뱃놀이를 즐겼고, 노년에는 한강 유역에 자신들의 별서 혹은 거주지를 조성함으로써, 더욱 일상적으로 뱃놀이를 향유할 수 있었으며, 한강 유역의 거주지와 도성을 오가는 이동 수단으로도 배를 자주 활용하였다. 특히 김조순은 선영先塋이 있는 경기도 여주 지역을 방문할 때마다 주로 한강 뱃길을 활용하였고, 남한강을 따라 여강의 이호梨湖에서 선유를 즐기고, 사군산수四郡山水를 두루 유람하며 옛 선조의 자취를 따르기도 하였다.[329] 도성 인근에서 이루어졌던 한강 뱃놀이의 권역이 점차 물길을 따라 확대되는 경향을 보인다.[330]

또 이들의 한강 뱃놀이 풍류는 개인적 친분 차원의 소규모 모임을 넘어 보다 큰 규모의 집단 차원에서도 이루어졌다. 이만수는 호조판

329 충북 제천시 청풍면에 위치한 한벽루에는 金壽增의 편액이 있으며, 김수항・김수증 형제는 배를 타고 한벽루를 비롯하여 단양 8경 등 사군을 유람하였다. 김창협・김창흡 형제도 뱃길을 통해 사군을 유람하고 이를 소재로 한 유람시와 「丹丘日記」를 남겼다.

330 일례로, 오태사와 친분이 두터웠던 이노익은 楊根(경기도 양평)에 별서를 마련하여 도성과 교외 별서를 왕래하였다. 이때 주로 한강을 따라 경기도 양평으로 이어진 수로를 이용하였던 것으로 보인다. 오태사 문인들은 양평 별장으로 떠나는 그를 전송하는 시에서 공통적으로 배를 타고 왕래하는 그의 모습을 묘사하였다. 김이교도 여강에서 종종 배를 타고 도성을 왕래하였다. 한번은 여주에서 도성으로 들어가는 도중에 남한산성 근처에 배를 대고 당시 남한산성에서 재직 중이던 심상규를 방문하기도 하였다.

서로 재직 중에 조선漕船과 관련된 업무를 수행하며, 직속 관원 및 집안과 연관 있는 겸인傔人들과 한강의 배 위에서 시를 읊으며 선유의 흥취를 연구시 형태로 남기고, 시축詩軸을 제작하였다.[331]

오태사를 중심으로 도성의 관료 문인들 사이에서 이루어진 집단적 차원의 선유와 풍류는 『동성교여집』에서도 확인할 수 있다. 『홍재전서』 교인에 참여한 관료들은 어느 여름날, 유하정流霞亭에 모여 배를 띄웠다. 유하정은 현재 서울시 성동구 옥수동 동호대교 북단의 한강변에 위치한 정자이다. 본래 예종의 아들 제안대군齊安大君의 거처였다가, 효종의 잠저潛邸 시절 정자로 이용되었으며, 1772년(영조 48)에 새롭게 보수하였다. 그 후 1781년(정조 5) 정조가 규장각에 하사하였다. 세종 연간에 서호西湖 망호정望湖亭을 독서당으로 삼아 학문에 전념하도록 했던 예를 본받아 봄·가을에 각신들이 잔치하고 독서하는 장소로 삼도록 한 것이다. 그로부터 유하정은 규장각 관원들이 모여 한강의 정취를 즐기는 그들만의 명소가 되었다.

『홍재전서』 교인 임무를 수행하던 관료들은 1714년 초여름에 유하정에 모이기로 약속하였다. 이존수, 박종훈, 이광문, 이학수 등은 동호東湖의 유하정에서 배를 띄워 한강 하류 쪽을 향해 내려갔다. 한편 김조순은 숙부 김이재와 함께 노량진鷺梁津 일대 한강에서 배를 타고 유하정이 있는 동호를 향해 물길을 거슬러 올라갔다.[332] 마침내 이들은 한강 물 위에서 만나 함께 노닐며 성대한 풍류를 이루었다. 당시

331 이만수, 『屐園遺稿』 권1, 「原集」, 〈庭陰軸〉 "己巳淸和, 余以判度支, 點漕船于西湖, 與家世故吏數十人, 泝上挹淸之樓." 당시 船遊에 참여했던 인원의 수는 대략 30명에 가깝다.

332 김조순, 『楓皐集』 권3, 〈約諸僚遊流霞亭, 余與江右族叔, 乘小艇, 溯鷺湖來會, 拈韻共賦〉. 이 시는 『東省校餘集』 권2, 22a에도 수록되어 있다.

지은 작품이 『동성교여집』에 실려 있어, 드높았던 흥취를 가늠할 수 있다. 다음은 김이교의 시이다.

푸른 숲 흰 모래사장 먼 곳까지 감싸인	綠樹明沙抱遠洲
유하정은 한강 변의 가장 이름난 정자라	流霞江上最名樓
옛날 효종께서 즉위 전 머무시던 곳을	潛龍昔日菟裘置
선왕께서 연회 열어 큰 술자리 갖게 하셨네	賜燕先朝大白浮
문신들에 내리시어 웅건한 글 남기도록 하시고	借與詞臣留健筆
좋은 계절 여가 내어 신선 배를 띄우라 하셨다네	好教暇日泛仙舟
이번 노닒 꼭 옛일을 따른 것은 아니지만	玆遊未必修前事
물결 따라 물고기 구경하니 참으로 좋구나.[333]	且愛觀魚逐水流

김이교는 시의 전반부에서 한강변 최고의 누정인 유하정의 유래에 대해 밝혔다. 그리고 정조가 규장각에 소속시켜 규장각 관료들의 풍류 장소로 삼게 된 일을 상기하며 유하정이 지니는 특별한 의미를 재확인하였다. 끝으로 그는 이렇게 각신 동료들과 뜻깊은 명소에 모여 한가로이 뱃놀이를 즐기는 것에 대해 만족감을 표출하였다. 김조순도 유하정에서 시작된 각신들의 한강 풍류에 대한 자부심을 드러내며, 일평생 손에 꼽을 만한 쾌사快事로 기억될 최고의 풍류를 이루었다고 만족하였다.[334]

『동성교여집』에 수록된 이들의 한강 뱃놀이 시는 유하정과 압구정이 있는 동호 일대의 빼어난 경관과 당시 규장각 출신 관료들의 호기로운 흥취가 주된 정서를 이룬다. 이 시들은 한강 뱃놀이를 통해 느낄

333 『東省校餘集』 권2, 22a. 이 시는 김이교가 이존수의 시 〈約諸寮自流霞亭放舟而下, 楓閤以小艇溯鷺湖來會, 拈韻共賦〉에 차운하여 지은 것이다.

334 김조순, 위의 작품. "玆行足數平生快, 文酒如今第一流."

수 있는 특유의 정취와 규장각 출신 관료들의 모임이라는 특정 집단의 소속감이 어우러져 한층 더 높은 차원의 자부심과 강한 결속력을 표출하고 있다.

요컨대 오태사는 개인적으로 공을 들여 조성한 별서 및 원림에서 한가로운 시간을 보내고 그 안에서 절속의 경지를 즐겼으며, 지인들과의 시회 및 모임도 그 안에서 이루어졌지만, 특별한 절기 및 전별회와 같은 행사가 있을 때에는 도성 인근의 이름난 유상지를 종종 찾아다녔다. 문집에 남아있는 시문을 고찰해보면, 이들이 방문하였던 도성 안팎의 유상지가 대부분 당대 명소로 일컬어지던 곳이었으며, 특히 조선 후기 영·정조대 이후로 부상하게 된 새로운 명승지가 주를 이루었음을 알 수 있다. 그중에는 유하정처럼 정조 재위기 각신들만이 누릴 수 있었던 경관도 포함되어 있다. 이들이 중앙 관직에 오랫동안 재임하면서 지방의 명승으로 훌쩍 떠날 수는 없는 상황이었지만, 당대 도성 인근에 있던 곳곳의 명소를 틈나는 대로 찾아 즐겼음을 보여주는 대목이다.

2) 심상규의 남한산성 경관 개발

심상규는 1816년 광주부廣州府 유수留守로 부임하며 남한산성에서 지내게 되었다. 재임 기간 동안 그는 남한산성의 낡은 건축물을 정비하는 과정에서 구조물의 위치와 담장을 재배치하고, 인근 황무지를 개척하여 누정을 축조하는 등, 남한산성 행궁 부지를 더욱 효율적으로 활용하고자 하였다. 또 일장산日長山(청량산淸凉山)의 높은 지대에서 탁 트인 조망권을 누리는 한편, 깊고 험한 골짝을 이루어 아늑하고 청절한 경지를 최대한 누릴 수 있는 매력적인 경관을 조성하고자 하였다. 평소 개인 공간에 원림과 누정을 경영하는 데 열정적이었던 그의 취미가 남한산성에서도 한껏 발휘된 것이다.

먼저 심상규는 남한산성의 행궁 내에 유수의 집무실인 좌승당坐勝堂을 새로 축조하였다. 단순히 기존의 터에 건축물만 다시 지은 정도가 아니라, 새로운 공간 설계를 통해 기존과 전혀 다른 정취를 지닌 건축물로 탈바꿈하였다. 심상규는 「좌승당기」에서 좌승당의 공간 구성과 설계에 대해 구체적으로 밝혔다. 그는 기문의 도입부에서 처음 남한산성 행궁의 집무실에 있을 때 어둡고 침침한 분위기 속에 불편한 느낌이 들었다고 하였다. 그가 좌승당 공간을 새로 설계한 데에는 기존 집무실의 이러한 단점을 바꾸려는 의도가 있었던 것이다.[335]

심상규는 집무실을 새로 짓는 과정에서 버려졌던 공간을 활용하여 기존의 담장을 헐고 행각의 위치를 옮겼으며, 담장을 돌계단과 나란히 설치하여 물 소리가 더욱 잘 들리는 구조로 설계하였다. 그리고 담장 앞에 집무실인 좌승당을 짓고, 좌승당을 중심으로 그 서쪽에는 누대를 세웠다. 좌승당을 가운데 두고, 동쪽에 있는 청사에서는 산성 내부를 조망할 수 있었고, 서쪽에 위치한 누대에서는 청량산의 경관을 향유할 수 있어, 서쪽과 동쪽에서 각각 남한산성의 서로 다른 경관을 감상할 수 있다는 장점이 있었다. 그리고 좌승당과 서쪽의 누정이 완성된 이후, 비로소 집무실에 앉아 있노라면 모두가 그윽하고 안온하다 평하였다며, 만족감을 드러내었다.[336]

335 『重訂南漢誌』 권8, 題詠, 「坐勝堂記」(沈象奎). "居行宮開府坐衙, 皆沉沉不敢安焉."

336 심상규, 같은 작품. "遂徹其前垣, 而移其廊於垣之限, 廊高於垣, 宮以益邃, 又拓其後垣, 築于北磵之上, 磵與垣並直而東, 每水至, 聲益聞于內, 背垣而爲堂, 西爲樓以仰淸凉, 東爲廳事頫城中, 中爲室堂成, 而坐於樓, 坐於室, 於廳事者, 皆曰: '地爽塏幽穩, 未始見其若是勝也.'"

'좌승당'이라는 이름은 심상규가 지었다. 심상규는 「좌승당기」에서 집무실의 명명命名에 담긴 의미에 대해서도 밝혔다. 남한산성은 하늘이 내린 요새라 불리는 험한 지형으르 백제 시대부터 방비의 역할을 하였다. 그러나 병자호란의 아픔은 지형적 유리함만 믿다 위기를 초래하였다는 반성을 일으켰다. 심상규는 '앉은 채로 승리한다[坐勝]'의 의미가 지형의 험난함만 믿고 가만히 앉아 있겠다는 뜻이 아니라, 사전에 군사력을 기르고 기술을 연마하여, 유사시 앉은 채로 이길 수 있을 만큼의 탄탄한 대비책을 마련해 두어야 한다는 의미임을 기문에서 분명하게 밝혔다.[337]

김이교와 남공철・이만수도 좌승당 기문을 지어 그 명칭이 지니는 의미에 대해 거듭 부연함으로써, 심상규의 뜻이 더욱 명확하게 드러나도록 힘을 보태었다. 김이교는 좌승당의 이름에 대해 분분한 의견들을 거론하며, 당실에 앉아 빼어난 산천을 호령한다는 의미도 아니요, 산세의 험준함만 믿고 편안히 앉아 싸우지 않는다는 뜻도 아니라며 오해를 바로잡고자 하였다. 중국의 병서兵書 『손자孫子』에는 싸우기 전에 조정에서 미리 계산해보고 승산이 많을 때 비로소 이길 수 있다는 말이 있다.[338] 김이교는 심상규가 명명한 좌승당의 의미를 이와 같은 맥락으로 보았다. 김이교는 좌승당에서 천 리에 이르는 먼 결책決策을 미리 헤아려 승산을 높이고 적을 이길 수 있는 결정적인 때를 기다릴 줄 아는 것이 바로 '앉아서 승리하는 기술[坐勝]'이라 하였다.[339]

337 심상규, 같은 작품. "請余名之, 余曰: '坐勝可乎.' …(중략)… 然既有不可勝之地, 以自固, 又爲必可勝之術, 以制敵, 雖安坐無戰, 可常勝也. 此其明堂之意歟."

338 孫武, 『孫子』 권上, 「始計」 第一. "夫未戰而廟算勝者, 得算多也, 未戰而廟算不勝者, 得算少也. 多算勝, 少算不勝, 而況於無算乎."

이만수의 「좌승당기」에서도 『손자』의 구절을 인용하였다. 그는 '옛날 전쟁을 잘하는 자들은 먼저 자신부터 적이 이길 수 없게 만들어 놓고, 적을 이길 수 있을 때를 기다렸다.[昔之善戰者, 先爲不可勝, 以待敵之可勝.]'는 구절을 인용하여, 승리의 기술과 관련하여 우리 조정을 먼저 다스리고 군사를 더욱 단련하고 방비를 철저히 해, 후일의 기회를 염두에 둔 것이라 밝혔다.[340]

남공철은 백성의 교화에 대한 중요성을 언급하며, 굳이 전쟁이라는 수단을 통하지 않더라도 군사들의 충심과 용맹, 백성들이 웃어른을 섬기는 예의를 알아 실천하는 정신적인 측면을 강조하였다. 그리고 '좌승坐勝'이라는 명칭과 관련하여, 도덕의 함양과 교화를 통해 정신적으로 우월한 경지에 이르는 것 또한 진정한 의미의 승리라고 보았다. 이러한 측면에서 심상규의 남한산성 단장은 국방을 위한 기본기를 다스리고 백성의 교화에 일조할 수 있다고 칭찬하였다.[341]

좌승당은 심상규가 남한산성 행궁 안의 공간을 새로이 설계하여 좋은 전망과 일조권을 확보함으로써, 보다 편안한 집무 공간을 형성하였다는 의미를 지닌다. 다만 광주부 유수의 집무실이라는 특성상,

---

339 『重訂南漢誌』 권8, 題詠, 「坐勝堂記」(金履喬). "或曰: '此堂占地爽塏, 坐於房宇廳闥, 卽領山川之勝, 故謂之坐勝.' 然曰: '此城勢險而阻, 雖安坐不戰, 能使敵人無勝, 故謂之坐勝.' 然是數說者皆未必公之志也. 盖嘗論之, 坐勝者, 廟算之謂也. 坐於堂皇之上, 決策千里之外, 得算多者勝, 得算少者不勝, 故常謂必可勝之多算, 以待敵之可勝者, 坐勝之術也."

340 이만수, 『屐園遺稿』 권2, 原集, 「坐勝堂銘」[幷敍]. "固已默運於樽俎裘帶之間, 而兵家所謂, '爲不可勝, 以待可勝.' 必有其術矣."

341 남공철, 『潁翁續藁』 권4, 「坐勝堂記」. "公以文章重望, 出而養閒, 顧不以職事爲卑, 思欲平糶糴選軍實, 以至恤隱聽獄, 期無一事之因循, 固知公能安不忘危, 而名堂而詑榮者, 亦其偶耳. 然爲政而不尙敎化, 則山谿之險, 人民之衆, 不可以自固, 公若留意於此, 士民之遊惰者, 使皆務農桑習詩書, 耻爲他業, 激勸將吏, 導以忠勇, 漸易其錢刀駔儈之術, 一州之人, 皆知有親上事長之義, 則余必知其不戰而可常勝也."

남공철과 이만수, 심상규, 김이교의 기문 모두 공통적으로 병자호란의 과거를 성찰하고 국방과 관련된 남한산성의 역할에 대해 상기하는 방식으로 서술하며, 그 집무실의 공간적 특징과 경관의 빼어남은 상대적으로 드러내지 않았다.

그러나 심상규는 광주부 유수의 집무실 재설계에서 그치지 않고, 공무에서 벗어나 잠시 여가를 즐길 수 있는 특별한 공간을 경영하기에 이르렀다. 이는 '국방의 요지' 혹은 '병자호란의 아픔'을 떠올리게 되는 기존의 남한산성 이미지에서 완전히 탈피하여, 남한산성이 위치한 일장산 본연의 빼어난 경관 그 자체를 향유하고, 탈속적 정취와 초월의 경지를 누리기 위한 휴식의 목적으로 조성되었다.

심상규는 우연히 관소 옆의 공터가 아름다운 경개를 지녔음을 발견하고, 황폐하던 공간을 단장하여 새로운 경관을 형성하였다. 그는 이곳에 유차산루를 짓기 위해 잡초들을 제거하고 다듬어 누정을 세울 공간을 마련하였다. 누대 오른쪽은 탁 트인 조망권을 지니고 있어, 곧장 높은 산봉우리를 마주할 수 있었다. 심상규는 유차산루에서 아침부터 저녁까지 시시각각 다채롭게 변화하는 일장산 봉우리의 경관을 바라보며 그 아름다움을 기문에 상세히 묘사하였다.[342] 유차산루는 심상규가 일장산의 아름다움을 조망할 수 있는 지점을 직접 개척하고 주변 경관을 다듬어 그야말로 정신적 즐거움과 휴식을 목적으로 축조한 누대였다. 다음은 심상규가 유차산루에서 일장산의 산봉우리를 바라보며 읊은 시이다.

342 『重訂南漢誌』 권8, 題詠, 「有此山樓上樑文」(沈象奎). "偶涉廢堧, 漸入佳境, 于是焚茅, 筏斫莽蓁, 拓界垣犁瓦礫 …(중략)… 直對嶔崟, 朝涉而洞, 霞丹纈簾櫳, 夕倚則巖烟翠泫簟几, 檐雲未暮, 送層陰於重峯, 樑月將晨, 逗淸暉於半嶺, 一日之奇如此, 四時之景可知."

…(전략)…

하루아침 거친 땅을 열어 층 누각을 세우고　一朝開榛出層楹
찬란한 푸른 빛과 붉은 기운 채색 이뤘다네　泫翠漂丹來藻繪
지난밤에 뇌우가 높은 산에 진동하더니　昨夜雷雨動嶔崟
오늘 아침 하늘 향해 사례하듯 웃고 있네　似荷天公垂笑咳
이른 아침 산 기운의 훌륭함을 깨닫고　朝來更覺山氣佳
날아가는 새와 꽃잎 주렴 안팎에 보이누나　過鳥飛花簾外內
왕자유는 수판 든 채 일부러 어긋났고　子猷手版故齟齬
유주 자사 잔치 노닒도 끝내 막혀버렸지　柳州宴遊終罣礙
어찌 나처럼 스스로 이 산의 주인 되어　豈如我自作主人
누대 짓고 날마다 이 산과 마주함만 같으랴　寘樓常與山相對
산과 내가 그저 길이 함께 있고 싶건만　山欲多我只長存
이 우주가 원래 저냥 풍애風磑 같구나.[343]　宇宙元自如風磑

5구~10구에서는 이른 아침 유차산루에 올라 바라본 일장산의 상쾌하고 청명한 경관을 묘사하였다. 지난밤 진동하던 뇌우 소리는 간데없고, 맑은 아침 햇살을 받으며 환히 빛나는 산봉우리의 모습을 마치 웃고 있는 얼굴에 비유하여 친근하게 표현하였다. 매일같이 유차산루에서 일장산의 빼어난 경관을 누리며 느끼는 만족감은 곧 산수에서 노닐었던 중국의 옛 명사名士들을 떠올리게 하였다.

11구에 언급된 왕자유는 진晉나라 왕휘지王徽之이다. 그는 환충桓沖의 기병참군騎兵參軍으로 있으면서도 관직 생활에 뜻이 없어 일을 소홀히 하였다. 환충이 이를 질책하자, 왕휘지는 대답 대신 노래를 부를 때 박자를 맞추는 도구인 수판手版을 턱에 괸 채 먼 산을 바라보며 '서산의 아침 공기가 참으로 상쾌하기만 하구나.[西山朝來, 致有爽氣.]'라

343 심상규, 『斗室存稿』 권2, 〈題有此山樓, 次東坡韻〉.

고 읊조릴 뿐이었다고 한다. 12구에 등장하는 유주 자사는 당唐 나라 유종원柳宗元을 지칭한다. 유주는 유종원이 중앙관직에서 쫓겨나 죽기 전 마지막으로 머물렀던 부임지이다. 유종원은 말년에 영주永州와 유주에서 지방관을 지내며 「영주팔기永州八記」와 같이 지역의 아름다운 산수 경관을 주제로 한 저명한 작품을 다수 남겼다. 특히 「영주팔기」 중 첫 번째 작품인 〈시득서산연유기始得西山宴遊記〉는 영주에서 지인들과 노닐던 중 우연히 서산西山의 특색 있는 경관을 발견하고 느낀 정취를 서술한 작품으로, 심상규가 남한산성의 유차산루를 우연히 만들게 된 계기와 매우 유사하다.

심상규는 관직 생활 중에도 산수의 흥취를 누렸던 왕휘지와 유종원을 떠올리며 동일시하는 듯하였지만, 오히려 자신은 이들을 능가하였다는 자부심을 표출하기에 이른다. 왕휘지는 산수에 대한 그리움으로 자신의 직무를 소홀히 하였고, 유종원은 영주와 유주의 산수를 누리고 그 아름다움을 세상에 알렸지만 그의 관력官歷으로 보았을 때는 중앙 관직에서 내쫓겨 지방을 전전한 형편이었기에, 말로가 좋지 못하였다. 반면에 자신은 광주부 유수로서 직무를 소홀히 하지도 않았고, 유차산루를 통해 새로운 경관을 개척해 세상에 알린 장본인이 되었으니 이들보다는 조금 더 우월한 위치에 있지 않겠느냐는 의식을 내비친 것이다. 오랜 세월 변치 않을 일장산의 경관을 통해 자신의 이름 또한 길이 역사에 남게 될 것이라는 자부심이 보인다.

이에 부응하듯 박종훈은 심상규가 남한산성에 새로운 경관과 정취를 개척하였음에 의미를 두고 이를 부각하는 방향으로 「유차산루기」를 서술하였다.

비록 산이 이 누대를 기다린 것은 아니지만, 누대가 생겨난 덕분에 이

> 산이 더욱 알려지게 되었다. 능허대凌虛臺를 짓자 산이 솟구쳐 달려 나온 듯한 경관을 보게 된 것과 같고, 총취정叢翠亭을 세워 숭산嵩山의 높은 산봉우리가 달리는 듯 걸터앉은 듯 싸우는 듯 기대고 있는 듯한 광경을 앉아서 셀 수 있게 된 것과 같다. 그러니 이곳을 두고도, '이 누대가 있게 된 후로, 비로소 이 산이 있게 되었다.'라고 말할 수 있을 것이다. 이는 아마도 공이 이 누대에 명명命名한 뜻에 거의 부합할 것이니, 옛 사람의 말을 잘 운용했다 할 만하다.[344]

박종훈은 누대가 생기기 훨씬 이전부터 이미 일장산이 존재하였지만, 심상규가 누대를 건설해 그 진면목眞面目을 제대로 볼 수 있게 하였으니, 비로소 세상에 알려지게 된 것과 마찬가지라고 하였다. 그리고 옛 중국 명사들의 일을 예로 제시하였다. 능허대는 송宋 나라 진희량陳希亮이 봉상鳳翔의 태수를 지낼 때 관사 후원에 지어 남산南山을 조망하던 곳으로, 소식이 「능허대기凌虛臺記」를 지어 그 광경을 묘사하였다. 총취정은 중국 오악五嶽 중 하나인 숭산嵩山에 지은 누대로, 구양수의 「총취정기叢翠亭記」에서 그 누정에서 바라보는 경관의 아름다움을 묘사한 바 있다. 박종훈은 누대의 축조로 인해 산수의 특색 있는 경관을 더욱 잘 향유하게 된 두 역사적 사례를 들어, 심상규의 유차산루와 동일시하였다. 그는 진晉 나라 양호羊祜가 현산峴山에 올라, '우주가 생겨난 이래로 이 산이 존재하였다.[自有宇宙, 便有此山.]'라고 한 말을 변용하여, '이 누대가 생긴 이후로, 이 산이 있게 되었다.[自有此樓, 始有此山.]'라는 말이 합당하다며, 심상규의 유차산루가 남한산

344 『重訂南漢誌』 권8, 題詠, 「有此山樓記」(朴宗薰). "雖然山之有不待乎斯樓, 而樓之作, 益知有此山, 如凌虛臺之築, 終南山之踊躍奮迅而出, 叢翠亭之起, 崇高之奔蹲鬪倚, 可坐而數也, 然則便謂之曰, '自有此樓, 始有此山.', 亦可矣. 此殆公命名之意, 可謂善用古人語也."

성의 경관에 가져온 변화에 의미를 두었다.

이처럼 심상규는 남한산성에 새로운 풍광과 정취를 즐길 경관을 적극적으로 개척하여 누정을 짓고, 김조순·남공철·이만수 등 동료 문인들에게 기문을 부탁함으로써 그 경관을 널리 알리고자 하였다. 유차산루와 더불어 심상규가 광주부 유수 재임을 마치고 떠나기 직전까지 심혈을 기울여 경영한 또 다른 누정은 바로 옥천정玉泉亭이었다. 그는 인공적으로 땅을 파 샘물을 끌어온 뒤, 누각을 짓고 옥천정이라 이름하였다. 그리고 도성의 거처에서 일부 수목을 가져와 더욱 고상한 정취를 지닌 공간으로 형성하고자 하였다. 그는 옥천정을 완성한 뒤, 스스로 옥천정 벽에 제시를 짓고 각자刻字하였다. 다음은 심상규의 옥천정 제시이다.

노송과 기이한 바위 구름 빗장 닫아건 채	古松奇石閟雲扃
천 년 간 땅 신령의 비호를 받았노라	訶護千年賴地靈
훗날 찾으려던 한가로운 꿈속 세계가	他日欲尋閒夢處
차디찬 가을 샘물 흐르는 옥천정에 있다네.[345]	泠然秋水玉泉亭

심상규는 첫 구에서 옥천정 일대를 마치 일부러 누군가 꽁꽁 감춰둔 경관으로 묘사하였다. 이는 그간 남한산성 인근에 숨겨졌던 경관을 자신이 새로이 개척했음을 의미하기도 하며, 그만큼 옥천정의 경개가 범인凡人들은 이를 수 없는 그윽한 경지를 이루고 있음을 보여주는 것이기도 하다. 그는 세속의 더러움이라고는 전혀 닿지 않는 옥천정의 절속적絶俗的 경개와 그 안에서 누리는 한가로움을 꿈속에나 존재할 이상적 공간에 비유하였다. 직접 경영한 옥천정의 아름다

345 심상규, 『斗室存稿』 권2, 〈題玉泉亭石壁〉.

움 및 이에 대한 자신감과 만족감이 두루 드러나는 작품이다. 또 심상규는 이만수에게 시를 보내 옥천정 제시를 지어줄 것을 특별히 부탁하였다.

…(전략)…
훌륭하고 귀한 문장 찬란한 빛 다투어　　瑰章瑋製競輝暎
영공(남공철)과 풍고(김조순)의 뒤 따르고　　有如潁公踵楓舅
죽리(김이교)와 두계(박종훈) 준사俊士들 바라보며　　竹里荳溪傑然望
낙사洛社의 공들 부족한 나를 받아주었지　　亦依洛社許迂叟
강물처럼 마르지 않고 산처럼 길이 남을　　江河不廢山長在
절묘하고 훌륭한 문장 아닐 수 없어　　無非絶妙好虀臼
한 시대에 이토록 성대한 문장들이 있기는　　一時有此文字盛
이 산이 있은 이래 진실로 없던 일이요　　自有此山誠未有
나의 과한 연주 되려 웃음거리 될 만해　　如我濫吹還可笑
기롱하는 말들로 공들께 누가 될까 염려되네　　不能無譏婦公咎
좌승당과 황루는 그런대로 만들어졌고　　滕堂黃樓聊尒耳
나머지 사소한 준비 얼마 남지 않았으니　　竹頭木屑計非久
평생토록 두예에는 미치지 못하나　　平生不滿杜元凱
양호羊祜 공이 현산에서 노닐던 일 좇으려네　　欲過羊公在峴首
…(중략)…
발 아래 샘의 원천 가장 늦게 얻어　　足底泉眼得最晚
어느새 땅을 파 십 이랑을 끌어들였네　　未覺疏鑿延十畝
높은 암벽 걸린 폭포 달과 함께 어우러져　　鈷鉧高墜與月宜
출렁이는 쌀알 물결 헤아리기 어렵다네　　趵突見糠難升斗
완성된 띠풀 정자 누가 세상에 알려줄까　　茅棟既成誰可名
거장께서 항상 제게 한결같이 후하시어　　巨擘須如固與厚
이제껏 많이 베풀어 주셨건만 다시금 요청하니　　施亦既多求未已
감히 여쭙건데 공이 해 주심이 어떠하신지요.[346]　　敢問公豈無意否

심상규는 이만수에게 보낸 시에서 남공철과 김조순·이만수와 박종훈·김이교 등 일곱 명의 당대 문사들이 공동으로 좌승당과 유차산루의 기문을 지어 그의 남한산성 개수에 힘을 보탠 것이 이 시대의 매우 성대한 일이라고 자부하였다. 그리고 이만수에게는 한 번 더 옥천정을 위한 제시를 지어줄 것을 부탁하였다. 자신이 경영한 유차산루와 옥천정의 경관에 대한 자신감만큼, 당대 중앙의 요직을 지낸 관각문인들의 협업으로 이루어진 성대한 기문과 제시에 대한 자부심도 함께 엿보인다.

이만수는 심상규의 제안을 받아들여, 옥천정 제시를 두 수 지어주었다. 그는 심상규의 남한산성 누정 경영과 더불어 옛 태평시대의 문장을 방불케 하는 7명의 관각 문인들이 기문을 지은 일이 당대 도성을 떠들썩하게 하였다며, 자신들이 이룬 성대한 일화와 친분에 대한 은근한 자부심을 드러내었다.[347]

이만수도 심상규가 일장산의 승경을 처음으로 발견해 누정을 경영하면서 그 덕분에 비로소 이 산의 진면목을 사람들이 알게 되었음을 말하였다.[348] 아울러 그는 훌륭하게 경영된 옥천정의 경관을 제시하여, 경관의 특색을 소개함과 동시에 이를 주도하고 설계한 경영자

346 심상규, 『斗室存稿』 권2, 〈東寄屐翁求題玉泉〉.

347 이만수, 『屐園遺稿』 권1, 原集, 〈日長山伯寄示玉泉亭長句, 秋山路中走和〉 二疊 [丁丑(1817)] 첫 번째 수. “坐堂有記樓有文, 紙踊長安雷萬口, 藝苑羣英相其事, 雄藻酬若鄉人酒, 羊公裘帶頓生顏, 魏國山河揚入手, 昭代文章作者七, 就中探驪誰自負.”
7명의 관각 문인은 김조순,남공철,조종영,박종훈,김이교,이만수,심상규를 지칭한다. 심상규에 남한산성에 있을 당시 서영보는 이미 세상을 떠난 뒤였고, 오태사 문인 중 김조순·이만수·남공철이 심상규와 함께 남한산성 건축물의 記文에 참여하였다. 이밖에, 김이교와 박종훈, 조종영도 記文 저술에 참여하였다. 심상규가 남한산성에 축조한 건축물의 記文과 題詩 작품 목록은 본 논문의 제1부 3장에 제시하였다.

348 이만수, 같은 작품. “公今發揮此山勝, 此山其眞爲公有.”

심상규의 수준 높은 안목을 칭찬하였다. 다음은 이만수가 옥천정의 경관을 묘사한 부분이다.

…(전략)…

이 산에 바위 있고 바위 곁엔 샘물 있어	此山有石石有泉
푸른 물 금빛 고황 기른 지 오래라	水碧金膏亭毒久
솟을 땐 찬 생황소리 막 울려 퍼지다가	湧時寒簧初轉喉
무지개 걸린 곳에 이르러 거꾸러지네	掛處文虹倒垂首
육정六丁에게 명하여 웅장한 산 열어젖히니	迺命六丁開山壯
그런대로 갖춘 정자 자손 위함 아니라네	不用孫子居室苟
소나무 문 사방 둘러 경개가 그윽하고	松門四圍洞天邃
구름 벽이 속세의 더러움을 한 번에 씻어내며	雲壁一洗塵土朽
앞은 연못 뒤엔 폭포 그 위에는 정자 있어	前潭後瀑上有亭
가지런한 배치 기자의 홍범구주 같구나	位置井井箕疇九
굽어보니 일천 가옥 아래에서 절을 하고	俯瞰千甍拜下風
뭇 산봉들 나란히 양쪽 어깨 끌어안았네	平挹羣山拱兩肘
서울 정원 매화와 대나무 절반을 옮겨 심어	洛園梅竹半移植
농부가 밭을 경작하듯 정성스레 가꿨으니	却似農夫耕其畝
3일 만에 훌륭히 완성하여 상량문을 짓고	三日工成六偉頌
편액에 새긴 글자 한 말보다 크도다	劈窠扁字大於斗
제정의 새들이 구양수를 알아보는 듯하고	滁亭禽鳥識歐陽
유주의 산수가 유종원을 만난 듯하네	柳州山水遇子厚
공의 임기 끝날 무렵 산에서 샘물 나오니	及公瓜熟山出泉
조화옹이 일부러 공을 머물게 하려는가	化翁故欲留公否
늘그막에 사마상여 소갈증 안타까운데	老去偏憐文園渴
샘물에다 아름다운 글귀까지 사랑스러워	愛泉不啻愛琳玖
공이여 날마다 옥천동의 부신을 잘 다스려	請公日調玉洞符
함께 이슬 따르며 신선처럼 장수하세.[349]	共酌沆瀣松喬壽

이만수는 옥천의 맑고 차가운 샘물을 도가道家의 선약仙藥인 금고金膏에 비유하며, 오랜 시간동안 산속의 영기를 머금어 신성한 정기精氣를 머금고 있는 신령스러운 존재로 형상화하였다. 샘물이 막 나와 흐르는 소리를 생황의 연주를 감상하는 듯 아름답게 표현하였으며, 벼랑에 이르러서는 거꾸로 쏟아져 폭포를 이루는 모습까지 옥천정의 주요 경관인 계곡의 아름다움을 낭만적으로 제시하고 있다.

25구의 육정六丁은 도교의 여섯 신을 일컫는 말로, 천둥과 바람을 부리는 신통력을 지니고 있다고 한다. 심상규가 광주부 유수로서 신장神將들로 하여금 웅장한 남한산성의 경관을 새로이 개척하게 하였음을 의미한다. 이만수는 심상규가 남한산성에서 경영한 일들이 단순히 자신의 개인 공간을 경영하여 자손들에게 물려주려는 사적인 차원의 일이 아니라, 관료로서 국방의 요지인 남한산성을 정비함으로써 그 위상을 높이는 데 기여하였음을 강조하였다.

이어서 27구부터 이만수는 다시금 옥천정으로 시선을 돌렸다. 사철 푸른 소나무가 주변을 병풍처럼 둘러싸고, 구름이 벽을 이루어 감싸고 있다는 표현은 옥천정이 지리상 일장산의 높은 봉우리 깊숙한 곳에 위치하여, 천연적으로 그윽하고 청절淸絶한 경개를 이루고 있음을 보여준다. 거기다 심상규의 계획적인 조경 작업이 더해져 연못과 폭포 위로 정자가 위치하여 아름다운 경관을 한눈에 조망할 수 있도록 설계되었음을 보여준다. 30구에서 이만수는 옥천정의 공간 배치를 통해 중국 은殷 나라의 기자箕子가 전하였다는 홍범구주洪範九疇를 떠올리며, 기자가 우리나라에 와서 시행했다는 정전井田의 반듯하고 질서정연한 모습에 비유하였다. 그리고는 시야를 더욱 멀리하

349 이만수, 위의 작품, 두 번째 수.

여 산 아래쪽과 주변의 먼 경관까지 묘사하였다.

37~38구에서는 심상규가 옥천정을 만든 일을 송宋 나라 구양수가 제주滁州 태수太守로 있을 때 취옹정醉翁亭을 만든 일과 당唐 나라 유종원이 유주 자사를 지내며 새로운 경관을 발견했던 일과 동일시하였다. 제주에 있는 취옹정의 새들이 구양수를 알아보고, 유주의 산과 물이 유종원을 다시 만난 듯 반가워한다는 표현은 곧, 심상규가 남한산성에서 이들과 같은 존재가 되었다는 의미이다.

마지막으로, 43구에서는 송宋 나라 소식이 옥녀동玉女洞의 물을 사랑한 고사를 활용하였다. 소식은 물을 길어오는 심부름꾼이 자신을 속일까 염려하여, 대나무를 쪼개 신표[符]를 만들고 옥녀동 승려에게 맡겨 왕래의 증거로 삼았다고 한다. 심상규의 광주부 유수 임기가 끝난 이후에도 소식처럼 계속 옥천정 샘물을 즐기라는 재치 있는 표현이다. 이만수는 심상규의 옥천정이 오래도록 지금의 빼어남을 유지하기를 바라는 축원을 담아, 심상규 덕에 자신도 함께 선인仙人의 이슬인 옥천 샘물을 마시고, 적송자赤松子와 왕자교王子喬처럼 무병장수하여 신선의 경지에 이르러 보자는 유쾌한 상상으로 마무리하였다.

그런데 33구에서 이만수가 언급한 '서울 정원의 매화와 대나무'는 심상규가 옥천정의 조경을 위해 도성에 있는 자신의 정원에서 매화와 대나무를 옮겨다 심은 것을 의미하여 주목할 만하다. 그는 남한산성의 일부 공간을 개수하고 누정을 축조하면서 자신의 화훼 취향을 반영한 정원의 조경에까지 심혈을 기울였는데, 이를 위해 도성의 거주지에 있던 화훼와 수목을 일부 가져오는 수고까지 감행한 것이다. 이러한 과정들은 모두 심상규의 문집에 실린 시작품을 통해서도 확인할 수 있다. 다음은 심상규가 남한산성에 정원을 경영하며 지은 시이다.

[1]

감영의 병졸들 호미 · 도리깨질 익숙하고 營卒揮鉏慣打耞
사찰 승려 괭이 · 가래 다루는 솜씨 훌륭하네 寺僧斸橛勝鍬鏵
늙은 장수 풍류 이룰 장소를 만들려 하니 欲知老帥風流處
하루 만에 만 종의 꽃 심을 수 있겠구나. 一日能栽萬本花

[2]

나무마다 단사정丹砂井 물 고루 적시고 樹樹沾均滿井砂
가지마다 하늘의 석양빛에 붉게 물드네 枝枝燃作半天霞
심을 때부터 간직한 맘 꽃 필 때 드러나리니 種時已具開時相
눈앞과 마음 모두 꽃으로 일색을 이루리라.[350] 眼底胸中一色花

첫 번째 수에서는 남한산성의 정원 조경을 위해 영내營內의 병졸과 남한산성에 위치한 사찰 승려까지 동원한 광경을 보여준다. '만 종의 꽃'은 다소 과장된 시적 표현이라 할 수 있겠지만, 그 정도로 화훼에 대한 심상규의 벽癖이 남한산성에서도 여전하였음을 확인할 수 있는 작품이다.

두 번째 수에서는 한바탕 조경 작업을 마친 뒤, 일장산의 석양 아래 수목과 화훼를 바라보며 느끼는 뿌듯함과 훗날 만개할 꽃에 대한 기대감을 노래하였다. 뿌리가 잘 내리도록 정성스럽게 샘물을 길어다 적시며, 봄이 되면 온갖 나무와 줄기에서 만발하게 될 꽃의 아름다움을 상상하고 기대감을 표출하였다. 다음은 심상규가 옥천정에

350 심상규, 『斗室存稿』 권2, 〈營園種花〉 二首.

매화나무를 심으며 읊은 시이다.

…(전략)…

나의 뜻을 또한 말로 표현하자면	我意亦當語
사람들이 딸을 곱게 키움과 같아	人之養嬌娟
장차 시집보낼 것을 어찌 잊으랴	豈忘將以女
여인은 내쫓김을 당하지 않아야	女人不被遣
이것이 곧 부모의 명예이니	是爲父母譽
참으로 샘물도 더러움에 오염되면	苟泉任汚薉
우거진 잡초 속에 방치될 뿐이라네	榛莽惟蒙據
저라산서 처음 땔나무를 팔던 서시도	苧蘿初負薪
쑥대머리 해진 솜옷 용모가 가려졌다만	蓬跣掩弊絮
머리 빗고 세수하여 단장한 뒤	梳洗被紋繡
다른 사람 보기 좋게 바뀌었다네	使人方喜覰
한 터럭 털과 피부 바꾸지 않고도	不改一髮膚
그 경색을 돋보이게 할 수 있으니	能爲容色助
샘물 근처 어울릴 나무를 헤아리자	就泉商所樹
매화꽃이 자못 이곳에 둘 만하였네	梅花其殆庶
바삐 사람 보내어 백 리를 지고 와	走人負百里
내손으로 샘물 옆에 심으니	手自種泉處
소나무들 사이에서 함께하게 되었고	松柏許相參
가죽나무 대추나무는 모두 제거했다네	樗棘屛皆除
샘물 맑고 매화 또한 향기로우니	泉淸梅又香
탁월한 감상 내 마음이 흡족하구나	玅賞我已預
감당나무처럼은 사랑받지 못한대도	但無甘棠愛
자르고 뽑아 헐뜯는 바는 되지 않으리.[351]	剪拜非所詛

351 심상규, 『斗室存稿』 권2, 〈玉泉種梅〉.

그는 옥천정을 마치 자신의 '딸'과 같은 존재로 비유하고, 딸이 부모의 명예를 드높이듯이 자신의 옥천정이 길이 사랑받기 위해서는 세속의 더러움이 조금도 있어서는 안 된다며, 더욱 청절淸絶한 분위기를 형성하려는 의지를 보였다. 또한 중국 역사상 경국지색으로 꼽히는 서시西施의 고사를 통해 자신의 뜻을 비유적으로 표현하였다. 서시도 본래 저라산苧蘿山에서 초라한 행색으로 땔나무를 팔던 시절에는 그 아름다움이 드러나지 않았지만, 단장하고 보니 빼어난 미인의 용모가 드러나게 되었다고 한다.[352] 심상규는 경관 조성 또한 이와 같다고 하였다. 자신이 조경에 힘을 쏟을수록 옥천정의 경관 또한 거듭날 수 있다는 믿음이 보인다. 그는 결국 샘물 인근 경관을 한층 돋보이게 할 수목으로 매화를 선정하였으며, 사람을 보내 백 리 길을 지고 오도록 하였다.

위 시에서는 옥천정 인근의 경관을 본인의 안목과 심미의식에 맞게 새로이 조경하고, 고상한 감상을 위한 기준에 맞게 단장하는 과정을 확인할 수 있다. 그는 옥천정을 딸에 비유할 만큼 각별한 애정을 지니고 주변 경관 조성에 심혈을 기울였다.

심상규는 옥천정에 매화를 심은 뒤에도 그저 아리따울 뿐인 경관이 못내 아쉬웠는지, 또 대나무를 심을 계획을 세웠다. 마침 도성 집에 있던 대나무를 떠올리고는 마지막으로 옥천정의 매화에게 좋은 벗을 만들어주고 떠나겠다 결심하였다.[353] 광주부 유수의 임기가 끝나가는 시점까지 옥천정의 경관 조성에 열정적이었던 그의 모습을 엿볼 수

352 施宿, 『會稽志』 권11. "舊經引『輿地志』, '苧蘿山, 西施所居.' …(중략)… 『十道志』, '句踐索美女以獻吳王, 得諸暨苧蘿山賣薪女西施.'"

353 심상규, 『斗室存稿』 권2, 〈復種竹〉. "令梅卽便花, 亦秖嫌妖幻, 况必無此理, 將何弭其訕 (중략) 與梅留畏友, 爲泉得寒件."

있는 부분이다. 그는 지방관직 중 집안의 대나무까지 가져와 심는 자신의 모습이 우습기도 하고, 남들이 분명 미치광이라 흉을 보리라 생각하면서도, 옥천 샘물에 대나무를 보태어 완전한 절속의 경지를 완성하고자 하였다.[354] 이상적李尙迪의 시에 의하면, 심상규는 옥천정에 매화와 대나무 외에도 삼천 그루의 꽃나무를 심었다고 한다.[355]

실제로 심상규가 남한산성의 경관 조성에 공력을 들인 일을 두고, 상반된 평가가 분분했던 것으로 보인다. 심상규 본인도 스스로 대나무를 심으며 당시 자신의 일에 대해 비방과 예찬이 반반을 이루었음을 말한 바 있다.[356] 정원용은 훗날 심상규의 옥천정 시에 차운하면서, 경관을 개척하고 조성한 것은 임무를 소홀히 한 것이 아니요, 가슴 속으로 전쟁과 국방에 세심히 대비하고 먼 계책을 생각하면서, 겉으로는 높은 풍류와 초연한 풍모를 겸비한 것이라며 심상규를 변호하였다. 또한 이때는 이미 평화롭던 시대라 잠시 활줄을 풀어준들 무슨 문제가 되겠냐며 객지 벼슬의 위로가 되는 옥천정의 경개를 칭찬하였다.[357]

남한산성의 재단장이 모두 완료되자, 심상규는 지인들을 초대하여 자신이 직접 경영한 경관을 함께 즐겼다. 김조순의 족숙인 김이교金履

354 심상규, 같은 작품. "或言此翁癡, 轉謬不可喚, 憒憒三十年, 如此作仕宦, 竹且取於家, 泉顧廉可患."

355 李尙迪, 『恩誦堂集續集』 詩卷 8, 〈春盡日, 送霖兒游廣陵, 寄示以堂幕中〉. "羊公裘帶想遺型, 漢口諸山入望青, 千樹栽花無恙否, 玉泉依舊瀉泠泠.[沈文肅公居留時, 搆玉泉亭, 種花三千樹.]"

356 심상규, 위의 작품. "顧問向笑者, 毁譽猶相半, 或言此翁癖, 勤渠誠足歎."

357 정원용, 『經山集』 권2, 〈南漢玉泉亭, 次斗室五古韻〉. "我謂各隨時, 斯論非一貫, 投壺與緩帶, 未必耽遊玩, 制勝在宏籌, 對壘猶笑看, 龍韜苟藏胸, 琴鶴且可伴, 時平正休養, 弛張豈無間 …(중략)… 豈因日涉園, 蕩情忘外患, 大勝庸俗流, 只飽官廚飯, 酌泉煮香茗, 續題爲亭贊. "

喬와 김이양金履陽은 경기도 인근 지방에 머물다 도성으로 들어가는 길목에 남한산성을 방문하여, 심상규가 새로 경영한 당실堂室과 누정樓亭을 돌아보고 갔다.[358] 김이교가 남한산성을 방문하였을 때에는 그를 통해 김조순에게 유차산루의 기문을 써줄 것을 거듭 부탁하는 뜻을 전달하기도 하였다.[359] 옥천정이 완성되었다는 소식을 듣고 경기도 관찰사에 재직 중이던 이노익도 남한산성을 방문하였다. 도성과 경기도를 오가는 길목에 위치한 남한산성에 심상규가 새로운 경관을 경영하자, 공적 혹은 사적으로 이곳을 지나던 지인들이 일부러 이곳을 방문해 그 경관과 정취를 누린 것이다. 다음은 심상규가 이노익의 방문을 기념하여 지은 시이다.

〈이노익이 옥천정이 완성되었다는 소식을 듣고, 재차 남부를 순행巡行하며 산성에 올라왔다. 이로李潞도 이전에 약조한 바 있었는데, 기쁘게도 같은 날에 방문하였다. 마침내 함께 누대에서 즐겼으니, 이날 산이 열리고 처음 모임이 이루어진 것이다. 아름다운 객이 방문한 자리에서 낙성落成하였으니, 그 기이함은 더욱 자랑할 만하다. 두 수의 시를 지어 두 사람에게 주었다.〉

내게 옥천은 새로 사귄 좋은 벗과 같으니	我視玉泉好友生
맑은 대화 속 옥천 물소리도 함께함에랴	淸譚况並玉泉聲
감춰진 숲속 만남 정녕 생각지 못했건만	翳然林木寧無待
구름 낀 산중에서 절로 우정은 배가 되네	自在雲山倍有情
멋진 경치 훗날 전해질 진 알 수 없지만	未擬他時傳勝槩

358 심상규, 『斗室存稿』 권2, 〈金淵泉命汝, 自汾江鄕庢將入都, 過余南城, 留宿共賦〉.
359 심상규, 『斗室存稿』 권2, 〈竹里直學自驪江訪余有此山樓, 拏成一詩, 兼柬▣▣按使道向顧之懽, 轉呈楓皐太史, 申樓記之請〉. “煩君爲與楓翁說, 日待高文妙入神.”

경영에 쏟은 정성 오늘만은 헛되지 않았구려	不虛今日費經營
이 술 깬 뒤 다시 그대 머무는 곳 이르면	酒醒再到留君處
서글피 텅 빈 연못 가엔 단풍만 선명하리.[360]	惆悵空潭楓葉明

심상규는 옥천정을 완공한 뜻 깊은 날 가까운 두 지인이 찾아와 함께하게 된 것을 매우 기뻐하며 두 사람에게 시를 지어주었다. 그는 옥천정의 샘물을 자신이 남한산성에 와 새로이 사귄 '벗'이라 칭하며 두 사람에게 소개하였다. 옥천 샘물을 하나의 인격체를 지닌 존재로 표현하여, 세 사람이 함께 맑은 대화를 나누는 가운데 어우러지는 물소리를 마치 네 사람이 함께 담화하는 모습으로 묘사한 것이 재치 있다. 함련에서는 깊은 산중 구름이 자욱한 일장산의 옥천정에서 이렇게 도성의 벗들과 재회한 감격스러움을 말하고, 평소의 정이 배가 되는 듯하다며 반가움과 돈독한 우정을 표현하였다. 경련에서는 다시 화제를 옥천정으로 전환하였다. 자신이 심혈을 기울여 경영한 이 경관이 얼마나 오래도록 후세까지 전해지게 될지는 알 수 없지만, 적어도 지금 이 순간 절친한 벗들과 함께 빼어난 경관과 정취를 누리니, 그간의 공력이 헛되지는 않았다며 만족감을 표하였다. 미련에서는 다시 본래 자리로 떠나게 될 두 사람과의 헤어짐을 못내 아쉬워하며, 이후 옥천정에 홀로 앉아 붉은 단풍을 바라볼 자신의 모습을 다소 쓸쓸한 정취로 묘사하며 끝을 맺었다. 애정과 공력을 들여 완성한 옥천정에서 절친한 벗들과 함께하는 자리를 마련하게 된 감격과 애틋함이 느껴지는 시이다.

360 심상규, 『斗室存稿』 권2, 〈小集玉泉亭〉. "君受聞玉泉之成, 再於巡部南路, 專上山城. 李可用 [潞] 先亦有約, 又喜同日而來, 遂共飮亭上, 此是開山初會適成, 而得嘉客以落之, 尤足詑奇, 爲二詩以兩屬之."

심상규가 광주부 유수를 그만두고 도성으로 돌아간 뒤에도 옥천정은 여전히 남한산성의 특별한 정취를 지닌 명소로 남아있었다. 남한산성을 방문한 문인들이 옥천정에서 노닐며 지은 작품이 더러 확인된다. 조두순趙斗淳은 1842년~1848년 사이에 남한산성을 구경하며 느낀 감회를 연작시 형태로 남겼는데, 그 가운데 옥천정을 언급하기도 하였다.

채색하고 아로새겨 기이한 경관 이뤘으니	繪寫雕鐫結搆奇
두실 옹의 당대 풍치 가늠할 수 있겠다만	斗翁風致想當時
옥천의 매화 대나무는 온통 쓸어간 듯 하니	玉泉梅竹渾如掃
그저 멍하니 현산峴山의 심사에서 그치지 않네.[361]	不獨茫然峴首思

조두순은 옥천정의 아름다운 경관 하나하나가 심상규의 손길이 닿았음을 염두에 두고, 옥천정이 심상규의 고아高雅한 정취와 조경에 대한 높은 안목을 가늠할 수 있을 정도로 빼어나고 훌륭하다고 높이 평가하였다. 그러나 세 번째 구에서는 심상규가 도성의 거처에서 가져왔다는 대나무와 매화의 자취를 찾아볼 수 없다는 사실을 깨닫고, 이내 인생무상人生無常의 감정을 느끼게 되었다. 일찍이 진 나라 양호는 형주荊州 자사를 지내던 때 현산峴山에 올라, '우주가 생긴 이래로 이 산이 생겼는데, 예부터 현달한 많은 사람들이 이 산에서 노닐었지만, 모두 지금까지 이름이 전해지지 못하니, 이것을 생각하면 절로 슬퍼진다.'라고 그 무상감을 토로한 적이 있다.[362] 특히 심상규의 유

361 趙斗淳, 『心庵遺稿』 권7, 〈戱題〉 16首 중 14번째 수.

362 習鑿齒, 『襄陽耆舊記』 卷3. "羊祜字叔子 …(중략)… 祜樂山水, 每風景必造, 峴山置酒談詠, 終日不倦, 常慨然歎息, 顧謂從事中郎鄒湛等曰, '自有宇宙, 便有此山, 由來賢達勝士, 登此遠望, 如我與卿者多矣. 皆湮滅無聞, 使人悲傷, 如百歲後有知魂魄, 猶應登此也.'"

차산루는 양호의 어록에서 가져온 명칭이었고, 양호를 본받고자 하였던 심상규의 마음이 반영된 것이기도 하였다. 조두순은 심상규가 애정을 담아 심은 매화와 대나무가 사라진 옥천정의 풍경을 바라보며 다시금 양호의 명언名言에 깊이 공감하고, 쉽게 사그라들지 않는 여운을 음미하였다. 심상규의 옥천정에서 빼어난 경관과 고상한 정취에 감탄하면서도, 세월이 흘러 퇴락하여 완공 초반의 모습을 온전히 간직하고 있지 못한 안타까움과 인간사人間事에 대한 허망함이 공존하는 것을 볼 수 있다.

이계耳溪 홍양호洪良浩의 손자이자 홍희준洪羲俊의 아들인 홍석모洪錫謨는 사촌 형 홍경모洪敬謨가 1844년 광주부 유수가 되어 남한산성에 재직하던 시절에 지인들과 함께 남한산성으로 단풍 구경을 갔다. 이때 그는 옥천정에서 벗들과 아름다운 경치를 즐기며 연구시聯句詩를 지었다. 홍석모와 지인들은 붉은 단풍에 에워싸인 그윽한 산중에서 똑똑 떨어지는 시냇물 소리를 들으며 시주詩酒를 즐겼다. 이들은 옥천정에서 심상규의 이름을 떠올리며 그가 공을 들여 조성한 공간이 어느덧 세월이 흘러 누추해졌음을 못내 안타까워하였다.[363] 또 홍석모는 옥천정이야말로 남한산성이 위치한 일장산의 진면목을 볼 수 있는 곳이라며 세속 먼지 하나 없는 경개 속 계곡물이 흐르는 맑은 정취를 읊었다. 훌륭한 옥천의 샘물은 중국 당나라의 육우陸羽가 천하제일천天下第一泉이라 칭하였던 혜산惠山의 샘물을 능가할 만하다며 극찬을 아끼지 않았다.[364] 홍석모는 옥천정에서 거문고 연주를 감상

363 홍석모, 『陶厓集』 권3, 〈玉泉亭聯句〉. "暮到玉泉亭, 名區遍覽後[汝建], 絳林籠岸頭, 翠靄漲溪口[敬敷], 山色重重屛, 澗聲滴滴洒[汝圭], 興到詩聳肩, 醉促杯傳手[周伯], 勝槩寧許過, 良辰可不負[建], 斗翁窮巧奇, 奧境化汚醜[敷]."

364 홍석모, 『陶厓集』 권3, 〈玉泉亭吟示二衙〉. "淸凉洞府露眞形, 嘉木繁陰剪綺青, 澗流泠

하며 시원하게 쏟아지는 물줄기와 바람에 흩날리는 꽃잎을 바라보고, 세상일을 다 잊은 듯한 아득한 경지에 이르기도 하였다.[365] 옥천정이 후대 문인들에게도 빼어난 경관을 이룬 명소로서 인정받았고, 심상규의 이름 또한 옥천정과 함께 오랜 시간 기억되었음을 알 수 있는 사례이다. 현재는 남한산성에서 옥천정 터와 암벽에 새겨진 시 구절만이 확인될 뿐이지만, 심상규가 심혈을 기울여 경영한 누정과 정원은 한동안 남한산성의 명소로서 이곳을 방문한 조선 문인들의 사랑을 받았음이 분명하다.

본 장에서는 오태사가 도성의 명소와 누정에서 향유하였던 경관과 시적 흥취를 살피고, 이러한 풍류 문화가 도성 밖 지역에서 이들의 주도하에 재현되고, 새로운 명소가 개척되기도 한 사례를 확인하였다. 오태사는 주로 중앙 관직을 지내며 도성에 머물렀기에 쉽사리 먼 지방의 명산을 여행할 수는 없었다. 이들은 도성 안과 인근에 개인 별서와 누정을 소유하고 있었지만, 이따금씩 도성의 명소를 함께 유람하며 즐겼다. 이들이 주로 방문하였던 북저동과 천연정, 인왕산 세심대 인근은 모두 영·정조 시대에 새로운 명소로 부상한 곳이었으며, 특히 세심대는 정조와 사도세자에 얽힌 사연 덕분에 오태사를 비롯한 규장각 각신들에게 남다른 정감을 일으키는 장소가 되었다.

한편 도성 밖 남쪽에 위치한 한강은 도성 문인들의 최고의 유상지遊賞地였으며, 19세기 초 경화사족들은 한강 인근에 별서와 누정을 경영하여 더욱 적극적으로 강변의 정취를 누리고 뱃놀이를 즐겼다. 특

泠虛籟響, 巖紋字字古苔銘, 鳥啼花落無塵雜, 山靜雲深悟性靈, 休道惠泉天下一, 盧同七椀試茶經."

365 홍석모, 『陶厓集』 권2, 〈玉泉亭聽絃歌〉. "淸凉夜雨後, 山日掩林霏, 細澗冷冷瀉, 殘花片片飛, 杯樽醒復醉, 絲管鬧還稀, 虛檻悠然坐, 渾忘露濕衣."

히 오태사는 다수의 인원이 모여 즐기는 집단적 차원의 뱃놀이를 한 정황이 포착되는데, 대표적으로 『홍재전서』 편찬에 참여했던 각신들의 유하정 모임을 들 수 있다. 유하정에서 이루어진 각신들의 풍류는 옛 관각문인의 전통과 정조의 유지를 따른다는 의미를 지니고 있다. 그리고 이들의 시편에는 고된 공무에서 잠시 벗어난 해방감과 높은 풍류에 대한 자부심이 함께 드러나고 있다.

이와 같이 도성에서 다양한 누정 문화를 향유하였던 오태사는 지방관으로 부임한 동안에는 해당 지역의 누정을 개수하거나 아예 새 누정을 축조하고 정원을 경영하여 기존에 없던 경관을 만들기도 하였다. 심상규의 남한산성 경관 개척은 그 대표적인 예이다. 심상규는 남한산성에 좌승당과 유차산루, 옥천정을 새로 축조하고 정원을 경영하며 도성의 거처에 있던 꽃나무를 직접 옮겨오는 열정까지 보였다. 더하여 김조순과 남공철·이만수 등 관각의 동료들에게 기문과 제시를 부탁하여 남한산성의 새로운 경관을 시문으로 더욱 빛내고자 하였다.

심상규는 자신이 발견한 남한산성의 새로운 경관을 바라보며 시를 읊고, 자신을 구양수와 유종원 등 지방의 산수 경관을 세상에 알린 중국 명사들과 동일시하며 만족감을 드러내었다. 자신을 산의 '주인'이라 인식하였고, 영원히 변하지 않는 산과 함께 자신의 이름이 오래도록 전해질 것이란 자부심도 드러내었다. 또 옥천정을 자신의 '딸'에 비유하며 곱게 단장시키는 애정을 시에 담아내었다.

심상규가 남한산성에 조성한 경관은 도성의 명소와 자신의 거처에서 누렸던 경화사족의 문화와 취향을 지방 부임지에서도 발휘하여 명소화한 사례이다. 그리하여 일찍이 병자호란의 아픔과 치욕의 상징이었던 남한산성이 심상규의 누정 축조와 정원 경영으로 인해 일장산의 아름답고 청절한 경관 그 자체를 향유할 수 있는 풍류와 휴식의 공간으로 새로이 인식되었다는 의미를 지닌다.

4. 모소慕蘇와 시적 수용

중국 송나라 문인 소식蘇軾의 문학은 고려・조선 한문학사에서 전 시대에 걸쳐 항상 관심을 받았지만, 19세기에는 그 어느 시기보다 소식 애호에 대한 열풍이 드높았다.[366] 이 시기는 애호를 넘어 소식을 흠모의 대상으로 삼고 그의 시에 일상적 차운次韻・염운拈韻이 이루어졌으며, 문학적 수용을 넘어 소식의 삶의 태도와 인생관까지 닮고자 하였다. 이러한 19세기 모소慕蘇 열풍은 도성의 경화사족을 중심으로 일어난 문화적 현상이었고, 오태사도 당대의 유행에 적극 참여한 정황이 문집에서 확연히 드러난다. 그러므로 본 장에서는 오태사의 소식 애호와 문학적 수용 양상을 고찰하고, 이들이 소식의 어떤 부분에 매료되었으며, 이를 어떻게 시를 통해 형상화하였는지 밝히고자 한다.

1) 소식蘇軾 애호의 표현

나의 성씨 김이요 공의 성씨 황이라	我姓惟金公姓黃
황은 무엇인가 금의 빛깔이라네	問黃是底金之光
황과 금은 의리상 떨어질 수 없으니	黃與金無可離義

366 19세기의 한문학에 유행하였던 모소 경향에 관해서는 정민(2012)의 연구가 있다. (정민, 「19세기 동아시아의 모소(慕蘇) 열풍」, 『한국한문학연구』 49, 한국한문학회, 2012.)

동성同姓이라 하여도 무방하리라	雖謂姓同固何傷
공은 동파를 백 세의 선비라 하였고	公識東坡百世士
사우師友로 삼아 그저 문장만 따른 게 아니었지	師友不直尊文章
나 역시 평생토록 그를 흠모함이 커	我亦平生慕仰甚
그대와 나 한마음이라 해도 헛된 말 아니리	卽謂心同未是謊

…(후략)…367

위 시는 김조순이 황정견黃庭堅의 시집詩集을 읽고 그 소감을 읊은 시이다. 그는 황정견과 자신의 공통분모를 제시하며 옛 문사文士와의 동질감을 드러내었는데, 그중 한 가지는 '황黃'과 '김金'이라는 성씨와 관련된 것이었고, 다른 한 가지는 바로 소식에 대한 흠모였다. 황정견은 소식과 더불어 중국 송나라를 대표하는 시인으로, 소식을 계승한 학사 중 한 사람이기도 하였다. 황정견은 소식이 귀양 중 지은 화도시和陶詩에 제하여, "팽택[陶潛]은 천년토록 이름이 전해지니, 동파 역시 백 대에 전해질 선비라네.[澎澤千載人, 東坡百世士.]"라고 일컬은 적이 있다. 김조순은 황정견의 이 시구를 인용하며 자신 또한 동파에 대한 흠모가 이에 뒤지지 않음을 피력하였다. 이 시는 『풍고집』 권1 전반부에 수록되어 있으며 이 작품 다음에 등제登第 직후의 일을 읊은 작품이 나오는 점을 통해 미루어볼 때, 김조순이 젊은 시절에 지은 작품으로 추정된다. 그가 청년 시절부터 이미 소식을 매우 흠모하고 있었음을 알 수 있다.

소식에 대한 애호는 김조순에게만 드러나는 취향이 아니라 오태사 모두에게 확인된다. 서영보는 지방관으로 있을 때 소식과 관련된 전고 혹은 소식의 어록語錄에서 문구를 채취하여 누정에 이름을 붙였

367 김조순, 『楓皐集』 권1, 〈讀山谷詩集〉.

다.[368] 또 그의 문집에 수록된 시편 가운데 소식의 시에 차운 및 염운한 작품들이 확연하게 많은 비중을 차지한다는 점에서 그가 평소 소식을 매우 흠모하였음을 단번에 알 수 있다. 김조순과 서영보는 소식에 대한 애호를 숨김없이 드러내었고, 서로의 소식 애호에 대한 동질감을 시로 읊기도 하였다. 다음은 김조순이 서영보에게 준 시이다.

옛 학문을 배우는 것 활쏘기와 같아	學古譬則射
과녁 맞출 기교에만 힘써서는 안된다네	巧不專主皮
그대와 나 소식을 흠모하여	子與余慕蘇
감상하고 시험 삼아 논하였지	請嘗試論之
그대는 시야를 두루 넓힐 재량 되나	子能竭目力
나는 이를 법식으로 삼는 정도이고	余乃以矩規
그대 이미 훌륭한 맛 배불리 맛봤지만	子已飽佳饌
나는 푸성귀도 다 맛보지 못한 정도라	余未厭藜葵
그대 몇 길 높은 궁궐 담장 같아서	子有宮墻仞
깊고 높아 나는 엿볼 재간 없고	深高余莫窺
그대의 음운은 요순 시대 격조인데	子有音濩韶
나는 우물 안 개구리가 다투듯 질러댈 뿐	蛙爭余鼓吹
내 조심스레 물러남이 아니라	非余心屛營
그대 재주가 실로 신묘한 경지라서네	子才實神爲
그대 참된 아름다움 절로 찡그린 서시西施요	信美顰自西
나는 별 탈 없이 넘긴 장의張儀의 혓바닥일 뿐	無恙舌徒儀

368 杭眉亭은 평안북도 영변에 위치한 정자로, 서영보가 평안도에 재직 중 改修하고 본래 六勝亭인 이름을 항미정으로 바꾸었다. 소식이 「杭州乞度牒開西湖狀」에서, ‘항주가 서호에 있는 것은 사람으로 치면 눈썹과 눈이 있는 것과 같으니, 없어서는 안될 것이다.[杭州之有西湖, 如人之有眉目, 蓋不可廢也.]’라고 한 말에서 영감을 얻어, 항미정이 영변에 위치한 철옹성의 미목과 같은 존재가 되라는 의미를 담아 명명하였다.(서영보, 『竹石館遺集』 책3, 「杭眉亭記」.)

땀을 뻘뻘 흘리며 앞으로 달려 나가	理當汗流趍
일어나는 먼지 보며 빗자루라도 잡아야 하건만	望塵擁帚箕
그대 칭찬 외람되어 어찌나 노심초사인지	何勞謬承獎
꿈에도 이런 일은 기대하지 않았다네.[369]	夢想不期玆

김조순이 이 시를 짓게 된 배경은 이러하다. 서영보가 지은 시에 김조순이 먼저 '소식의 의취가 느껴진다.'고 칭찬하자, 서영보는 겸손한 태도를 보이며 김조순이야말로 학소學蘇를 지향하는 문사들에게 귀감이 되는 존재이며, 소식의 후신後身이라 추켜올렸다.[370] 그러자 이에 김조순이 다시 화답한 것이다.

김조순 시의 전반적인 내용은 서영보의 칭찬에 대한 겸양謙讓의 미덕을 보이고자 하였으며, 서영보의 문재文才를 칭찬하고 자신보다 서영보가 소식 문학을 습득하여 이룬 성취가 더욱 훌륭함을 말하고 있다. 중요한 것은 두 사람이 문학, 특히 시에 있어서 학고學古의 전범으로 소식을 지칭하고 있다는 점이다. 김조순은 시의 초반부에서 옛 학문을 익히는 과정을 활쏘기에 비유하며, 오로지 과녁을 맞히는 데 열중하여 기술적인 부분에만 힘쓰지 말 것을 경계하였다. 이는 곧 소식을 수용함에 있어 그 문체와 기교적 특성을 배울 것이 아니라 의취意趣에 중점을 두어야 함을 피력한 것으로, 이들의 시학詩學 관점과 소식 수용 태도를 확인할 수 있는 부분이다.[371]

---

369 김조순, 『楓皐集』 권2, 〈竹石和余扇詩, 謂類東坡復唫以呈〉.

370 서영보, 『竹石館遺集』 책1, 〈楓翁謂余詩大有坡公意, 又自爲詩, 寫人扇, 語多妙悟, 戲次其韻〉. "公於學蘇徒, 褏然圭終葵 …(중략)… 後公與前蘇, 此悟千載玆."

371 學蘇에 대한 견해를 주제로 주고받은 김조순과 서영보의 시에 당시 유득공도 차운하였다. 유득공은 차운시에서, '두보의 시 용의 형상에 비유하면, 골수와 피부를 갖췄는데, 한유는 그 골수를 머금었고, 동파옹은 한유를 私淑했다네.[杜詩龍象也, 有髓亦有皮, 退之嘬其髓, 坡翁淑退之.]'라며 자신의 소식 시에 대한 견해를 드러내었

심상규의 소식 애호는 김조순과 서영보를 넘어서는 경지였다. 조선 후기 문사들의 모소 열풍에는 옹방강翁方綱을 비롯한 청나라 문인들의 소식 애호와 숭배 문화가 한·중 문인의 교유로 조선에도 전파되면서 일정 영향을 미쳤다고 알려져 있다.[372] 심상규는 1812년 신위가 연행사로 청나라에서 옹방강을 만나고 돌아온 바로 다음 연행사로 청나라를 방문하여, 직접 옹방강의 아들 옹수곤翁樹崑을 만났다. 심상규는 옹수곤과의 차운시에서 부친 옹방강이 소유한 「천제오운첩天際烏雲帖」과 옹방강의 서실인 소재蘇齋, 옹수곤의 홍두실紅荳室을 언급하며, 자신과 같이 소식을 흠모하는 마음을 지닌 문인을 중국 땅에서 만나게 된 감격을 표현하였다.[373] 옹수곤과의 만남에 있어서는 김정희·신위보다 한발 늦었지만, 심상규 역시 이전부터 소식을 애호하던 조선 문사 중 한 명이었으며, 청 문인과의 교유를 통한 소식 숭배 문화 수용에도 우호적이었다.

심상규는 1816년 광주부 유수로 남한산성에 있을 때 유차산루를 재정비한 후 일장산의 풍경을 감상하면서도 유독 소식의 작품에 많

다. 유득공은 두보의 시를 궁극적인 목표로 삼되, 두보의 시풍을 계승한 소식의 시가 두보의 시풍에 가까워질 수 있는 좋은 전범이 될 수 있음을 말한 것이다. 이들이 소식의 시를 배우고자 한 이유에는 기본적으로 '由蘇入杜'의 시학이 전제되어 있었음을 알 수 있다. (유득공, 『泠齋集』 권5, 〈次楓閣詩扇韻, 兼呈竹石尙書〉.)

372 신위가 청나라에서 옹방강 등 중국의 석학과의 만남을 계기로 소식에 심취하게 되었음을 보여주는 연구는 조규백(2012)과 박철상(2019)의 논문이 있다. 또 왕연(2022)은 박제가·김정희·신위와 옹방강의 교유를 단서로 청나라에서 유행한 소식 숭배 현상이 조선에 수용된 양상을 살폈다. (조규백, 「申緯의 蘇東坡 受容 및 그 意義」, 『장서각』 28, 한국학중앙연구원, 2012; 박철상, 「紫霞 申緯의 燕行과 翁方綱의 영향」, 『한국한문학연구』 75집, 한국한문학회, 2019; 왕연, 「18~19세기 조선 지식인의 壽蘇會 수용과 전파」, 『대동한문학』 73, 대동한문학회, 2022.)

373 심상규, 『斗室存稿』 권1, 〈和韻申紫霞自題小照, 書星原帖〉. "喜夢如聞呼起起, 覺來覿面是何人, 籠燈影下惟雙頰, 笠屐圖中又一身, 天際烏雲[覃溪有東坡親蹟天際烏雲帖]凝不散, 海南紅荳[星原扁紅荳室]種生因, 我今幸亦同君遇, 恭壽蘇齋八百春."

이 차운하였으며,[374] 1819년 평안도 관찰사에 임명된 후 묘향산을 유람할 때에도 소식의 작품에 거듭 차운하였다.[375] 또 그는 소식의 탄일誕日을 맞아 매화나무 아래에 있는 소식의 초상을 제재로 한 시 〈동파선생매하소상東坡先生梅下小像〉를 지어, 매화의 고결함에 부합하는 소식의 철석鐵石과 같은 정신을 칭송하며, 그 신체는 죽고 없지만, 천고에 사라지지 않는 그의 영혼과 명성名聲을 노래하였다.[376] 〈동파선생매하소상〉이 심상규가 66세(1831년)에 지은 노년작임을 감안하면, 심상규가 꽤 오랜 세월 동안 소식을 흠모하였음을 알 수 있다. 특히 심상규가 〈동파선생매하소상〉에서 소식의 탄일에 제사를 지내는 모습은 그의 소식 애호가 단순히 소식의 문학을 배우려는 수준을 넘어서 소식이라는 인간 자체에 대한 흠모와 숭상의 단계에까지 이르렀음을 보여준다. 이는 당시 중국 송나라의 정치적 배경 속에서 소식이 선택하고 나아간 삶의 궤적과 연관이 있다. 다음은 남공철의 시이다.

왕안석이 신법을 창안하자	介甫創新法
송 조정이 마침내 분열하였지	宋祚遂分裂
동파 공이 뜻을 얻을 듯했으나	東坡若得志
앙화만이 더욱 거세게 닥쳤구나	其禍乃更烈

374 예컨대, 심상규의 시 〈題有此山樓, 次東坡韻〉, 〈西山將臺, 用東坡遊蔣山十韻〉, 〈望西山, 用東坡初入廬山韻[三首]〉 등이 있다. (심상규 『斗室存稿』 권2.)

375 예컨대, 〈妙香山, 同諸使君次東坡金山七古韻〉, 〈宿留仙觀, 微雨泛舟沸流, 次東坡游徑山韻〉, 〈至喜亭驟雨旋霽, 拈東坡韻〉 등이 있다. (심상규, 『斗室存稿』 권3)

376 심상규, 『斗室存稿』 권4, 〈東坡先生梅下小像〉. "臘月十九[是公生日]梅花前, 每烹一甌花上雪, 年年生日公不死, 此一瓣香爲公設, 獨愧殘齒轉轉增, 死短生長終何能, 眼昏髮禿心亦灰, 自恃無待人嫌憎, 先生肝腸雖鐵石, 容我長在梅花側."
이밖에 두실 심상규의 문집에 수록된 작품 중 동파 숭상의 양상을 보여주는 작품에 대해서는 장진엽(2021)의 연구에서 밝힌 바 있다. (장진엽, 위의 논문, 2021.)

사람을 논할 때는 행적을 토대로 하니	論人以已迹
나는 억설로 단정 짓지 않는다네	吾未斷臆說
군자君子는 그 대의를 통해 보아야 하니	君子觀其大
완인完人은 그 결과로 이야기될 뿐이지	完人語其終
형공이 신중하여 치밀하게 행동하니	荊公謹細行
큰 뜻은 괴롭게도 통하지 못하였네	大意苦未通
동파옹을 두고 경박하다 평한 말이 있지만	坡翁雖輕薄
그야말로 절의에 합당함을 이루었다네.[377]	終求節義中

남공철은 역사상 인물에 대해 논평한 시 중 한 수에서 소식에 대한 자신의 견해를 피력하였다. 그는 왕안석의 신법에 반대하여 끝까지 뜻을 꺾지 않았던 소식의 행적을 토대로 그를 군자君子에 비유하였다. 그러나 소식은 자신의 지조를 지킨 대신 실제로 그의 관직 생활에 있어서 많은 고충을 겪어야 했다. 남공철은 왕안석이 결국 개혁을 실행하여 역사상 승자로 기록되었지만, 역사를 논할 때 그 결과만을 가지고 평가할 수 없다는 점을 강조하였다. 그리고 대의大意라는 차원에서 보았을 때에는 소식이야말로 진정한 절의節義의 상징이라며 긍정적인 평을 하였다.

남공철의 시에서 확인한 바와 같이 소식은 송나라에서 당론이 첨예하게 대립하던 시기 세상과 타협하지 않은 고결한 절개의 상징으로 훗날 숭상되었다. 심상규가 매화와 소식을 함께 두고 그 철석같은 정신을 칭송한 것과도 같은 맥락이다. 김조순과 이만수가 매화를 완상하며 소식의 시에 차운한 것도, 이들이 매화라는 고매한 품격을 지닌 화훼에 부합하는 인간상으로 소식이 적격이라 판단했기

377 남공철, 『金陵集』 권4, 〈讀史〉 5首 중 네 번째 수.

때문이다.[378]

이들이 소식을 맑고 고상함의 대표적인 존재로 인식하고 있었음은 서영보와 김조순의 언급을 통해서도 확인할 수 있다. 김조순은 옥호정사에서 한가롭고 맑은 정취를 누리며 소식을 떠올렸다. 그는 소식에 대해 '스스로 세속의 더러움을 멀리한 자[坡翁自遠紅塵氣]'라고 해석하며, 현실과 타협하지 않고 주체적으로 자신의 신념을 지켜 영혼의 깨끗함을 지킨 인물로 형상화하였다.[379] 서영보는 수많은 역대 시인들 가운데 소식의 맑은 향기[淸芬]를 가장 사랑한다고 스스로 밝힌 바 있다.[380] 이 또한 소식의 고결한 정신을 지칭한 것이다. 심상규는 공무로 북한산성北漢山城에 위치한 부왕사扶旺寺에 머물던 중, 깊은 밤 환한 달빛 아래 청절淸絶한 설경雪景을 바라보며 시를 짓고 소식의 말을 떠올렸다.

하늘 위에서 백옥경을 옮겨온 듯해	天上侈傳白玉京
인간 세상 이를 형용할 말 무엇이 있을까	人間忽有可何名
누가 여러 부처에 오늘 밤 힘써달라 기약했는지	誰期諸佛辦今夜
하늘 나는 신선과 함께 이번 생을 잊을 듯해	欲挾飛仙忘此生
아득한 밑 수은水銀 모래 구슬처럼 흘러가고	頫眩汞砂流瑟瑟
하늘에는 금빛 낟알 알알이 흩날리니	仰驚金粟散莖莖
평소 어찌 설월의 좋은 풍경 없겠는가만	豈無雪月他時好
만 길 성벽 위에 청절을 더하기는 드문 일이지.	淸絶難兼萬仞城

378 예컨대 김조순은 소식의 매화시에 차운하여 〈次坡公賦梅韻〉을 지었고, 이만수는 〈次東坡梅花詩韻贈松下〉와 〈餞梅, 次東坡惜花韻〉를 지었다. (김조순, 『楓皐集』 권5; 이만수, 『屐園遺稿』 권1, 「原集」.)

379 김조순, 『楓皐集』 권4, 〈山館與諸生共賦〉. "坡翁自遠紅塵氣, 寧待田婆悟夢場."

380 서영보, 『竹石館遺集』 책2, 〈十月之望, 小雨無月, 官齋臥疾, 忽憶蘇長公赤壁後賦, 使箕兒拈蘇集, 得竹葉酒詩, 俾和之〉. "何限騷人委似雲, 我於蘇子愛淸芬."

내가 이곳에 온 지 5일째이다. 백운산 입구로부터 들어온 후, 시를 짓지 않고 해탈의 경지에 들고자 하였으니, 또한 동파 노인이 기어綺語를 참회하고 끊어내고자 했던 뜻과 같다. 눈이 그치고 나자 달의 혼백이 환히 비추더니, 마치 선유대仙遊臺에 있는 듯했다. 배회하며 감상하는데, 밤이 깊어갈수록 허공의 밝은 빛이 더욱 너울거리고, 맑고 상쾌한 기분이 사람의 심장과 뼛속까지 스며드는 것을 느낄 수 있었다. 온 산이 고요한 가운데 온갖 번뇌가 사라져, 그 기쁨을 금치 못해 미칠 것만 같았다. 마침내 다시 근질거림이 발동하여 소식의 운자를 뽑아 시를 지었다.[381]

심상규가 북한산 부왕사에서 지내는 동안 눈이 내렸다. 눈이 그치고 밤이 되자 환한 달빛이 공중에 모습을 드러내었다. 온 세상이 흰 눈으로 뒤덮인 설경 자체도 본래 장관인데, 찬란한 달빛 아래 반짝이는 설경은 황홀함이 배가 되었다. 게다가 그는 지금 북한산의 높은 지대에 올라와 온통 흰 빛으로 뒤덮인 세상을 조망할 수 있었으니, 평지에서 보던 설경보다도 특별했다. 그는 환상적인 풍광 속에서 마치 선계仙界의 선유대와 백옥경에 있는 듯한 흥취를 느꼈다.

소식은 끊이지 않는 정감으로 인해 불교에서 구업口業에 해당하는 시 짓는 일[綺言]을 멈출 수 없다며 종종 한탄한 적이 있다.[382] 심상규

381 심상규, 『斗室存稿』 권1, 〈扶旺寺監煎瓊液, 雪夜寄楓臯〉. "僕來此已五日, 自入白雲山門, 以不作詩爲解脫法門, 亦坡老懺斷綺語之意也. 雪旣旋霽, 月又盈魄, 於所謂仙遊臺, 徘徊眺賞, 夜久益覺空明滉漾, 淸爽之氣, 沁人心骨, 萬山寂歷, 五蘊俱空, 殆不禁喜而欲狂, 遂復癢作, 拈坡韻率成."

382 소식은 〈次韻僧潛見贈〉에서, "많은 생애 시 짓는 일 갈아도 없어지지 않아, 아직도 시인의 정서가 완연히 남았다네.[多生綺語磨不盡, 尙有宛轉詩人情.]"라고 하였고, 〈次韻秦太虛見戲耳聾〉에서는 '눈앞 꽃잎 어지러이 지자 술잔에 풍파가 이니, 구업을 멈추지 못해 시로 인해 빚을 졌다네, 그대는 다섯 번뇌가 적임을 알고 있는가, 일생의 병 지금은 조금 나아졌다네.[眼花亂墜酒生風, 口業不停詩有債, 君知五蘊皆是賊, 人生一病今先差.]'라고 하였다. 소식이 시로 인해 일생토록 정치적 곤욕을 치러야 했지만, 그래도 시인으로서의 정감과 창작 욕구는 끊이지 않음을 토로한 구절이

는 소식처럼 자신도 이토록 환상적인 경개를 마주하여 촉발되는 감흥을 시로 읊지 않고는 견딜 수 없다고 하였다. 심상규가 시흥詩興을 도저히 참을 수 없게 만든 요인은 바로 극도의 청절한 경개였다. 또한 그가 청절과 고아의 경지를 마주하여 떠올린 사람도 바로 소식이었다. 심상규가 부왕사에서 읊은 시는 소식·설경·청절이 하나의 연결고리를 형성하였음을 보여준다.

심상규는 소식의 시운을 뽑아 북한산에서 마주한 청절한 경관을 시로 읊은 뒤, 이를 김조순과 공유하였다. 청절의 경지를 지향했던 김조순과 심상규에게 설경은 가장 훌륭한 시 창작 제재였다. 두 사람은 소식이 설경을 바라보며 읊은 〈설후서북대벽雪後書北臺壁〉 시에서도 영감을 얻어 몇 차례에 걸쳐 차운하였다.[383] 소식의 〈설후서북대벽〉은 절창이라 일컬어지는 그의 작품 중 하나로, 중국의 왕안석, 호전胡銓, 조창보趙昌甫 등 당대 유명한 문장가들도 화운한 바 있다.[384] 먼저 소식의 〈설후서북대벽〉 2수 중 첫 번째 수를 살펴본다.

라 볼 수 있다. (소식, 『東坡集』 권10.)

383 소식의 〈雪後書北臺壁〉 시는 본래 두 수이며, 각 시의 첫 운자는 '纖', '車'이다. 김조순과 심상규의 雪詩 차운이 이루어진 정황과 작품명은 다음과 같다. 눈이 내리는 날 김조순이 먼저 소식의 첫 번째 시('纖'韻)에 차운하여 심상규에게 보냈다. 그러자 심상규가 이에 차운하여 〈雪後楓皐用東坡韻見寄, 卽復和之〉를 지었고, 소식의 원시가 두 수임을 떠올리며 한 번 더 '纖'韻에 차운한 〈東坡此韻元二首, 又賦一首, 要楓皐和之〉를 지어 보냈다. 몇 년 후 눈이 내리는 날, 심상규는 옛일을 떠올리며 이번에는 소식의 시 두 번째 수('車'韻)에 차운하여 〈曾用東坡纖字韻, 同楓皐賦雪, 今已數年, 坡本又有車字韻亦二首, 雪後遂復率成, 奉寄楓翁, 一以自道無聊, 一以代簡相邀〉 두 수를 짓고 김조순에게 보냈다. 당시 김조순이 지었을 시편들은 현재 『풍고집』에 확인되지 않는다.

384 蔡壽, 『懶齋集』 권2, 〈次東坡雪詩, 寄次韶〉. "蘇子叉·尖二詩, 今古絶唱, 王介甫·胡邦衡·趙昌父輩皆大平筆, 追和不已."

황혼 무렵 여전히 부슬부슬 내리던 비 黃昏猶作雨纖纖
밤이 되자 바람 멎고 엄숙해지더니 夜靜無風勢轉嚴
이불이 물 뿌린 듯 축축하다 싶더니만 但覺衾裯如潑水
뜰 안에 소금 소복 쌓인 줄은 몰랐는데 不知庭院已堆鹽
새벽녘 밝은 빛이 서재 휘장 비쳐드니 五更曉色來書幌
한밤 내린 찬 소리가 처마에서 떨어지네 半夜寒聲落畫簷
북대를 쓸고 나서 마이산을 바라보니 試掃北台看馬耳
뾰족한 두 봉 끝만은 다 덮이지 않았구나.[385] 未隨埋沒有雙尖

이 시를 지을 당시 소식은 밀주密州 지주知州로 재직 중이었다. 북대北臺는 밀주(지금의 산동성山東省 제성현諸城縣) 북쪽에 위치하였다. 수련과 함련까지 '눈[雪]'이라는 단어를 직접 사용하거나 눈이 내리는 풍경을 직접 묘사하지 않고, 적막한 밤 방안에서 느끼는 세밀한 감각을 통해 한밤중 눈이 내린 정취를 간접적으로 보여주고 있어 참신하다. 경련부터 시간이 흘러 눈이 그친 뒤를 묘사하였다. 소식은 북대에 올라 쌓인 눈을 쓸다가 북대에서 마주 보이는 마이산馬耳山의 뾰족한 쌍봉 끝자락만은 눈에 덮이지 않았다는 사실을 눈치챘다. 온 세상을 뒤덮은 눈 속에서도 유일하게 본연의 상태를 유지하고 있는 마이산의 모습은 그날따라 유독 특별한 존재로 느껴진다.

김조순과 심상규가 소식의 〈설후서북대벽〉에 차운한 시는 한밤중 눈이 내리던 정취와 다음날의 설경을 묘사한 소식의 시상을 그대로 본받아 눈이 내린 후의 고요하고 깨끗한 풍광 묘사를 위주로 하고 있다.

385 蘇軾, 『東坡集』 권6, 〈雪後書北臺壁〉.

창가 발을 두드리며 울리는 소리 곱더니	敲窓點箔響纖纖
언 주발 새벽의 엄동설한에 자주 놀랐다네	凍椀頻驚曉氣嚴
연이어 울리는 까치 소리 누가 옥을 던졌나	鵲唶連聲誰抵玉
매실 식초처럼 뼈 뚫는 추위 소금으로 조절했네	梅酸徹骨獨宜塩
이웃집 지붕 어여쁜 까마귀 금방 알아보겠고	接鄰易辨愛烏屋
손님 맞아 풀어둔 처마 끝 학은 헷갈리겠네	待客渾迷放鶴檐
밝은 거울 앞에 백발은 슬퍼할 일 아니니	明鏡不須悲白髮
그대에게 답할 참신한 시구 더는 떠오르지 않네.[386]	報君無復數新尖

위 시는 눈이 내린 날 김조순이 먼저 소식의 시에 차운하여 심상규에게 보내자, 심상규가 화답한 작품이다. 김조순의 원시는 현재 그의 문집 『풍고집』에서 확인되지 않는다. 심상규의 시를 보건대, 눈 오는 날의 정경을 묘사한 고요하고 티 없이 맑은 전반적인 분위기는 소식의 시상과 매우 유사하다.

시의 초반부에서 집 안에서 느껴지는 공기와 습도로 눈이 내린 정황을 먼저 제시한 뒤, 본격적으로 문을 열어 눈 앞에 펼쳐진 절경을 묘사한 구상도 소식의 원시와 매우 흡사하다.

또한 흰 눈을 '소금[塩]'에 비유하고 설경 속 까마귀를 통해 색감의 대비를 이룬 수법 또한 유사하다.[387] 심상규의 시에서는 소금과 까마귀에 관련한 전고를 활용함으로써 소식의 원시와는 의경이 약간 다르지만, 유사한 색감을 지닌 시어를 똑같이 사용하여 소식의 풍경 묘사와 시각적으로 겹쳐진 듯한 느낌을 준다. 마지막에 노쇠함을 슬퍼하는 정회를 내비치는 것은 소식의 두 번째 시에 담긴 감회와도

386 심상규, 『斗室存稿』 권2, 〈雪後楓皐用東坡韻見寄, 卽復和之〉.

387 까마귀는 소식의 原詩 두 번째 수에 등장한다. (蘇軾, 『東坡集』 권6, 〈雪後書北臺壁〉 二首 중 두 번째 수. "城頭初日始翻鴉, 陌上晴泥已沒車.")

일치한다.[388] 소식이 북대에서 설경을 감상하며 지은 시 두 번째 수에서는 노쇠하여 시 짓는 힘[詩力]이 갈수록 떨어진다며 한탄한 것처럼, 심상규도 갈수록 흰머리는 늘어 가는데 이제는 참신한 시구마저도 떠오르지 않아 더욱 서럽다고 하였다.

위 시는 '설경雪景'이라는 특정 제재를 통해 소식의 원시 창작 배경과 전반적인 구상 및 풍경 묘사부터 '노쇠老衰'의 서글픔이라는 작품의 내면 정서까지 유사하게 수용하고 있다. 다만, 소식은 홀로 북대에 올라 내려다보이는 설경을 독백獨白의 형식으로 읊은 것이라면, 심상규의 시는 김조순과의 수창이라는 시 창작 의도가 반영되어, 상대를 향한 정겨운 감성과 공감대를 형성하고 있다.

오태사는 모두 소식의 정치적 행적과 관련하여 그의 인품을 매우 높이 평가하였다. 소식은 왕안석의 당파에 맞서 수난을 겪어야 했지만, 현실과 타협하지 않고 자신의 지조를 끝까지 지키다 생을 마감하였다. 결과적으로는 신종神宗 황제 때 왕안석의 개혁안을 실천하면서 소식이 패배한 것으로 보일 수 있지만, 오태사는 역사적 사실보다 소식의 정신적 측면을 조명하였다. 그리고 소식은 이들이 지향했던 맑고 고상한 경지에 부합하는 인간상으로 인식되었다.

2) 유희遊戲 정신의 수용

소식의 작품과 예술관의 문예적 수용은 단지 시 창작의 측면에 그치지 않고 예술 전반에까지 폭넓게 영향을 미쳤다. 김조순은 평소 시詩·서書·화畵 등 모든 면에서 소식의 취향을 흠모하여 그의 고목

---

388 소식, 같은 작품 두 번째 수. "老病自嗟詩力退, 空吟冰柱憶劉叉."

죽석도枯木竹石圖에 글을 남기기도 하였다.[389] 남공철도 묵죽墨竹 관련 화첩畵帖의 발문跋文에서 소식의 묵죽을 기준으로 품평할 정도로,[390] 소식의 그림과 화론은 당대 문인들의 대나무 그림 창작에 있어서 전범이 되었다. 김조순은 평소 묵죽에 조예가 깊었는데, 하루는 소식의 붉은 대나무 그림을 모방하여 그림을 그리고 시를 지었다. 이 시에는 소동파의 회화관에 대한 공감과 지향이 포착된다.

붉은 먹 갈아 시문 고치기 무료하여	研朱點易還無賴
소선蘇仙을 모방하여 대나무를 그려보네	却倣蘇仙寫竹竿
굳은 마디 맑은 풍모 본분을 따르는데다	勁節淸風依本分
일편단심 드러나니 더욱 사랑스럽네.[391]	更憐呈露片心丹

붉은 대나무 그림은 소식이 처음으로 그렸다고 알려져 있다. 소식의 붉은 대나무는 '오로지 뜻을 운용하여 사물의 이치를 이루었다.'[392]는 찬사를 받기도 하였다. 붉은 대나무는 기존의 묵죽화墨竹畵에 대한 통념을 깨고, 외형[形似]이 아닌 뜻[寫意]를 중시하는 그의 예술관을 잘 보여주는 사례이다.[393] 김조순은 붉은 먹을 갈아 직접 그린 대나무를

389 김조순, 『楓皐集』 권16, 「書蘇長公枯木竹石圖後」.

390 남공철은 「錢選摹東坡竹石帖紙本」, 「東坡墨竹卷綃本」와 같이, 소동파의 묵죽과 관련된 화첩에 序跋文을 작성하여, 그 또한 소동파의 묵죽에 관심과 조예를 지니고 있었음을 알 수 있다. 또 「趙孟頫墨竹卷綃本」에서는 화첩에 담긴 묵죽을 소동파의 묵죽과 비교해 평을 함으로써, 소동파의 묵죽을 기준으로 삼는 것을 확인할 수 있다.

391 김조순, 『楓皐集』 권5, 〈坡翁有朱竹, 蓋戲墨也, 今倣之〉.

392 孫岳頒, 『佩文齋書畫譜』 권12, 「論畫」2. "朱竹起自東坡, 試院時興到無墨, 遂用朱筆, 意所獨造, 便成物理, 盖五采同施, 竹本非墨, 今墨可代青, 則朱亦可代墨矣."

393 소식은 예술 창작에 있어서 寫意를 중시하고 개인의 정감과 사상에서 기인한 새로운 발상[新意]의 표출을 추구하였다. 소식의 붉은 대나무는 기존의 법도에 얽매이지 않고 유희적 快에 집중하며, 다양하고 폭넓은 사상을 받아들인 그의 창작론에서

감상하며, 본래 덕德을 상징하는 대나무의 굳센 마디와 맑은 풍모 자체로도 군자처럼 빼어난데, 더하여 붉은색을 띠니 일편단심一片丹心의 마음 까지 그림 속에 담아낸 것 같아 더욱 마음에 든다고 하였다. 이는 대나무의 외형 그 자체보다 내면에 담긴 정신세계에 무게중심을 두는 그의 화론畫論에서 기인한 시이다.

김조순이 붉은 대나무를 그리며 지은 시에서는 소식과 같은 의론이 드러나 그가 소식의 회화관에 깊이 공감하고 있었음을 알 수 있다. 또한 소식의 붉은 대나무는 반드시 검은 묵으로 대나무를 그려야 한다는 기존의 고정관념에서도 탈피할 수 있었던 소식의 광달曠達하고 파격적인 발상을 엿볼 수 있는 부분이기도 하다. 소식의 이러한 발상은 그림뿐만 아니라 그의 시에서도 어김없이 발휘되었다.

이밖에 김조순은 가을밤에 달빛을 바라보며 소식의 시에 차운하기도 하고,[394] 친한 벗 김려와 함께한 자리에서도 소식의 시를 활용하였다.[395] 문중의 장로들과 모인 자리에서 소식의 시를 염운할 만큼, 당시 노소老少를 막론하고 소식의 시가 유행하였음을 짐작할 수 있다.[396] 그의 족숙 김이교·김이양과 함께 어울리는 자리에서도 으레 소식의 시를 활용하였다. 김조순은 옥호정사에 있으며 김이교와 함께 소식의 운자를 뽑아 시를 지었고,[397] 심상규도 소식의 시에 차운하여 김이양에게 보내기도 하였다.[398] 오태사를 비롯한 주변의 문인들

기인한 결과물이다. 소식의 新意 표출 지향의 창작론과 특징에 대해서는 김연주(2015)의 논문을 참조할 수 있다. (김연주, 「新意의 표출로 살펴본 蘇軾의 藝術創作觀 硏究」, 『동양예술』 제27호, 한국동양예술학회, 2015.)

394 김조순, 『楓皐集』 권2, 〈中秋賞月用坡韻〉.

395 김조순, 『楓皐集』 권3, 〈壺舍雨中, 步東坡韻, 與藫翁言志〉; 〈又拈坡韻共賦〉.

396 김조순, 『楓皐集』 권3, 〈門中諸長老, 枉玉壺, 陪歡永日, 仍拈東坡韻, 恭賦請敎〉.

397 김조순, 『楓皐集』 권3, 〈玉壺與竹里叔宿, 明日拈蘇長公韻, 賦此〉.

이 대부분 소식을 애호하였다는 점에서, 19세기 경화사족 사이에서 소식을 흠모하고, 그의 시 세계를 본받고자 하는 경향이 분명히 존재하였음을 알 수 있다.[399]

이와 같은 19세기 전반기 경화사족의 모소 양상의 한가운데, 오태사도 적극적으로 참여하였고, 이러한 양상은 『홍재전서』 편찬에 참여한 각신들의 수창시를 수록한 『동성교여집』에서도 확인할 수 있다. 김조순은 심상규가 그린 소나무 그림을 감상하며, '진정한 용은 소식이다.'라고 소식에 대한 애호와 존숭의 마음을 직접적으로 언급한 바 있으며,[400] 소식에 대한 애호로 동질감을 형성한 김조순·서영보 두 사람은 『홍재전서』 편찬이 이루어진 관청에서도 소식의 시에서 영감을 얻어 시를 지었다.

하루는 김조순이 병환으로 출근하지 못하자, 서영보는 소식의 〈병중유조탑원病中游祖塔院〉에 나오는 구절 '병 덕분에 얻은 여유 나쁘지 않아, 마음의 평온이 약이지 달리 무슨 처방 있나.[因病得閑殊不惡, 安心是藥更無方.]'를 떠올리며 차운시를 지었다. 소식은 원시에서 사찰 인근을 거닐며 한적한 촌락의 여름 경관을 묘사하고, 편안하고 유유자적한 시간을 보내며 마음의 평안을 찾는 과정을 보여주었다.[401] 서영보는 차운시에서 소식처럼 여름날 별서의 누정에 누워 한적을 누리고

398 심상규, 『斗室存稿』 권2, 〈用東坡登介亭韻, 奉柬汾江淵泉命汝尙書, 兼餽官酒庖肉, 未足稱地主之禮尒〉.

399 19세기 경화사족의 소식 수용 양상과 관련해서는 이현일(2010)의 논문이 있다.(이현일, 「조선후기 京華世族의 東坡 수용 양상」, 『中國文學』 62집, 2010.)

400 『東省校餘集』 권1, 11a. 김조순의 시. "筆下韓生無俗馬, 人中蘇子卽眞龍."

401 소식, 『東坡集』 권5, 〈病中游祖塔院〉. "紫李黃瓜村路香, 烏紗白葛道衣涼, 閉門野寺松陰轉, 欹枕風軒客夢長, 因病得閑殊不惡, 安心是藥更無方, 道人不惜階前水, 借與匏樽自在嘗."

있을 김조순의 모습을 상상하였다. 김조순이 옥호정사에서 그간 바쁜 공무로 지친 심신을 다스리기를 바라는 위로가 담긴 것이기도 하다. 한편으로는 모두 모인 자리에 김조순만 함께하지 못한 아쉬움과 그리움을 표현하였다.[402]

서영보의 차운시에 김이교와 이학수, 이광문, 이용수, 정원용, 박종훈 등이 연이어 차운하였다. 서영보와 각신들의 차운시를 전해 받은 김조순은 동료들의 훌륭한 시 덕분에 한낮의 졸음이 확 달아난다며, 졸음을 떨칠 방법을 알려줘 고맙다고 기뻐하였다. 또 사례의 표시로 조만간 옥호정의 찬 샘물에 오이와 자두를 띄워놓고 한가한 정취를 함께 누리자며 정감을 표현하였다.[403]

서영보의 차운시는 특정한 상황에서 자연스럽게 소식의 시상을 떠올리고, 이에 영감을 얻어 차운시를 짓는 과정을 보여준다. 그는 김조순이 병으로 출근하지 못한 상황에서 소식의 〈병중유조탑원〉 구절을 떠올리며, 이를 바쁜 공무 중 한적을 누릴 절호의 기회로 해석하였다. 소식의 시를 계기로 병환이라는 부정적 요인을 긍정적인 방향으로 전환한 것이다. 서영보와 김조순의 차운시는 두 사람이 소식의 낙천적 발상에 착안하여 시를 통해 공감대를 형성하는 방식을 확인할 수 있다.

402 서영보, 『竹石館遺集』 책2, 〈早詣左掖, 楓翁病未赴, 抵書閣僚求詩, 忽憶坡公'因病得閒殊不惡'之語, 與諸僚酬其韻請敎〉. "幾年粉署共含香, 此日東曹擬趁凉, 鹿几梅樓公臥極, 蟬聲苑樹我懷長, 詩凌鮑謝猶求侶, 睡到羲皇不覓方, 曾道交情如淡醴, 野尊還惜未同嘗." 이 시는 『東省校餘集』 권2, 35b에도 수록되어 있다.

403 『東省校餘集』 권2, 36a. 이 시는 김조순이 서영보의 시 〈與諸僚詣院, 楓翁小極未赴, 忽憶東坡'因病得閒殊不惡'之詩, 仍酬其韻請敎〉에 차운하여 지은 것이다. "曹騰午屋困書香, 坐憶群公畵閣凉, 明日大難中伏逼, 淸風徐至上林長, 喜君不吝驚人句, 敎我眞成却睡方, 且待壺天新水下, 沉瓜浮李更羹嘗."

심상규도 낙천적인 가치관과 시적 승화를 소식 시의 매력이자 정수精髓로 꼽았다. 다음은 두보와 소식의 시를 읽고 그 감상평을 남긴 심상규의 시이다.

매번 두보와 소식의 시를 읽으니	每讀杜蘓作
두 공은 내가 슬퍼하는 문인이라	二公吾所悲
충성을 거듭 읊어 형체를 이뤘고	忠誠形累詠
곧은 절개 몇 마디 말에 드러나네	直節見單辭
마음속 간직한 신령이 움직여	動盪神靈秘
천지의 기이함을 발휘했으니	發揮天地奇
즐기며 웃음으로 받아들일지언정	寧容嬉且笑
혹여라도 비굴하게 굽히지 않았다네	未或鄙而卑
…(후략)…[404]	

심상규는 첫째로 두보와 소식의 시에 담긴 공통적인 주제 의식으로 우국충정憂國忠情과 곧은 절개를 꼽고, 이들의 시 곳곳에 묻어난 절절한 진심이 독자를 감동시키는 핵심이라 보았다. 이어서 그는 두보와 소식의 시에서 발현된 또 다른 매력과 성취에 대해서도 언급을 하였다. 두보와 소식 두 사람은 모두 관료로서 득의得意하지 못하고 혼란한 시대적 상황 속에서 고초를 겪었다. 심상규는 그럼에도 불구하고 두보와 소식이 좌절과 끝없는 슬픔에 빠지기보다는 외려 웃음기 있는 작품세계로 승화하여, 비굴한 지경에 이르지 않고 높은 격조를 지내게 된 것이 이들의 특별한 시적 경지임을 말하였다.

소식의 남달리 광달한 풍모와 낙천적인 시상은 거침없고 참신한

404 심상규, 『斗室存稿』 권4, 〈杜蘓十韻〉.

신어新語와 유희시遊戲詩로 종종 발현되었다. 앞서 심상규와 서영보·김조순의 시에서 확인되듯이, 이들은 소식의 낙천적인 대응 방식과 작품세계를 매력적인 요소로 보았고, 이것의 일환으로 발현된 소식의 유희적 발상도 수용하였다. 그들은 단지 감상에 그치지 않고 일상 속에서 소식과 유사한 시체를 구사하고자 시도하였다. 다음은 김조순이 엿을 먹으며 느끼는 감회를 시작화詩作化한 것이다.

> 밤중 우연히 엿을 먹었으니 평소 내가 즐겨 먹던 바였다. 손이 가는대로 붓을 놀려 우연히 한 편의 시를 완성하였다. 옛 문인들 중 오직 동파공만이 이러한 시 창작을 즐겼으니, 그의 '유희적遊戲的 문자文字'는 후대의 평범한 문사가 기대할 수 있는 바가 아니니다. 동파 공의 천부적인 솜씨가 참으로 어떠하였기에 즐기고 웃으며 성내고 욕하는 것을 모두 시에 담아 낼 수 있었던 것인가.

어린 시절 단 것 즐겨 늙어서도 잊지 못해　少小嗜甘老難忘
겨울날 엿 먹는 걸 가장 좋아하는데　最愛冬天喫飴餳
오늘 밤 무슨 연유로 두 바구니나 왔나　今夕何緣致兩筐
차조와 참깨 섞는 방식 서울 지방 같구나　秫麻雜製並京鄕
침 흘리며 고민할 필요도 없이　不須流涎費商量
집게 손이 먼저 나가 콩가루를 찾는다네　食指先動探豆霜
한 조각 두 조각 둥글고 네모난 엿　一片二片片圓方
입에 넣자 봄 햇살을 맞은 눈처럼 녹네　入口如雪見春陽
딱딱해 턱 뒤틀릴 듯 어렵기도 하고　焦燥捩頷或難當
끈적끈적 이에 붙지만 무슨 상관이랴　濡輭膠牙亦何妨
종놈 입맛 다시며 눈이 휘둥그레져선　侍者朶頤眼更瞠
나를 보고 단 것에 미쳤다고 하겠거니　任汝目我爲甘狂
매실 먹은 범왕은 족히 강건함을 보였고　噉梅范旺足見强
술 잘 마신 순우곤은 원래 과장하길 잘했네　食酒淳髡元自張

만물이 타고난 것 달라 각기 장점 있나니	天生萬殊各有長
동방삭과 난쟁이는 필요한 곡식 양이 다르다네	方朔侏儒蓋異糧
증석은 양조를 주 문왕은 창포를	曾晳羊棗周文菖
굴도는 마름을 공자는 생강을	屈到芰荷魯叟薑
저들은 현인이요 성인이요 제왕임에도	彼猶賢聖與帝王
도리어 회와 불고기 보다도 즐겼다네	却比膾炙偏所嘗
내 이 맛이 중앙을 얻음을 좋아하니	我喜此味得中央
곡식 정제한 뒤 굳혀 벌집보다 낫고	穀精凝膏勝蜂房
위를 보양하고 기침 멎게 하는데 최고라	養胃止嗽功莫良
하물며 가래 토해 속이 시원해지는 나임에랴	矧我吐痰由膈凉
추운 겨울 긴긴 밤 객들도 돌아간 집안에서	長夜夜寒客散堂
책을 읽다 잠 못들고 게을리 침상에 있을 때	攤書無眠倦上床
이것이 차라리 옆에 없다면 괜찮지만	此物寧可不在傍
옆에 두고 어찌 나의 배를 채우기를 거절하랴	在傍寧辭取充腸
내가 감춰둔 것 찾아 훔칠 생각 말아라	愼勿思偸啓吾藏
수정에게 이와 같이 단단히 일러두고	爲告秀亭如是詳
또 혁야가 포식하고 날아갈까 두려워	更恐爀也學飽颺
정위에게 명해 엄히 지키라 하였다네.[405]	却飭鄭尉事嚴防

김조순은 긴 편폭의 시로 엿을 먹으며 드는 생각들을 자연스럽게 털어놓듯이 서술하였다. 처음에는 이 시의 제재인 엿에 대해 말하는 것으로 시작하였다. 참깨를 섞어 만든 엿에 콩가루를 묻혀 입에 넣는 순간 느껴지는 달콤함을 햇살에 녹는 눈에 비유하고, 입 안에서 맴도는 딱딱하고 끈적한 질감을 통해 엿의 특성을 감각적으로 표현하였

405 김조순, 『楓皐集』 권2, 〈喫餳[幷序]〉. “夜中偶吃飴餳, 素嗜也. 信手戲墨, 偶爾成篇, 古人惟坡公喜爲此, 游戲文字, 非後人凡士所可企望, 不知坡公天賦定如何, 而嬉笑怒罵, 可皆入詩也.”

다. 이때 옆에서 입맛을 다시는 하인을 바라보며, 그는 엿의 단맛을 유독 좋아해 이것만큼은 양보하고 싶지 않은 자신의 마음을 변호하기에 이르렀다. 그리하여 13구부터는 중국 역사상 특정 음식을 애호했던 명사名士들의 사례를 제시하며, 각자가 다 타고난 성품에 따라 서로 다른 취향을 지녔음을 강조하였다. 동진東晉의 범왕范汪은 매실을 좋아하여 매실 10말을 순식간에 다 먹어 치웠다는 일화가 전해진다. 순우곤淳于髡은 전국시대 제齊 나라의 언변가로, 제나라 위왕威王이 순우곤에게 술을 얼마나 마실 수 있는지 묻자, 자신의 마음이 가장 즐거울 때면 한 섬[一石]도 마실 수 있다고 한 일화가 있다. 공자의 제자 증점曾點은 양조羊棗라는 과일을 좋아하여, 그 아들인 증삼曾參이 차마 양조를 먹지 못했다고 한다. 주周 나라의 문왕文王은 창포 뿌리를 절여 만든 창촉昌歜을 좋아했다고 하며, 초楚 나라 관리인 굴도屈到는 마름을 좋아해 자신의 제사에 마름을 올려달라고 할 정도였다. 노수魯叟는 『논어論語』 「향당鄕黨」 편에 이른바, '생강 먹는 것을 그만두지 않았다.[不輟薑食.]'던 공자를 가리킨다.

이렇게 현자賢者와 성인聖人 및 제왕帝王의 사례를 빌려 자신의 엿에 대한 애호의 근거로 삼은 김조순은 21구부터 본격적으로 엿을 좋아하는 이유를 밝혔다. 맛이 중앙을 얻었다는 것은 오행五行 가운데 중앙에 위치한 '토土'가 맛으로는 단맛을 상징하는 것과 관련 있다. 그는 또 엿의 효능으로 평소 기침을 자주 하는 자신의 고질병痼疾病을 다스리는 데 더할 나위 없이 좋은데다 기나긴 겨울밤 무료함을 달래기에 최고라고 설명하였다.

이렇듯 엿에 대한 애호를 장황하게 설명한 끝에 그는 시중을 드는 이들에게 자신이 좋아하는 이 물건을 넘보지 말라며 선을 긋고, 또 다른 종인에게는 엄히 지키라며 마치 보석을 지키듯 진지한 모습으로 한바탕 유희적인 분위기를 연출하였다. 이 작품은 일상 속 무심하게 지나칠 수도 있는 소소한 일을 시적 소재로 삼아 긴 편폭에 걸쳐 자유롭게 생각을 펼쳐내었다. 한 시대의 문사이자 위정자爲政者 및 국구로서 지니는 권위와 덕목은 잠시 내려두고, '식욕食欲'을 통해 욕망과 기호嗜好에 솔직한 모습을 보여준다. 그리고 김조순이 엿을 통해 시도해본 유희적 시는 그가 병서를 통해 직접 밝혔듯이, 소식의 유희적 시 경향을 수용한 것이다.[406]

김조순이 위 시의 병서에서 언급한 '즐기고 웃으며 성내고 욕하는[嬉笑怒罵]' 글이란, 황정견이 소식 문학의 특색으로 남긴 말을 인용한 것이다.[407] 인간의 진솔한 감성을 거침없고 자유로운 필치로 표현한 소식의 문학세계를 가장 잘 포괄한 평론이다. 예컨대 소식의 작품 중 웃음 섞인 유희적 시상 속에 작자 내면의 다양한 심리를 함축하고 있는 작품으로 〈희자유戱子由〉를 들 수 있다. 이 작품은 소식이 항주杭州에서 지낼 당시 동생 소철蘇轍에게 지어준 7언의 장편시로, 청빈하지만 가난하고 초라하기 짝이 없는 선비의 모습을 다소 우스꽝스럽게 묘사하고 있다.[408] 이는 곧 세상에 쓰이지 못한 자신과 동생을 지

406 김용태는 옥수 조면호의 遊戱的 詩作 특징의 하나로 '탈권위적 자기인식'에 대해 말하고 옥수의 유희적 시정신이 소식의 예술세계에 침잠하게 되면서 소식의 호방한 정신을 받아들이게 된 결과라고 보았다. 더하여 김용태는 조선후기 소식의 문학으로부터 촉발된 戱詩 창작 유행에 대한 연구의 필요성을 제기하기도 하였다. 김조순의 〈喫餳〉도 조면호의 탈권위적 자기인식에서 기인한 유희적 시작과 유사한 측면이 있다. (김용태, 玉垂 趙冕鎬의 遊戱的 시정신, 『漢文學報』 15, 우리한문학회, 2006 참조.)

407 황정견, 『豫章黃先生文集』 제14, 「東坡先生眞贊」. "東坡之酒, 赤壁之笛, 嬉笑怒罵, 皆成文章."

408 소식, 『東坡集』 권3, 〈戱子由〉. "宛丘先生長如丘, 宛丘學舍小如舟, 常時低頭誦經史, 忽然欠伸屋打頭, 斜風吹帷雨注面, 先生不愧旁人羞."

칭한 것이다. 소식은 보잘것없는 자신들의 모습을 자조하면서도, 한편으로는 지위만 높고 성대한 수레를 타고 다니지만 뜻을 굽혀 기개와 절개를 잃은 고관대작들에 대한 분노와 상대적인 자부심을 드러내기도 하였다.[409] 이 시는 명랑하고 경쾌한 분위기 속에 익살과 풍자를 담고 있어, 김조순이 언급한 '즐기고 웃으며 성내고 욕하는[嬉笑怒罵]' 소식 문학의 특성을 잘 보여준다. 김조순이 엿을 맛보며 지은 시는 소소한 일상 속에서 그만의 시각과 진정성을 발현시킨 작품이라는 점에서 소식의 작품세계와 맞닿아 있다.[410]

또 김조순은 위 시에서 특정 음식을 애호한 옛 인물들을 언급하며 다수의 고사와 전고를 활용하였는데, 이 또한 소식 시의 특징이기도 하다.[411] 다음은 상촌象村 신흠申欽이 소식의 고사 사용에 대해 언급한 부분이다.

> 동파의 흠을 잡는 사람들은 그가 고사古事를 너무 많이 쓴 것을 먹지도 않는 음식을 죽 늘어놓은 것에 비유하는데 이 주장 또한 타당한 면이 있긴 하다. 그러나 동파가 고사를 활용한 것과 관련하여, 그가 너무도

409 소식, 같은 작품. "居高忘下眞何益, 氣節消縮今無幾."

410 이와 관련하여 조규백은 조선 문인들의 소식문예이론 수용을 고찰하며, 소식의 문학작품이 유가적 차원으로는 바람직하지 않지만, 개개인의 삶의 특수성에서 기인한 自得의 眞을 진지하게 투사하였기에 독자들에게 감동을 주었다고 보았다. 이는 곧 자유로운 사유 및 파격적인 표현과 연계되며, 거대 담론이 아닌 일상의 평범한 일들에서 비롯된다고 하였다. (조규백, 「조선 문인들의 소식문예이론 수용 고찰」, 『중국어문학논집』 100, 중국어문학연구회, 2016, 432~433쪽 참조.)

411 소식 시의 단점으로 고사의 다수 사용을 지적한 견해는 이수광 등 조선 시대 문인들에게서 종종 확인된다. 이는 다수의 고사 사용이 곧 소식 시의 특징 중 하나임을 알 수 있는 부분이다. 소식 시에 대한 조선 문인들의 긍정적·부정적 평가와 절충적 시각에 대해서는 조규백(2015)의 연구를 참고할 수 있다. (조규백, 「조선조 문인들의 蘇東坡詩 수용과 평가」, 『대동문화연구』 91, 성균관대학교 대동문화연구원, 2015.)

> 재주가 많은 나머지 자기도 모르는 사이에 자연적으로 그러한 표현을 하게 된 것을 안타깝게 여기기만 하면 됐지, 어찌 이것을 가지고 그를 흠잡을 트집거리로 삼아서야 되겠는가.[412]

소식이 그의 문학에서 다수의 고사를 사용하는 것에 대한 신흠의 의견이다. 신흠은 소식의 고사 사용이 그의 풍부한 학식에서 자연스럽게 비롯된 것이라 보았다. 오태사의 시에 나타나는 다수의 고사 활용은 소식의 이러한 시적 표현수법과도 매우 비슷하다.

특히 오태사 다섯 문인들은 왕실의 문헌과 사명詞命 및 실록과 문집 편찬의 업무를 담당하던 규장각 관료 출신으로, 소식처럼 많은 전고를 익히고 능숙하게 활용할 수 있었다. 이처럼 일상 속 유희적 시 창작과 다수의 고사를 활용한 수법에는 누구보다 이들이 흠모하던 소식의 영향이 지대하였음은 분명하다. 김조순과 심상규는 평소 이러한 경향의 시를 창작하고 종종 공유하였다.

쌓인 먼지 잠깐 밟자 가죽신 솔기를 뒤덮으니	堆塵乍踏沒靴縫
조복 입고 잿더미에 앉은 양 옛 풍격에 부끄럽네	塗炭朝衣愧古風
요즘 사람 모두가 꼭 진번陳蕃은 될 수 없어	未必今人皆仲擧
여기 곽태郭泰 한 명쯤은 있어도 무방하리	何妨此地有林宗
천금 같은 낡은 비 참으로 타당한 비유라	千金敝箒眞當喩
한 조각 헝겊으로 틈새 막는 공효를 시험했네	一片濡袽竟試功
소원의 늙은 태사에게 알려드리나니	報與蕭園老太史
밥알 뿜으며 못난 나 비웃지 않고 못 배길거요.[413]	能無噴飯笑龍鍾

412 신흠, 『象村稿』 권51, 「晴窓軟談」. "病東坡者, 以其用古事太多, 比之飣餖, 此論亦宜矣. 東坡之用古事, 只患才之太多, 出語天成而不自覺爾, 奚可以此而尤之耶."

413 김조순, 『楓皐集』 권2, 〈請安至銀臺, 塵埃滿室, 借箒拾袽, 令從人掃除, 率占一律, 奉寄斗室〉.

어느 날 조회에 참여하고 승정원에 든 김조순은 먼지가 가득 쌓인 집무실 상황을 보고는 청소를 마음먹었다. 빗자루와 걸레로 청소하는 광경 속 유쾌하고 참신한 발상이 시에 담겼다. 수련에서는 아침에 깔끔한 조복朝服과 신을 차려입고 왔다가 승정원에 쌓인 먼지 속에 들어온 자신의 모습을『맹자孟子』의 구절을 활용하여 조복을 입은 채 진흙탕과 숯구덩이에 빠져 뒹구는 도양으로 비유하였다. 이 구절은『맹자』「공손추公孫丑」에서 백이伯夷가 악한 사람의 조정에 있는 것을 마치 조복을 입은 채 도탄에 앉은 듯 여겼다는 부분으로, 어두운 정치 상황에 대한 군자의 태도를 설명한 구절이다. 김조순은『맹자』의 이 대목을 더러운 관청 상황을 묘사하는 수법으로 활용함으로써 다소 과장되고 우스꽝스러운 분위기를 연출하였다. 한편으로는 위 시의 공간적 배경이 조정이기에, 맹자의 원 구절과 함께 깊은 함의를 지녀 보다 의미심장한 시의를 담아내는 효과를 지니기도 한다.

함련의 중거仲擧는 후한後漢 사람 진번陳蕃의 자字이다. 그가 '대장부라면 마땅히 천하를 청소해야지, 어찌 방 청소를 일삼겠습니까.'라고 말했다는 일화가 있다. 임종林宗은 후한 사람 곽태郭泰의 자로, 여관에 묵게 되면 몸소 청소를 깨끗이 하고 떠난 것으로 유명했다. 김조순은 함련에서 상반된 유형인 진번과 곽태의 고사를 활용하여, 진번의 말처럼 천하를 청소하는 대업大業도 중요하지만, 곽태처럼 자신이 머문 곳을 청결하게 정리하는 인물도 필요하지 않겠냐는 농담 섞인 말을 던졌다. 여기서 곽태는 곧 승정원 청소를 도맡은 김조순 자신을 지칭한 것이다. 국가의 공무를 살피는 공간에도 한 사람쯤은 자기처럼 작은 일을 도맡을 사람이 필요하지 않냐는 겸사이나, 국구라는 그의 지위에 견주었을 때 터무니없는 농담이다.

경련에서 낡은 빗자루를 천금의 가치에 비유한 것은『동관한기東觀

漢記』 권1 「세조광무황제기世祖光武皇帝紀」에 나오는, '집안에 낡은 빗자루가 있는데 천금의 값어치를 누린다.[家有敝箒, 享之千金.]'는 구절을 인용한 것이다. 한 조각 걸레로 물이 새는 틈을 막는다는 표현은 『주역周易』 「기제괘旣濟卦」 육사六四의 효사爻辭로, 환란에 미리 대비할 것을 경계하는 말이다. 경전經典과 사료史料에 등장하는 청소도구와 관련된 전고를 활용하여 원전原典에 담긴 교훈을 징험하는 우스꽝스러운 상황을 연출한 뒤, 미련에서는 자신의 시를 보고 한바탕 박장대소할 심상규를 떠올리며 끝을 맺었다.

조정에 출근하여 있었던 매우 사소한 일을 시화詩化하는 과정에서, 다양한 전고를 매 구마다 사용하였지만 과한 느낌보다는 오히려 발랄하고 유쾌한 분위기를 형성하는 유희적 감각이 돋보이는 시이다. 김조순이 일상 속에서 일어나는 소소한 일을 소재로 삼아 이와 같은 희작시戲作詩를 지은 것도 소식의 유머 감각과 낙천적 삶의 태도를 본받고자 한 시 창작의 일환으로 볼 수 있다. 신흠이 소식의 고사 활용을 그의 풍부한 학식으로 이해한 것과 같은 맥락으로, 김조순이 희작시에서 여러 전적典籍의 다채로운 전고를 채택하여 자유로이 활용한 수법 또한 규장각신으로서 역대 경전과 사료 등의 문헌에 통달한 인재였기에 가능하였다.

오태사는 기본적으로 소식처럼 뚜렷하게 관직 생활의 불우함을 겪지는 않았기 때문에, 생전 왕안석과의 대립으로 인해 고초를 겪었던 소식의 관력과 자신을 동일시하기에는 무리가 있었다.[414] 하지만 평

414 예컨대 정약용은 유배 시기 소식의 시에 화운하여 소식과 자신을 동일시하고, 소식의 유배시와 유사한 정감의 시를 창작함으로써 스스로 치유하는 방편으로 삼았다. 조희룡은 평소 소식의 예술을 애호하고 추앙하였는데, 임자도에서 유배한 인생역정은 그가 소식의 문학에 더욱 공감하는 계기가 되었다. 정약용과 조희룡 및 조선

생 꺾이지 않는 지조를 실천한 소식의 인생 자취와 매 순간 호방하고 광달한 정신으로 유쾌하면서도 낙천적이고 맑은 시상을 이룬 소식의 작품세계는 이들의 정신적 지향과 미의식에도 영감을 주었다. 그리하여 소식의 시적 경향을 본받은 시험적 시가 오태사의 시에서 거듭 확인되고, 이는 대체로 청절의 지향 및 낙천성이라는 삶의 태도와 일상 속에서의 유희적 시 창작을 통해 드러나게 되었다.

요컨대 오태사가 활동하던 19세기 전반기는 그 어느 때보다 모소열풍이 활기를 띠던 시기이다. 오태사 문인들은 모두 소식에 대한 흠모를 드러낸 바 있으며, 그의 예술관에 공감하고 적극적으로 수용하였다. 기본적으로 모두가 소식이 생전 정계에 있으며 왕안석과 대립하다 많은 고초를 겪었지만, 이에 굴하지 않고 자신의 지조를 굳게 지켜나간 정신력을 매우 숭상하였다. 심상규는 그의 생일날 매화 앞에서 향을 피우고 제사를 지내며 시를 짓는 등 그의 예술적 성취뿐만 아니라, 삶의 태도와 정신까지 닮고자 하는 남다른 흠모를 보여주었다. 또 김조순과 서영보가 문예적 측면에서 소식을 전범으로 삼고 익히는 것에 대해 서로의 견해를 주고받은 정황이 시를 통해 확인된다.

이들의 모소는 19세기 경화사족들을 중심으로 널리 유행한 모소 현상과 관련이 있으며, 매우 일상적으로 이루어졌다. 특히 오태사의 문집에는 지인과 함께한 시회에서 소식에 대한 공통된 애호를 토대로, 차운·염운한 정황들이 다수 포착된다. 오태사의 경우, 개인적으

문인들의 소식 수용 양상과 유배 경험을 통한 동일시에 대해서는 류소진의 연구를 참조할 수 있다. (류소진, 「丁若鏞의 유배 시기 和蘇詩에 나타난 심리적 기제」, 『중국문학』 93, 한국중국어문학회, 2017; 「조선 후기 문인 趙熙龍의 蘇軾 추앙 양상」, 『중국어문학지』 62, 중국어문학회, 2018.)

로 주고받은 시에서 소식의 시를 차운하기도 하였지만, 『동성교여집』에서도 각신들이 소식의 시에 거듭 차운한 작품들이 확인됨에 따라, 소식 애호가 순조대 각신들의 시적 교유에서도 일정 부분을 차지하는 공통분모였다는 것을 확인할 수 있다.

오태사의 소식 애호는 한 시대의 지식인으로서 소식이라는 문인의 삶에 드러난 높은 정신적 경지를 닮고 싶은 지향에서 비롯된 것이라 볼 수 있다. 불우한 삶의 궤적을 통한 동일시보다는 그의 광달한 인생철학과 청절한 예술세계에서 드러나는 고상한 품격 그 자체를 흠모하고 닮고자 한 것이다. 그리고 이러한 지향은 청절한 정취 및 낙천적인 시상의 수용과 유희시의 시도로 이어졌다.

제4부

오태사의 교유와 한시가 지니는 의의

지금까지 정조·순조 연간에 활동했던 김조순·남공철·서영보·심상규·이만수의 교유와 시 세계를 살폈다. 다섯 문인은 순조대 오태사라 불릴 만큼 당시 정치적으로 큰 영향력을 발휘하였으며, 선조대대로 조정의 대신을 지낸 경화사족이자, 규장각 각신으로써 동질감을 형성하고 노년기까지 친분을 유지하였다. 이들은 집안 및 관직생활의 친분을 토대로 한시를 통한 교유를 지속하였는데, 시를 통해 친밀감을 표현할 뿐만 아니라, 그들의 문화생활과 미의식까지 공유하였다. 그러므로 다섯 문인의 교유와 한시를 살펴보는 과정은 정조에서 순조로 전환되는 정국의 분위기를 파악하고, 당시 경화사족의 생활 모습 및 도성과 그 인근에서 유행하던 문화현상의 일면을 살펴볼 수 있는 계기가 될 수 있다.

이 책의 제1부에서는 오태사의 교유양상과 관련 작품들을 통시적으로 정리함으로써 다섯 문인의 교유가 그들의 관직 이력 및 정치상황과 긴밀한 관계를 맺고, 교유의 범주 역시 규장각을 중심으로 점점 확대되는 양상을 보여준다는 것을 확인하였다.

제2부에서는 본격적으로 이들의 한시 작품 양상을 분석하였고, 그들만의 정치적 입지를 다지는 과정을 확인할 수 있었다. 오태사는

관직에 진출한 초기부터 정조의 각별한 배려와 신임을 받으며 성장하였고, 정조의 인재 양성기관이자 문치 정책의 수행기관이었던 규장각의 관리로 관직 생활의 발판을 마련하였다. 이와 같은 관력의 특수성은 이들의 한시 작품에도 영향을 미쳤다. 정조 재위기 각신으로 활동하며 지은 시편은 정조의 은혜에 감격하고 군신의 화락함을 드러내거나 태평성세를 찬양하는 전형적인 관각시의 경향을 보였다. 정조 사후에도 이들은 정조를 추모하는 시를 통해 정조의 생전 뜻을 드러냈으며, 특히 사도세자에 대한 정조의 효심을 기억하고 이와 유사한 정취의 시를 창작하였다. 이러한 경향은 정조와 관련된 장소를 대하였을 때 두드러졌는데, 수원 화성과 지지대에서 지은 시가 가장 대표적이다. 그리고 정조를 향한 추모의 감정은 『홍재전서』 편찬 때 더욱 증폭되었다.

『홍재전서』 편찬을 계기로 오태사의 교유 범위는 함께 사업에 참여한 각신들까지 확대되는 경향을 보였고, 『동성교여집』이라는 수창 시집의 간행으로 이어졌다. 당시 수창에 참여했던 관각문인들은 『홍재전서』 편찬의 공무를 돌보는 틈틈이 다양한 풍류를 즐겼다. 화병 속의 연꽃과 동이 속의 붕어를 감상하며 시를 읊었고, 이는 고상하면서도 청결한 이미지, 도약의 기상으로 표상화되었다. 부채에 그림을 그려 주고받으면서 그들의 관계를 돈독히 하는 모습도 포착된다.[415] 특히 한강변 두모포에 위치한 유하정에 모여 즐긴 선유의 양상은 정조가 규장각에 하사한 공간에서 그들만의 유흥을 즐김으로써, 집단

415 당시 『홍재전서』 편찬에 참여한 문인들이 화병 속 연꽃과 어항 속 붕어를 감상하고, 묵희를 즐긴 일은 졸고, 「『東省校餘集』을 통해 본 19세기 초 館閣詩의 양상 －花卉・園藝 취미와 墨戲를 중심으로－」, 『한국한문학연구』 88, 한국한문학회, 2023, 105～130쪽에서 다루었다.

의 정체성과 결집을 확고히 한 사례로 이해할 수 있다.[416] 또 중국 당나라 이백의 〈심양자극궁감추작〉에 차운하여 관리의 고뇌와 성찰을 다짐하는 등 조정 관료로서의 면모를 보여주기도 하였다. 그렇다면 정원용이 관련 시편을 모아 『동성교여집』을 간행한 것은 단순히 『홍재전서』 편찬 임무를 계기로 모인 관료들의 관계를 기념하기 위한 것이었을까.

실제 『홍재전서』의 편찬이 시작된 1813년 조선의 상황은 그다지 안정적이지 않았다. 1804년 정순왕후의 섭정이 끝나고 1812년 홍경래의 난이 진압된 후, 왕실과 조정은 국가의 기강과 질서를 재정비하고 분위기를 전환할 계기가 필요하였다. 이러한 배경 속에서 1813년 서둘러 진행된 대표적인 국가사업 중 하나가 바로 선왕 정조의 어제인 『홍재전서』와 『열성어제』 편찬의 완료였다.[417] 『홍재전서』 편찬과 『동성교여집』은 선왕 정조의 업적을 선양宣揚하고 국구 김조순을 위시한 규장각을 중심으로 결집하며, 침체된 조정 분위기 전환을 도모하였던 활동의 결과물이다. 그리고 이러한 활동은 헌종憲宗 연간 순조와 익종翼宗의 업적을 정리하는 과정에서도 유사한 형태로 계승되었다. 당시 순조와 익종의 『열성어제列聖御製』 편찬을 주도했던 조인영趙寅永과 담당 관리들은 『동성교여집』의 시에 차운하며 선왕을 추

416 정원용의 관각 활동과 유하정 뱃놀이에 대해서는 조융희, 「정원용의 관각활동과 문학적 교유」, 『『수향편』으로 읽는 조선 후기의 문화와 제도』, 한국학중앙연구원 출판부, 2023, 38~44쪽을 참조할 수 있다.

417 정옥자는 정순왕후의 철렴 후 순조가 친정을 행하고, 1812년 조득영의 상소를 통해 척리 박종경을 外補시킴으로써 정권이 국구 김조순의 손에 완전히 장악되었으며, 권력의 추이 과정에서 『홍재전서』 완간을 서두른 것은 일부 소론 가문을 포함한 노론 계열의 재정비라는 특수한 목적이 포함되었다고 밝힌 바 있다. 정옥자(2003), 188~190쪽 참조.

모하고 업적을 칭송하며 그들의 관계적 친밀감에 대해 노래하였다. 어제 편찬이라는 임무 수행, 왕실 찬양 및 규장각 신료들의 풍류와 수창시라는 측면에서 『동성교여집』은 관각의 전통을 계승한다는 상징성을 지니고 있었다.[418]

제3부에서는 다섯 문인의 일상과 취미생활이 포착되는 한시 작품을 대상으로 삼아 연구하였고, 그 결과 당대 도성과 인근 지역 경화사족 사이에 유행하였던 문화적 경향을 포착할 수 있었다. 오태사는 관직 생활 가운데 종종 한가로움에 대한 지향을 드러내었고, 도성 안 혹은 인근에 별서와 누정을 경영하였다. 김조순과 심상규는 개인 누정을 경영할 때 도잠의 전원 풍경을 본떠 구성하였으며, 그 안에서 한가로움을 누리며 지은 시에서도 도잠의 전원생활과 유사한 정취가 드러난다.

오태사는 평소 도성의 명소와 누정을 통해 향유했던 문화를 토대로, 지방관으로 부임하여 해당 지역의 경관을 새로이 경영하기도 하였다. 심상규가 남한산성에 새로 경영한 유차산루와 옥천정은 남한산성이 위치한 일장산의 경관과 정취 그 자체를 향유하기 위한 목적으로 조성되었고, 김조순·남공철 등 동료 관각문인들의 시문에 힘입어 명소화되었다. 그리하여 병자호란 이후 아픔의 기억을 간직한 남한산성이라는 공간이 아름다운 자연 경관과 청정한 경지를 누릴 수 있는 유상지遊賞地이자 휴식의 공간으로 재탄생하였음을 확인할 수 있었다.

18세기 원림 경영에 대한 열정과 화훼 재배의 관심은 19세기에 이

418 헌종 연간 『동성교여집』의 계승 양상과 의미에 대해서는 졸고, 「『東省校餘集』을 통해 본 19세기 초 館閣詩의 양상－花卉·園藝 취미와 墨戲를 중심으로－」, 『한국한문학연구』 88, 한국한문학회, 2023, 130~135쪽에서 더 자세히 서술하였다.

르러도 여전히 활기를 띠었고, 오히려 지속적인 연행을 통한 청나라 화훼의 유입으로 이국적이고 희귀한 화훼 소장과 완상으로 그 성격이 변모되는 것을 확인할 수 있었다. 이러한 경향을 잘 보여주는 화훼가 바로 수선화이다. 김조순과 주변 문인들이 읊은 수선화 한시에는 수선화를 재배하고 완상하는 모습이 포착되고, 꽃 고유의 특성을 잘 드러낼 수 있는 시적 형상화에 대해 고민하는 과정도 담겨있다. 이들의 수선화 한시는 18세기의 화훼 · 원예 취미를 계승하면서, 수선화라는 새로운 화훼로 관심이 확장되고, 문학 창작이 활성화되는 현상을 보여준다.

19세기 한문학 경향의 주요 특징 중 하나인 소식 흠모는 오태사도 예외가 아니었다. 이들은 소식의 문학을 익히는 것에 대한 자신들의 견해를 시를 통해 드러내었고, 한 시대의 지식인으로서 소식의 굳센 지조와 정신력을 흠모하였다. 특히 이들의 시 창작 경향을 통해 보았을 때, 일생 동안 기존의 관념에 얽매이지 않고 유쾌한 발상을 하였던 소식의 정신력과 삶의 가치관에 매료되었던 것으로 보인다.

이계耳溪 홍양호洪良浩의 손자 홍석모洪錫謨는 순조~헌종연간 활발히 활동했던 문인으로, 19세기 경화사족의 문화생활을 향유하였다. 오태사보다 한 세대 뒤인 홍석모는 오태사가 만든 풍류와 일화를 자신의 문화생활 속에 수용하는 모습을 보여준다. 서영보가 금강산을 유람하며 김조순 · 이만수 등에게 보낸 단풍잎을 계기로 이루어진 『홍엽첩』은 당대 경화사족 사이에 낭만적인 풍류 고사로 남게 되었다. 홍석모는 이들의 홍엽첩 일화를 본떠 겸산兼山 최원崔瑗과 함께 그들만의 『홍엽첩』을 만들었는데, 관련 시와 서문에서 이만수와 서영보의 이름을 언급하며 이들의 풍류를 계승하였음을 말한 바 있다.[419] 또 제3부 3장 2절 후반부에서 서술하였듯이, 홍석모는 심상규가 재정비한 남한산성의 옥천정을 방문하여 새로운 경관과 정취를 누리기도 하였다. 홍석모의 사례만으로도 오태사가 향유하고 또 새로이 형성했던 풍류 및 문화의 일부가 후대 경화사족을 통해 계승되었다는 점을 확인할 수 있다.

이 책은 오태사의 시 세계를 고찰하되, 오태사의 교유와 공통된 주제 의식을 위주로 살폈다. 그리고 이들의 자아와 미의식이 문학적으로 형상화되는 과정을 구체적으로 밝히고자 하였다. 이로써 그동안 단편적으로만 언급되었던 다섯 문인의 교유 양상과 공유된 의식을 유기적이고 분명하게 확인할 수 있는 계기가 되었다. 특히 이들이 관각문인으로 활동하며 지은 시편들은 조선 후기 관각시의 양상을 보여준다는 점에서도 의의가 있다. 또 오태사의 시는 19세기 초 문예의 주요 향유층이었던 경화사족이 추구한 정신적 지향과 미의식을 가장 잘 보여주고 있었다. 오태사가 관료로 지낸 행적과 경화사족으로 남긴 문화적 자취는 한동안 후대 문인들에 의해 계승되었다. 그러므로 이 책에서 살핀 내용들은 18세기에서 19세기로 접어들며 계승·발전되거나 혹 변모되는 사회·문화적 양상을 확인하는 주요한 자료가 될 수 있다. 또 앞으로 오태사 개개인의 시적 특성을 파악하는 데에도 이 연구가 도움이 될 수 있을 것이라 기대한다.

---

419 홍석모, 『陶厓集』 권3, 「紅葉帖序」. “緘寄陶厓曰: ‘展翁在北伯時, 竹石入金剛, 因褫貽送紅葉展翁適成小構, 乃以紅葉名其樓. 弟之送紅葉, 卽用竹石故事也. 兄亦依展翁事, 以此名其物而爲之序.’”; 〈和高城守崔伯玉題紅葉詩韻〉. “箇箇珠丸紅葉句, 風流擬續展翁緣.”

참고문헌

1. 자료

權姜浚欽, 『三溟詩集』 (한국문집총간 속 110)

金 鑪, 『藫庭遺藁』 (한국문집총간 289)

金永壽, 『荷亭集』 (한국문집총간 322)

金正喜, 『阮堂全集』 (한국문집총간 301)

金祖淳, 『楓皐集』 (한국문집총간 289)

南公轍, 『金陵集』 (한국문집총간 272)

南秉哲, 『圭齋遺藁』 (한국문집총간 316)

南有容, 『霅淵集』 (한국문집총간 217~218)

陶 潛, 『陶淵明集』 (中國基本古籍庫)

杜 甫, 『杜少陵詩集』 (中國基本古籍庫)

朴永元, 『梧墅集』 (한국문집총간 302)

朴允默, 『存齋集』 (한국문집총간 292)

徐榮輔, 『竹石館遺集』 (한국문집총간 269)

徐有榘, 『林園經濟志』 (保景文化社, 1983.)

徐有榘, 『楓石全集』 (한국문집총간 288)

徐宗泰, 『晩靜堂集』 (한국문집총간 163)

蘇 軾, 『東坡集』 (中國基本古籍庫)

蕭 統, 『文選』 (中國基本古籍庫)

申大羽, 『宛丘遺集』 (한국문집총간 251)

申 緯, 『警修堂全藁』 (한국문집총간 291)

申 欽, 『象村稿』 (한국문집총간 71~72)

沈象奎, 『斗室存稿』 (일본 동양문고 소장본 Ⅶ-4-269)

______, 『斗室尺牘』 (일본 동양문고 소장본 Ⅶ-4-269)

柳得恭, 『泠齋集』 (한국문집총간 260)

尹 愭,『無名子集』(한국문집총간 256)
尹行恁,『碩齋稿』(서울대학교 규장각소장본 古3428-270)
李晩秀,『屐園遺稿』(한국문집총간 268)
李明五,『泊翁詩鈔』(한국문집총간 속 102)
李尙迪,『恩誦堂集續集』(한국문집총간 312)
李書九,『惕齋集』(한국문집총간 270)
李始源,『隱几集』(국립중앙도서관본 한古朝46-가619)
李裕元,『林下筆記』(서울대학교 규장각소장본 규4916)
李裕元,『嘉梧藁略』(한국문집총간 315~316)
李學逵,『洛下生集』(한국문집총간 290)
張 混,『而已广集』(한국문집총간 270)
丁若鏞,『與猶堂全書』(한국문집총간 281~286)
鄭元容,『經山集』(한국문집총간 300)
正 祖,『弘齋全書』(한국문집총간 262~267)
趙斗淳,『心庵遺稿』(한국문집총간 307)
趙冕鎬,『玉垂集』(한국문집총간 속 125~126)
趙秀三,『秋齋集』(한국문집총간 271)
蔡濟恭,『樊巖集』(한국문집총간 235~236)
洪敬謨,『重訂南漢誌』(국립중앙도서관본 한古朝62-3)
洪錫謨,『陶厓集』(한국학중앙연구원 장서각본 K4-5910)
洪奭周,『淵泉集』(한국문집총간 293~294)
洪良浩,『耳溪集』(한국문집총간 241~242)
『賡載軸』(한국학중앙연구원 장서각본 K4-42)
『東省校餘集』(국립중앙도서관본 古3643-72)
『純祖實錄』(국사편찬위원회 DB)
『日省錄』(한국고전종합 DB)
『正祖實錄』(국사편찬위원회 DB)

2. 국역서

유득공,『고운당필기』, 김윤조 외 옮김, 한국고전번역원, 2020.
김조순,『풍고집』, 김채식 외 옮김, 성균관대학교 출판부, 2019.

유본예, 『역주 한경지략』, 박현욱 옮김, 민속원, 2020.
정원용, 『수향편』, 신익철 · 조융희 외 역주, 한국학중앙연구원출판부, 2018.
서영보, 『죽석관유집』, 이상현 외 옮김, 한국고전번역원, 2013.
홍석모, 『동국세시기』, 장유승 역해, 아카넷, 2016.
박필채, 『秋湖遺稿』 下, 정경주 국역, 부산광역시편찬위원회, 2003.
이행 외, 『(신편 국역) 신증동국여지승람』, 민족문화추진회 옮김, 민족문화추진회, 2007.

3. 단행본

강명관, 『조선시대 문학 예술의 생성 공간』, 소명출판, 1999.
박정혜 외, 『조선의 명승』, 한국학중앙연구원출판부, 2016.
박철상, 『서재에 살다』, 문학동네, 2014.
박현모, 『정조 사후 63년: 세도정치기(1800~63)의 국내외 정치 연구』, 창비, 2001.
송희경, 『조선후기 아회도』, 다홀미디어, 1999.
신익철, 『옛 선비의 풍류놀이와 유산 문화』, 민속원, 2022.
______, 『조선의 매화시를 읽다』, 글항아리, 2015.
이종묵 편저, 『관암 홍경모와 19세기 학술사』, 景仁文化社, 2011.
______, 『조선시대 경강의 별서』, 景仁文化社, 2016.
이지양 외, 『실학파 문학 연구』, 사람의무늬, 2012.
정병삼 · 유봉학 외, 『추사와 그의 시대』, 돌베개, 2002.
정옥자, 『정조의 문예사상과 규장각』, 효형출판, 2003.
한양대 한국학연구소 편, 『19세기 조선 지식인의 문화 지형도』, 한양대 출판부, 2006.
한영규 · 한메이, 『18~19세기 한 · 중 문인 교류』, 이매진, 2013.

4. 논저

감준희, 「朝鮮 後期 大丘 徐氏家 燕行錄 硏究」, 한국학중앙연구원 한국학대학원 박사학위논문, 2022.
강민구, 「유서(類書)에 나타난 조선 지식인의 화훼(花卉)에 대한 인식」, 『동방한문학』 56, 동방한문학회, 2013.
강성규, 「조선시대 가산(假山) 소재 한문 산문 작품의 주제의식 고찰」, 『한문학논집』 제46집, 근역한문학회, 2017.

강혜선, 「심상규(沈象奎)의 척독집 『두실척독(斗室尺牘)』 연구」, 『돈암어문학』 30, 돈암어문학회, 2016.

______, 「閨人觀尺牘」과 「楓皐觀小牘」을 통해 본 金鑢와 金祖淳의 교유 양상」, 『한국한문학회』 69, 2018.

고연희, 「정약용의 花卉에 대한 관심과 花卉詩고찰」, 『동양학』 제7집, 동양고전연구소, 2001.

고인덕, 「조선시대에 있어서 도설백과사전 『三才圖會』의 수용」, 『중국어문학논집』 권77, 중국어문학연구회, 2012.

구지현, 「자하 신위 「동인논시절구(東人論詩絶句)」의 문학사적 의의」, 열상고전연구 46, 열상고전연구회, 2015.

권은지, 「經山 鄭元容 文學 硏究」, 고려대학교 국어국문학과 박사학위논문, 2021.

권혁순, 「阮堂 金正喜 漢詩의 自然觀 硏究」, 홍익대학교 국어국문학과 박사학위논문, 2010.

길지혜 · 손용훈 · 황기원, 「조선시대 한양도성 연지(蓮池)의 입지 및 공간적 특성 고찰」, 『한국전통조경학회지』 33권4호, 한국전통조경학회, 2015.

김갑기, 「紫霞 申緯의 詩學 -由蘇入杜論과 관련하여-」, 『한국사상과 문화』 48권, 한국사상문화학회, 2009.

김경숙, 「紫霞 申緯(1769~1847)와 그 시대 여성들 또는 여성상」, 『한국고전여성문학회』 6, 한국고전여성문학연구, 2003.

김경회, 「〈오대검협전(五臺劍俠傳)〉에 나타난 김조순(金祖淳)의 문제의식 고찰」, 『동방학』 34, 동양고전연구소, 2016.

김광섭, 「金陵 南公轍 散文 硏究」, 고려대학교 국어국문학과 박사학위논문, 2009.

______, 「조선후기의 遊記와 樓亭記에 나타난 산수관과 글쓰기 양상 -趙璥, 徐榮輔, 李晚秀를 중심으로-」, 『고전과 해석』 13, 고전문학한문학연구학회, 2012.

김남기, 「조선시대 君臣의 唱和와 그 의미 -규장각 소장 賡載軸과 聯韻軸을 중심으로-」, 『한국한문학연구』 권38, 한국한문학회, 2006.

김남형, 「朝鮮後期 近畿實學派의 藝術論 硏究 -李萬敷, 李瀷, 丁若鏞을 中心으로-」, 고려대학교 국어국문학과 박사학위논문, 1989.

김덕수, 「정조 예제 · 어제 원고의 텍스트 비평」, 『藏書閣』 46책, 한국학중앙연구원, 2021.

______, 「사도세자 시문에 대한 국왕 정조의 개작 및 위작 양상」, 『동양학』 88, 단국대학교 동양학연구원, 2022.

김동건, 「燕行 送序를 통해 본 19세기 문인의 대청인식」, 『동방한문학』 91, 동방한문학회, 2022.

김동현 · 최종희, 「시(詩) · 서(書) · 화(畵)를 통해 본 18 · 19세기 한양(漢陽)의 원림향유문화」, 『한국전통조경학회지』 33, 한국전통조경학회, 2015.

김문식, 「정조의 주자서 편찬과 간행」, 『문헌과 해석』 88, 태학사, 2021.

김민소, 「紫霞 申緯 茶詩의 文藝美學的 硏究」, 성균관대학교 유학대학원 석사학위논문, 2021.

김봉남, 「茶山 詩에 함축된 內面意識 변모 양상」, 고려대학교 국어국문학과 박사학위논문, 2007.

김성언, 「한국 관각시 연구 -고려 및 조선전기를 중심으로-」, 서울대학교 국어국문학과 박사학위논문, 1990.

김세호, 「17-18세기 壯洞金氏 淸陰派의 園林 文化 硏究」, 성균관대학교 한문학과 박사학위논문, 2017.

______, 「이민서 · 이건명 부자(父子)의 선유도 별서」, 『문헌과 해석』 68호, 태학사, 2014.

______, 「權常愼의 玄湖別墅와 漢江에서의 文化活動」, 『한국한문학연구』 69, 한국한문학회, 2018.

김수진, 「문화 권력 경쟁: 玉壺亭과 石坡亭의 경영과 별서도의 후원」, 『한국문화』 81, 2018.

김승민, 「조선시대 화훼식물의 이용과 상징성에 관한 연구」, 『한국전통조경학회지』 32, 한국전통조경학회, 2014.

김연주, 「新意의 표출로 살펴본 蘇軾의 藝術創作觀 硏究」, 『동양예술』 제27호, 한국동양예술학회, 2015.

김영진, 「김려의 편서활동과 교유에 관한 몇 가지 신자료」, 『대동한문학』 47, 대동한문학회, 2016.

김용태, 「玉垂 趙冕鎬의 遊戲的 시정신」, 『漢文學報』 15, 우리한문학회, 2006.

______, 「풍고 김조순과 '북촌시단'」, 『민족문학사연구』 61, 2016.

______, 「淵泉 金履陽의 문예론과 경세론에 대한 재검토」, 『고전문학연구』 55집, 한국고전문학회, 2019.

김은미, 「정약용 시문학의 노년 인식 양상」, 부산대학교 국어국문학과 박사학위논문, 2019.

김의동, 「두실 심상규의 생애와 시 연구」, 계명대학교 한문학과 석사학위논문, 2013.

김지영, 「酉山 丁學淵 詩文學 硏究」, 한국학중앙연구원 한국학대학원 국문학 전공 박사학위논문, 2016.

김지현, 「조선 北京使行의 漢陽 餞別 장소 고찰」, 『한문학보』 38, 우리한문학회, 2018.

김지희 · 전봉희, 「세심대 일원의 변천과 사도묘(思悼廟)의 건립과정 -「경모궁구묘도」의 분석을 통하여-」, 『대한건축학회논문집』 33, 대한건축학회, 2017.

김충제, 「藕船 李尙迪의 詩世界 硏究」, 한양대학교 국어국문학과 석사학위논문, 1988.

김현권, 「김정희파의 한중회화교류와 19세기 조선의 화단」, 고려대학교 미술사학 박사학위논문, 2010.

김형석 · 심우경, 「풍고 김조순의 옥호정사(玉壺精舍) 경영과 의미경관 해석」, 『한국조경학회 학술발표논문집』 2014년1호, 한국조경학회, 2014.

김혜숙, 「추사 김정희의 시문학 연구」, 서울대학교 국어국문학과 박사학위논문, 1989.

노재현 외, 「斗室 沈象奎의 남한산성 玉泉亭 정원유적」, 『한국전통조경학회지』 35, 한국전통조경학회, 2017.

류소진, 「丁若鏞의 유배 시기 和蘇詩에 나타난 심리적 기제」, 『중국문학』 93, 한국중국어문학회, 2017.

______, 「조선 후기 문인 趙熙龍의 蘇軾 추앙 양상」, 『중국어문학지』 62, 중국어문학회, 2018.

문광균, 「1808년 『만기요람』의 편찬과 그 의미」, 『역사와 현실』 107, 한국역사연구회, 2018.

문덕희, 「南公轍(1760~1840)의 『金陵集』에 보이는 中國書畵에 대한 認識」, 『미술사학연구』 213, 한국미술사학회, 1997.

박무영, 「정약용 시문학의 연구: 사유방식과의 관계를 중심으로」, 이화여자대학교 국어국문학과 박사학위논문, 1993.

박정숙, 「秋史 金正喜 書簡의 書藝美學的 硏究 -한글 · 한문서간을 대상으로-」, 성균관대학교 유학과 박사학위논문, 2011.

박준원, 「풍고 김조순 시 연구」, 『문화전통논집』 3, 慶星大學校 附設 韓國學硏究所, 1995.

박철상, 「朝鮮時代 金石學 硏究」, 계명대학교 한국어문학과 박사학위논문, 2014.

______, 「紫霞 申緯의 燕行과 翁方綱의 영향」, 『한국한문학연구』 75집, 한국한문학회, 2019.

박현규, 「조선 李尙迪의 청 符葆森 『國朝正雅集』 논평시 분석」, 『열상고전연구』 21, 열상고전연구회, 2005.

배다니엘, 「중국 고전시에 나타난 水仙花이미지」, 『한중언어문화연구』 35, 한국중국언어문화연구회, 2014.

백승호, 「展翁 李晩秀 館閣詩 硏究」, 『한국한시연구』 22, 한국한시학회, 2014.

백인산, 「자하(紫霞) 신위(申緯)의 묵죽화(墨竹畵)연구」, 『역사문화논총』 제3호, 역사문화연구소, 2007.

백진우, 「燕行 送序를 통해 본 18세기 南人系 文人들의 意識世界」, 『동아한학연구』 7, 고려대학교 한자한문연구소, 2011.

변영문, 「東坡와 秋史의 書藝 美意識 比較硏究」, 고려대학교 국어국문학과 박사학위논문, 2014.

徐毅 · 李姝雯, 「金祖淳的燕行和與淸文士的交游」, 『대동한문학』 43, 2015.

손명희, 「창덕궁 후원의 꽃구경 모임에서 정조와 규장각 관원이 지은 시 모음」, 『古宮文化』 3, 국립고궁박물관, 2010.

손신영, 「조선후기 흥천사(興天寺)의 연혁과 시주」, 『강좌 미술사』 49권, 한국불교미술사학회, 2017.

손팔주, 「紫霞의 〈後秋柳詩〉 硏究 -漁洋詩와 比較를 중심으로-」, 『수련어문논집』 9권, 수련어문학회, 1982

송재소, 「茶山 詩 硏究」, 서울대학교 국어국문학과 석사학위논문, 1977.

______, 「다산문학연구 -시를 중심으로-」, 서울대학교 국어국문학과 박사학위논문, 1984.

신영주, 「금릉 남공철의 서화에 대한 관심과 서화발미」, 『동방한문학』 47, 동방한문학회, 2011.

신익철, 「梅社동인의 매화시 창작과 비평: 18세기 한시 비평의 일단」, 『한국문학연구』 3, 고려대학교 민족문화연구원 한국문학연구소, 2002.

______, 「18세기 매화시의 세 가지 양상」, 『한국시가학회』 15, 한국시가연구, 2004.

______, 「詩選集 『鮮音』과 丁學淵 가을 연작시의 정서」, 『藏書閣』 13, 한국학중앙연구원, 2005.

______, 「茶山과 다산학단의 菊影詩 창작과 그 의미 -원굉도 문학의 수용 양상과 관련하여-」, 『한국실학연구』 16, 한국실학학회, 2008.

______, 「조선시대 매화시(梅花詩)의 전개와 특징」, 『동방한문학』 56, 동방한문학회, 2013.

신일권, 「申緯의 紫霞山莊 屛居期시의 특징 -尹尙度 · 金魯敬 일파의 무고와 宦路에의 좌절을 중심으로-」, 『동양한문학연구』 45, 동양한문학회, 2016.

안대회, 「조선 후기 연행(燕行)을 보는 세 가지 시선 – 연행사(燕行使)를 보내는 송서(送序)를 중심으로–」, 『한국실학연구』 19, 한국실학학회, 2010.

안순태, 「南公轍 散文 硏究」, 서울대학교 국어국문학과 박사학위논문, 2011.

______, 「19세기 전반기 한문학의 변모 양상」, 『규장각』 51, 서울대학교 규장각한국학연구원, 2017.

______, 「남공철의 문예취향과 한시」, 『한국한시연구』 12, 한국한시학회, 2004

______, 「남공철(南公轍)의 연행(燕行) 체험과 대청의식(對淸意識)」, 『국문학연구』 36, 국문학회, 2017.

______, 「조선시대 한성부 東村의 인문경관 연구」, 『한국한문학연구』 76, 한국한문학회, 2019.

______, 「남공철(南公轍) 연행록(燕行錄) 소재(所載) 환술(幻術) 기록에 대한 연구」, 『한국한문학연구』 74, 한국한문학회, 2019.

余小活, 「韓國朝鮮時期文人對李白《潯陽紫极宮感秋作》的接受硏究」, 四川師范大學 中國古典文獻學 碩士學位論文, 2021.

오보라, 「紅泉社의 결성과 시세계 –聯句詩를 중심으로」, 『동양고전연구』 66, 동양고전학회, 2017.

오수창, 「세도정치를 다시 본다」, 『역사비평』 12, 역사비평사, 1991.

왕 연, 「18~19세기 조선 지식인의 壽蘇會 수용과 전파」, 『대동한문학』 73, 대동한문학회, 2022.

유봉학, 「풍고 김조순 연구」, 『한국문화』 19, 규장각한국학연구원, 1997.

유순영, 「明代後期 강남지역의 화훼원예취미와 花卉圖卷」, 『미술사연구』 26, 미술사연구회, 2012.

윤재환, 「朝鮮後期 漢詩 硏究를 위한 몇 가지 提言」, 『한문학논집』 41집, 근역한문학회, 2015.

윤지안, 「조선후기 수선화의 유행과 쇠퇴」, 『인문과학연구』 27, 덕성여자대학교 인문과학연구소, 2018.

이국진, 「李學逵 漢詩의 표현기법과 미적 특질 연구」, 고려대학교 국어국문학과 박사학위논문, 2011.

이경구, 「17~18세기 壯洞 金門 연구」, 서울대학교 박사학위논문, 2003.

이경아, 「남공철의 문학사상」, 성균관대학교 한문학과 석사학위논문, 1996.

이경자, 「壺山 趙熙龍 文人畵의 雅·俗 美學 硏究」, 성균관대학교 유학과 동양미학전공 박사학위논문, 2010.

이도훈, 「展園 李晩秀의 生涯와 散文 硏究」, 계명대학교 한문학과 석사학위논문, 2008.

이새롬, 「樊巖 蔡濟恭의 華城 認識과 詩的 形象化」, 『한국문화』 98, 서울대학교 규장각 한국학연구원, 2022.

이성혜, 「趙熙龍 文學 硏究」, 경성대학교 국어국문학과 박사학위논문, 1999.

이신영, 「방산 윤정기의 회고시에 대한 고찰」, 성균관대학교 한문학과 석사학위논문, 2005.

이연세, 「紫霞 申緯의 詩文學 硏究」, 인하대학교 국문학전공 석사학위논문, 1990.

이영숙, 「展園 李晩秀의 「和陶詩」 硏究」, 『동양한문학연구』 35, 동양한문학회, 2012.

이종묵, 「조선시대 臥遊 文化 硏究」, 『진단학보』 98권, 진단학회, 2004.

______, 「조선시대 어제시의 창작 양상과 그 의미」, 『藏書閣』 제19집, 한국학중앙연구원, 2008.

______, 「〈홍엽첩〉에 담은 우정」, 『문헌과 해석』 56, 태학사, 2011.

______, 「조선 후기 燕行과 花卉의 文化史」, 『한국문화』 62, 서울대학교 규장각한국학연구원, 2013.

이종한, 「남공철의 園林記文 연구」, 『한문학보』 28권, 우리한문학회, 2013.

이찬종, 「조선시대 별서정원 옥호정의 가상유산 재현 연구」, 서울대학교 환경조경학과 석사학위논문, 2019.

이창혁, 「풍고 김조순의 전 문학 연구」, 성균관대학교 동아시아학과 석사학위논문, 2015.

이철희, 「秋史 金正喜 詩論 硏究 -中國詩論의收容과調整을 중심으로-」, 성균관대학교 국어국문학과 박사학위논문, 2002.

______, 「유산(酉山) 정학연(丁學淵)의 추제시(秋題詩)와 추사(秋士)의 자의식」, 『인문과학』 54, 성균관대학교 인문과학연구소, 2014.

______, 「유산 정학연 '秋題詩'의 양식적 연원과 특성」, 『大東文化硏究』 92, 성균관대학교 대동문화연구원, 2015.

이춘희, 「19세기 燕行文人의 文學交流 양상 및 의미 -藕船 李尙迪을中心으로-」, 『동악어문학』 45, 동악어문학회, 2005.

______, 「李尙迪에게 보낸 淸 文士의 尺牘과 文風의 疏通」, 『대동한문학』 37, 대동한문학회, 2012.

______, 「淸 吳縣 潘氏 가문의 文士와 朝鮮文人의 交流 -李尙迪을 중심으로-」, 『한국한문학연구』 65권, 한국한문학회, 2017.

이택동, 「김조순의 사유와 대현실안의 한 국면」, 『어문연구』 30권, 2002.

이필숙, 「藕船 李尙迪 詩書의 儒家美學的 고찰」, 『동양예술』 권57, 한국동양예술학회, 2022.

이현일, 「조선후기 京華世族의 東坡 수용 양상」, 『中國文學』 62집, 2010.

______, 「竹石 徐榮輔의 『楓嶽記』에 대하여」, 『한문학보』 33, 우리한문학회, 2015.

______, 「紫霞 申緯의 漢詩史的 位相과 文藝觀」, 『한국한문학연구』 75, 한국한문학회, 2019.

임영길, 「紫霞 申緯와 청 문단의 교유 양상 -1812년 연행 이후를 중심으로-」, 『대동문화연구』 116, 성균관대학교 대동문화연구원, 2021.

장은영, 「조선 말기 조희룡(趙熙龍)의 화론(畵論)연구 -여항 문인화가로서의 화가와 회화에 대한 인식 변화를 중심으로-」, 서울대학교 미학과 박사학위논문, 2022.

장진엽, 「斗室 沈象奎 시문학의 한 국면 -東坡 숭상과 작품 수용 양상을 중심으로-」, 『동방한문학』 87, 동방한문학회, 2021.

전명순, 「朝鮮 前·中期 文人의 次韻詩 考察 -이백〈尋陽紫極宮感秋作〉시에 대한 차운시를 중심으로-」, 『중국인문과학』 75권, 중국인문학회, 2020.

정 민, 「〈花庵九曲〉의 작가 柳樸(1730~1787)과 『花庵隨錄』」, 『한국시가연구』 14, 한국시가학회, 2003.

______, 「18, 19세기 문인지식인층의 원예 취미」, 『한국한문학회』 35집, 한국한문학회, 2005.

______, 「19세기 동아시아의 모소(慕蘇) 열풍」, 『한국한문학연구』 49, 한국한문학회, 2012.

정봉구, 「조선 후기 한양의 원림에 관한 연구: 경화사족의 원림기와 원림도를 중심으로」, 한양대학교 건축환경공학과 석사학위논문, 2009.

정원표, 「紫霞 申緯의 漢詩硏究」, 서울대학교 국어국문학과 박사학위논문, 1987.

정유진, 「金陵 南公轍의 詩世界 硏究」, 성신여자대학교 한문학과 석사학위논문, 2012.

정은주, 「洛下生 李學逵 文學의變貌 樣相 硏究」, 성균관대학교 한문학과 박사학위논문, 2011.

______, 「이학규의 화훼 취미와 菊影詩 창작」, 『人文科學』 49, 성균관대학교 인문과학연구소, 2012.

정진아, 「국립중앙박물관 소장〈玉壺亭圖〉에 대하여」, 『미술자료』 91, 국립중앙박물관, 2017.

정혜린, 「김정희 예술론의 연구 -명·청대 제예술론의 절충을 통한 체계화를 중심으로-」, 서울대학교 미학과 박사학위논문, 2005.

정후수, 「李尙迪과 〈歲寒圖〉 관람 淸朝인사 19인의 교유」, 『동양고전연구』 30, 동양고전학회, 2008.

조규백, 「申緯의 蘇東坡 受容 및 그 意義」, 『장서각』 28, 한국학중앙연구원, 2012.

_____, 「조선조 문인들의 蘇東坡詩 수용과 평가」, 『대동문화연구』 91, 성균관대학교 대동문화연구원, 2015.

_____, 「조선 문인들의 소식문예이론 수용 고찰」, 『중국어문학논집』 100, 중국어문학연구회, 2016, 432~433쪽 참조.

조민우, 「1853년 李尙迪 연행시 고찰 -姜時永과 李尙迪의 문헌 비교를 중심으로-」, 『동양고전연구』 77집, 동양고전학회, 2019.

조융희, 「정원용의 관각활동과 문학적 교유」, 『『수향편』으로 읽는 조선 후기의 문화와 제도』, 한국학중앙연구원 출판부, 2023.

진리바, 「조선후기 문인의 서화인식과 비평의식연구 -서유구·성해응·남공철을 중심으로-」, 성균관대학교 박사학위논둔, 2016.

진준현, 「申緯의 墨竹畵에 대하여」, 『한국한문학연구』 75, 한국한문학회, 2019.

천금매, 「18~19世紀 朝·淸文人 交流尺牘 硏究」, 연세대학교 국어국문학과 박사학위논문, 2011.

채지수, 「『東省校餘集』을 통해 본 19세기 초 館閣詩의 양상 -花卉·園藝 취미와 墨戱를 중심으로-」, 『한국한문학연구』 88, 한국한문학회, 2023.

최일영, 「斗室尺牘 硏究」,고려대학교 국어국문학과 석사학위 논문, 2015.

_____, 「죽석관 서영보의 문학관 연구」, 『동방학』 41, 한서대학교 동양고전연구소, 2019.

최재봉, 「勢道執權基 金祖淳의政局運營」, 고려대학교 한국사학과 석사학위논문, 2007.

韓 梅, 「〈入沈記〉에 나타난 淸人 형상 연구」, 『한중인문학연구』 39, 한중인문학회, 2013.

한영규, 「趙熙龍의 藝術精神과 文藝性向」, 성균관대학교 국어국문학과 박사학위논문, 2000.

한철희, 「阮堂 金正喜 硏究: 學問과 藝術을 中心으로」, 고려대학교 국문학과 석사학위논문, 1969.

황이숙, 「朝鮮後期 白磁硯滴 硏究」, 이화여자대학교 미술사학과 석사학위논문, 2003.

황정연, 「19세기 조선의 서화수장(書畵收藏)과 중국서화의 유입」, 『규장각』 38, 서울대학교 규장각한국학연구원, 2011.

_____, 「金祖淳을 통해 본 19세기 安東金門의 골동서화애호와 감상 풍조」, 『대동한문학』 43, 대동한문학회, 2015.

저자 소개 **채지수**

단국대학교 부설 한국고전문학텍스트연구소 연구교수 겸 인문사회연구소지원사업 전임 연구원. 조선 후기 한시를 연구하고 있으며, 한국학중앙연구원 한국학대학원 국문학과에서 「正祖·純祖代 五太史의 交遊樣相과 詩世界」로 박사학위를 취득하였다. 논문으로 「『東省校餘集』을 통해 본 19세기 초 館閣詩의 양상-花卉·園藝 취미와 墨戱를 중심으로-」, 「19세기 조선 문인의 수선화 완상과 시적 형상화」 등이 있다.

학술연구총서 8

오태사의 한시를 통해 본 순조 연간의 정국과 문화

2024년 12월 31일 초판 발행

지은이 : 채지수
발행인 : 김병환
발행처 : 학자원
주소 : 서울 강동구 천호대로 1121
전화 : 02 6403-1000
팩스 : 02 6338-1001
E-mail : hakjaone@daum.net
등　록 : 2011년 3월 24일 제2011-14호

ISBN 979-11-6247-339-9 94810
　　　979-11-6247-176-0 (세트)

값 25,000원